Golf von Neapel

Zeit für das Beste

Highlights – Geheimtipps – Wohlfühladressen

»Es gibt Plätze die du besuchst,

und einmal ist genug.

Und dann gibt es Neapel.«

John Turturro, Passione

BRUCKMANN

Golf von Neapel

Zeit für das Beste

Peter Amann

BRUCKMANN

Oben: Das Fischerviertel Corricella auf Procida ist eine Postkartenschönheit.
Mitte: Im Sessellift auf Capris Inselgipfel Monte Solaro schweben
Unten: Forio ist nicht der schlechteste Platz, um auf Ischia zu landen.

INHALTSVERZEICHNIS

Oben: Mächtig erhebt sich der Vesuv über den Ruinen von Pompeji.
Mitte: Pompejianische Fresken: Ausdruck sinnlicher Lebensfreude
Unten: Die schönsten Capri-Blicke gibt es von der Punta Campanella.

DIE TOP TEN

NEAPEL – CENTRO STORICO (S. 28)

An Neapel, Hauptstadt der Region Kampanien und Metropole Süditaliens, scheiden sich die Geister: Für die einen ist die Millionenstadt ein Moloch, für andere Inbegriff mediterraner Urbanität, gewürzt mit lebensfrohem Chaos. Der Stadt, ihrer Geschichte und den Menschen begegnet man auf Schritt und Tritt im historischen Zentrum, seit 1997 UNESCO-Welterbe.

NEAPELS UNTERWELT (S. 36)

Nicht von Camorra & Co. ist die Rede, sondern von einem zweiten Neapel unter dem Pflaster von heute. Griechische Zisternen, römische Einkaufsstraßen, frühchristliche Nekropolen und bourbonische Fluchttunnel warten auf Entdeckung. Selten geraten Zeitreisen spannender. Curzio Malaparte hatte recht, wenn er Neapel als ein Pompeji beschrieb, das niemals untergegangen ist.

ANACAPRI UND MONTE SOLARO (S. 98)

Die Insel Capri ist für einen Tagesausflug viel zu schade. Belvedere ringsum bietet der Monte Solaro. Dem Gipfelglück kann man mit dem Sessellift entgegenschweben, oder wandert hoch zu Fuß. Die Blaue Grotte kann warten. Vorher gibt es in Anacapri noch vieles zu entdecken. Vor allem Zeit!

FORIO UND DIE WESTKÜSTE (S. 120)

Forio hat die Nase vorn. Wie auf einem Schiffsbug reckt sich die Seefahrerkirche Santa Maria del Soccorso im hübschen Hafenstädtchen Ischias schönsten Sonnenuntergängen entgegen, zu beiden Seiten naturgeheizte Badestrände. Der Literatentreff der 1950er-Jahre punktet heute mit Künstlergärten und Kellereien engagierter Inselwinzer.

CORRICELLA (S. 142)

Die Griechen brachten es auf den Punkt: *Kora kalè* »schöner Ort« nannten sie den Naturhafen zu Füßen des Akropolishügels. 2500 Jahre später präsentiert sich die Coricella als romantischer Fischerborgo, wie ihn Filmregisseure nicht schöner hätten imaginieren können.

POMPEJI (S. 180)

Bei allen Problemen, die mit dem Erhalt der weltgrößten antiken Stadtruine verbunden sind, ein Besuch in Pompeji öffnet ein unvergessliches Zeitfenster in die Lebenswelten der römischen Kaiserzeit: Gladiatorenspektakel, Wellnesstempel und Kanalisation sind nur einige der spannenden Themen. Zusammen mit Herculaneum und der Villa von Oplontis zählt Pompeji zum UNESCO-Welterbe.

MARINA DEL CANTONE UND PUNTA CAMPANELLA (S. 208)

Lohn einer Wanderung auf römischem Pflaster zum alten Sirenenheiligtum an der Punta Campanella ist der vielleicht schönste Capri-Blick. Davon konnte auch Odysseus ein Liedchen singen. Strandflair und Fischertrattorien: An der Marina del Cantone erlebt man Bella Italia wie noch vor 50 Jahren.

RAVELLO (S. 228)

Ravello ist etwas abgehoben. Das muss kein Nachteil sein, im Gegenteil. Von hoher Warte genießt man beste Blicke auf das UNESCO-Welterbe Costiera Amalfitana, verzauberte Gartenparadiese laden zum Verweilen ein und das weltberühmte Wagner-Festival lässt neuerdings auch Jazznoten anklingen.

PAESTUM (S. 242)

In Jacob Burckhardts *Cicerone*, dem unentbehrlichen Begleiter kunstbeflissener Italienreisender des 19. Jahrhunderts, war der Neptuntempel von Paestum die Nummer eins. Die schönsten Griechentempel der Antike zählen auch heute nicht zu den alten Steinen. Feinschmecker folgen dem Lockruf des Mozzarella di Bufala in die Küstenebene zu Füßen der Cilento-Berge.

MARINA DI CAMEROTA (S. 266)

Die Cilento-Küste läuft hier zu Hochform auf. Kilometerlange Dünenstrände wechseln sich mit Steilklippen ab, das türkisblaue Meer lässt Urlaubsträume wahr werden: baden, wandern, Boot fahren oder tauchen. In Pisciotta sind alte Fischfangtraditionen noch lebendig.

Seite 1: Grab des Tauchers
Seite 2/3: Kaiser Augustus blickt auf Capri
Oben: Porto degli Infreschi – Meeresparadies im südlichen Cilento
Mitte: Streetfood im Centro storico von Neapel
Unten: Im schicken Chiaia-Viertel

Kennen Sie den Golf von Neapel?

Die Frage würden die meisten mit Ja beantworten. Neapel, Vesuv, Pompeji, Capri, Amalfi, Paestum oder Cilento ... ein paar Namen genügen, und es laufen Filme in den Köpfen ab. Die mediale Präsenz der Golf-Region ist seit dem 18. Jahrhundert ungebrochen. Reisebeschreibungen von Goethe & Co. eröffneten den Lesern zu Hause eine Welt voller Wunder und zählten für künftige Reisende die Highlights auf, die Generationen später Polyglott mit Sternen versah. Auch die Kupferstiche eines Giovanni Battista Piranesi (1720–1778) erreichten schnell die Gebildeten Europas und setzten sie in Kenntnis von den Tempeln in Paestum.

Bereits die Autoren der Antike hatten sich am touristischen Mythos der Golfregion abgearbeitet, in der Romantik blühte er vollends auf. Neapel war damals eine der größten und kultiviertesten Städte Europas. Die Ausgrabungen von Herculaneum und Pompeji, das milde Klima, die liebliche Küstenlandschaft und im Kontrast dazu der bedrohliche Vulkan schlugen Reisende in den Bann. Die Nachbarschaft von Paradies und Hölle am Golf wurde zum geflügelten Wort.

»Neapel sehen und sterben«

Der häufig zitierte Ausspruch bezog sich nicht auf die Gefahr, bei einem Neapelbesuch Leib und Leben zu riskieren, sondern beschreibt ein wunderschönes, nicht zu übertreffendes Erlebnis. Mit anderen Worten, wer Neapel gesehen hatte, konnte zufrieden sterben. Aus der Grand Tour wurde im 19. Jahrhundert Gruppentourismus, die Besteigung des Vesuvs den neuen Bedingungen ange-

Steckbrief Golf von Neapel

Lage: Der Golf von Neapel liegt am Tyrrhenischen Meer in der Region Kampanien.

Fläche: 13 590 km²

Flagge:

Hauptstadt: Neapel

Einwohner: 5,87 Millionen

Währung: Euro

Geografie: Mit der markanten Vesuvkulisse öffnet sich der Golf von Neapel zu den Inseln Procida, Ischia und Capri. Neben dem Vesuv zählen die Phlegräischen Felder bei Pozzuoli, die Inseln Procida und Ischia zu den aktiven Vulkangebieten Kampaniens. Die Penisola Sorrentina schließt den Golfo di Napoli im Süden ab und bildet mit der Costiera Amalfitana zugleich das Rückgrat des Golfo di Salerno. Weiter südlich schließt sich die große Halbinsel des Cilento an. Kampanien hat großen Anteil am Apennin, 35 Prozent der Fläche nehmen Gebirge, mehr als 50 Prozent Hügel und nur 15 Prozent Ebenen ein.

Staat und Verwaltung: Kampanien hat den Status einer Region. Sollten die bislang fünf Provinzen Neapel, Avellino, Benevent, Caserta und Salerno abgeschafft werden, würde Neapel zu Italiens größter Metropolregion nach Rom werden.

Wirtschaft und Tourismus: Die Arbeitslosenzahlen schwanken zwischen 20 und 30 Prozent, die Jugendarbeitslosigkeit erreicht Spitzenwerte bis zu 60 Prozent. Starke Schattenwirtschaft relativiert diese Angaben. Der aufgeblähte Verwaltungsapparat ist neben der Camorra der größte wirtschaftliche Hemmschuh. Ökonomisch zählt Kampanien zu den Schlusslichtern Italiens. Perspektiven bieten spezialisierte Landwirtschaft und Tourismus, im Grunde wirtschaftliche Standbeine seit der Antike.

Religion: Etwa 90 Prozent der Bevölkerung gehören offiziell der römisch-katholischen Kirche an.

Bevölkerung: Kampanien ist mit 424 Einwohnern/km² die am dichtesten besiedelte Region Italiens, zugleich jene mit der geringsten Selbstmordrate. Während sich in der Provinz Neapel 2631 Einwohner/km² konzentrieren, ist der Cilento in der südlichsten Provinz Salerno mit 87 Einwohner/km² recht dünn besiedelt.

Die Villa Rufolo in Ravello ist eine Augenweide.

Oben: Vom Vomero-Hügel aus beherrscht das Castel Sant'Elmo die Stadt Neapel und den Golf.
Mitte: *Caffè* ist in Neapel ein Stück Lebensqualität.
Unten: Neapel lernt man auch durch seine Küche kennen.

passt. Ab 1880 führte eine Standseilbahn Passagiere bis auf 1180 Meter Höhe. Betrieben wurde sie von der britischen Firma Cook & Son, den Erfindern der Pauschalreise.

1857 etablierte sich der aus Frankfurt stammende Fotograf Giorgio Sommer (1834–1914) als erfolgreicher Geschäftsmann in Neapel. Seine Bilder verbreiteten Neapel-Klischees auf der ganzen Welt. Gedruckte Reiseführer wurden zu unverzichtbaren Begleitern, wobei die ersten *Baedeker* den *Lonely Planets* von heute in nichts nachstehen. Restaurantempfehlungen für Neapel lesen sich so: »(...) alle drei führen gute Küche und Weine, sowie Münchner Bier vom Faß, der Schoppen 35, die Halbe 55 c.« Echte Insidertipps eben!

In Medienberichten zu Neapel war zuletzt immer wieder auch von blutigen Bandenkriegen, Müllkrisen und politischer Korruption die Rede. Der aufsehenerregende Report *Gomorrha* des jungen Journalisten Roberto Saviano, 2006 publiziert und 2008 verfilmt und bei den Filmfestspielen Cannes ausgezeichnet, machte ein für alle Mal klar, dass die Camorra längst ein globales Phänomen ist. Der Mut Savianos inspirierte aber auch viele, sich für die legale Zivilgesellschaft einzusetzen.

Neapel erleben

Es gibt nur einen Golf von Neapel, aber viele Arten ihn zu bereisen. Das Zusammenspiel von Landschaft und Kultur hat nichts von seiner Faszination eingebüßt, seit vor über 2000 Jahren der Tourismus hier erfunden wurde. Neapel ist die lebenslustigste und chaotischste Metropole Süditaliens, eine Stadt, die sich Einordnungen erfolgreich entzieht, eine Stadt, die man lieben oder hassen kann. Nur langweilig wird einem hier nie. Trotz gegenteiliger Gerüchte ist Neapel kein gefährliches Pflaster, die Begegnung mit seinen Menschen bereichernd. Die Theater- und Musikszene vibriert, das kulinarische Angebot bewegt sich zwischen Tradition und Avantgarde. Die UNESCO hat den Centro storico zum Welterbe erklärt, museal ist hier jedoch nur wenig. Das Leben brodelt. Dafür zählen das Museo Archeologico und die Gemäldegalerie Capodimonte zur Weltspitze. Was man in Neapel nicht braucht, ist ein Auto. Die meisten Ausflugsziele am Golf lassen sich mit öffentlichen Verkehrsmitteln gut erreichen.

Die Inseln Capri, Ischia und Procida

Reif für die Inseln? Erholung und Abwechslung findet man bei einem Besuch von Capri, Ischia oder Procida. Capri hat viel mehr zu bieten als nur die Blaue Grotte. Wer über Nacht bleibt, lernt den kapriziösen Kalkfels erst wirklich kennen. Kaiser Tiberius machte es vor und regierte von Capri aus zehn Jahre lang das römische Imperium. Die Ruinen seines Herrscherpalasts stehen immer noch. Ischia tut gut. Die heißen Quellen sprudeln seit Tausenden von Jahren, einige sogar im Meer. Wellness das ganze Jahr. Das kleine Procida bietet süditalienischen Inselalltag und eine Fischersiedlung, die andere Postkartenblicke im Vergleich blass aussehen lassen. Die Gewässer um Ischia und Procida wurden zum Wal- und Delfinschutzgebiet erklärt.

Faszination und Gefahr der Vulkane

Dem Vesuv verdankt der Golf von Neapel seine unverwechselbare Silhouette. Trotz seiner nur 1281 Meter Höhe macht der Doppelkegel aus allen Richtungen eine gute Figur. Dabei ist der fotogene Berg ein gefährlicher Nachbar. 2014 wurde der neue Notfallplan verabschiedet, der eine rote Zone definiert, aus der etwa 700 000 Menschen

Oben: Capri zeigt sich an der Westküste unnahbar und wunderschön.
Mitte: Die *sfogliatella* ist Neapels verführerischstes Gebäck.
Unten: Die Villa San Michele in Anacapri ist Axel Munthes Lebenswerk.

Oben: Der Vesuv ist ein ebenso schöner wie gefährlicher Berg. Zur Zeit ruht der Feuerberg. Wie lange noch?
Unten: Im Jahr 79 n. Chr. wurde Herculaneum ebenso wie Pompeji vom Vesuv verschüttet.

im Fall einer Eruption evakuiert werden müssten. Der berühmteste Vulkan der Welt ist nicht erloschen. Seit seinem letzten Ausbruch im Frühjahr 1944 – alte Wochenschauen kursieren auf YouTube – verhält sich der Berg ruhig.

Die berühmteste Katastrophe, von der Goethe schrieb »Es ist viel Unheil in der Welt geschehen, aber wenig, das den Nachkommen so viel Freude gemacht hätte.«, ereignete sich im Jahr 79. Komplette Städte wie Pompeji oder Herculaneum wurden verschüttet, konserviert und im 18. Jahrhundert zur Freude der Antikenbegeisterten wieder freigelegt. Heute zählen sie, als »Zeitfenster in die römische Antike«, zum Welterbe der UNESCO. Seit 1841 steht der Vesuv unter wissenschaftlicher Beobachtung, moderne Messinstrumente lauschen bis in die Magmakammer in zehn Kilometern Tiefe.

Seit 1995 ist der schlafende Feuerberg Nationalpark – zumindest auf dem Papier. Zu groß ist der Siedlungsdruck, zu zäh die Mühlen der Bürokratie. Der klassische Ausflug führt motorisiert auf die Quota mille auf 1000 Meter Höhe. Zu Fuß geht es das letzte Stück hoch bis zum Kraterrand, an klaren Tagen ein überwältigend schöner, gut besuchter Aussichtsbalkon. Inzwischen wächst ein neues Bewusstsein für den Bio-Anbau aromatischer Vesuv-Tomaten und autochthoner Rebsorten wie Coda di Volpe, Falanghina, Greco, Piedirosso, Sciascinoso und Aglianico, aus denen der weiße oder rote Lacryma Christi gekeltert wird.

Während der Vesuv in der antiken Mythologie keine Rolle spielte, wollten griechische Seefahrer in den dampfenden Vulkanfeldern nördlich von Neapel den Wohnort der Titanen, ja, sogar den Eingang zur Unterwelt erkannt haben. Beim Besuch des Solfatara-Kraters begreift man warum. Die pragmatisch veranlagten Römer nutzten die geothermische Energie zum Beheizen ihrer Thermen. Baiae avancierte zu einem Baden-Baden der römischen Kaiserzeit. Während um Pozzuoli nur noch gewaltige Ruinen von vergangener Größe zeugen – mit dem Sibylle-Orakel in Cuma, eine der Pflicht-Etappen der Grand Tour –, entfalten die heißen Quellen auf der zum Vulkangebiet der Campi Flegrei gehörenden Insel Ischia weiter ihre heilbringende Wirkung.

Sorrentiner Halbinsel

Die Sorrentiner Halbinsel schließt den Golf von Neapel im Süden mit Grandezza ab. Zitronenhaine umgeben das über der Steilküste gelegene Sorrent, im 18. und 19. Jahrhundert Spielplatz der internationalen High Society. Zur Prominenz gesellen sich seit den 1960er-Jahren Pauschaltouristen. Den Charme konnte sich Sorrent bewahren. Auf der Halbinsel verläuft das Leben ansonsten in ruhigen, bäuerlichen Bahnen. Auf diesem Humus gedeihen zahlreiche Gourmet-Restaurants, die das einfache Küchengeheimnis befolgen, nur allerbeste, lokale Produkte aus Meer und Garten zu veredeln. Fast genauso gut wie in den Sterne-Lokalen speist man hier in den familiären Trattorien. Alte Wirtschaftswege, als Wanderwege gut markiert, laden zu aussichtsreichen Spaziergängen ein.

AUTORENTIPP!

DIE FÜNF BESTEN AUGENBLICKE

Neapel – Castel Sant'Elmo. Vom trutzigen Castel Sant'Elmo liegen einem Neapel, Vesuv und der Golf zu Füßen.

Ischia – Monte Epomeo. Der 360°-Blick von Ischias 787 Meter hohem Inselgipfel ist perfekt, das schätzten schon die Griechen in der Antike.

Amalfiküste – Götterweg. Der Sentiero degli Dei ist ein zehn Kilometer langer (Wander-)Belvedere. Fern von Verkehrsstau schwebt man dahin, genießt Traumblicke auf Küste und Meer und atmet sich die Lungen voll mit Rosmarin gewürzter Bergluft.

Ravello – Villa Cimbrone. In Ravello wird einem schwindlig von all den atemberaubenden Ausblicken auf Costiera und Golfo di Salerno: Den besten gibt es in der Villa Cimbrone auf der Terrazza dell' Infinito.

Cilento – Monte della Stella. Man kommt auch mit dem Auto hoch. Schöner ist der Weg zu Fuß. Der 1131 Meter hohe »Sternberg« ist ein beliebter Panorama-Pilgerberg.

Oben: Rasend schöne Kurven auf der S.S. 163 Amalfitana.
Mitte: Freundlicher Empfang im Bed & Breakfast Villa Avenia in Salerno.
Unten: An der Amalfiküste sollte man sich aufs Treppensteigen einstellen.

Amalfiküste

Italiens spektakulärste Steilküste raubt einem den Atem, so schön ist sie, so abenteuerlich sind ihre (Straßen-)Kurven. Die S.S. 163 Amalfitana ist keine 50 Kilometer lang, doch tun sich tausend Blicke auf. Unterwegs trifft man auf Orte mit so klingenden Namen wie Positano und Amalfi. Auf ein eigenes Fahrzeug zu verzichten, schont die Nerven, Fahrten mit den Linienbussen sind aufregend genug. Die schmale, in den Küstenfels geschlagene Straße gibt es erst seit dem 19. Jahrhundert. Bei ruhiger See sind Linienschiffe das Fortbewegungsmittel der Wahl. Vom zehnten bis ins zwölfte Jahrhundert beherrschte Amalfi als erste Seerepublik Italiens den zauberhaften Küstenstrich und unterhielt an der östlichen Mittelmeerküste ein weitverzweigtes Handelsnetz. Maurische Architektur prägt die Küstenstädte, und auch der Zitronenanbau auf terrassierten Hängen ist Frucht des intensiven Ideen- und Warenaustauschs mit dem Orient. Ein gut unterhaltenes Netz von Treppenwegen und Maultierpfaden durchzieht das gebirgige Hinterland der Monti Lattari – heute Wanderwege zwischen Meer und Himmel. Die UNESCO hat dieses harmonische Miteinander von Kultur und Natur zum Welterbe erklärt.

Salerno und Paestum

Die alte Hafenstadt Salerno ist zu neuem Selbstbewusstsein erwacht. Die seit den 1990er-Jahren laufende Altstadtsanierung zeigt Erfolge, die Uni-Stadt gilt als lebendigstes Pflaster südlich von Neapel. Den Spuren großer Vergangenheit – Etrusker und Römer machten Salernum zum überregionalen Wirtschaftszentrum, im Mittelalter war Salerno Hauptstadt von Langobarden und Normannen und Sitz einer berühmten Ärzteschule – begegnet man auf Schritt und Tritt. Man erlebt aber auch eine pulsierende Gegenwart, an der Star-Architekten wie Zaha Hadid oder Santiago Calatrava bauen.

Nach Süden ziehen sich kilometerlang Dünenstrände. Noch bis Mitte des 18. Jahrhunderts schlummerten die Tempel von Paestum im Dickicht immergrüner Küstenmacchia, bis bourbonische Straßenbaumeister sie zufällig entdeckten. Wie durch ein Wunder sind die drei perfekt erhaltenen Griechentempel nie umgestürzt und künden heute von der Meisterschaft antiker Baumeister. Es ist schwer, beim Besuch von Paestum nicht der Ruinenromantik zu verfallen. Berührend ist das Fortleben des antiken Hera-Kults im Gewand der katholischen Maria. Reisen nach Kampanien sind immer auch Zeitreisen. Das Archäologische Museum präsentiert eine umwerfende Bilderschau, ein Höhepunkt antiker Freskomalerei ist das *Grab des Tauchers*.

Cilento

Es hat sich herumgesprochen: Reisen an den Golf von Neapel müssen nicht bei Paestum enden. Denn das Beste kommt noch. Der urwüchsige Cilento mit 100 abwechslungsreichen Küstenkilometern, olivenbestandenen Hügeln, Hafen- und Bergorten mit mediterranem Charme und einer urgewaltigen Berglandschaft ist die große Überraschung im Süden. Die italienische Film-Komödie *Benvenuti al Sud* (»Willkommen im Süden«), ein Remake des französischen Erfolgsstreifens *Willkommen bei den Sch'tis*, hat das Städtchen Castellabate landesweit bekannt gemacht. Über den familienfreundlichen Stränden wehen Blaue Flaggen als Zeichen hoher Wasserqualität. Und wer nach dem Baden an geistige Höhenflüge denkt, geht in die Philosophenschule von Velia. Beim romantischen Ruinenspaziergang bekommt man gute Gedanken.

Oben: Das hübsche Küstenstädtchen Atrani ist die kleinste Kommune der Amalfiküste.
Mitte: Weiße Feigen zählen zu den besten Früchten des Cilento.
Unten: Vietri ist für Keramik bekannt. Hier geht der berühmte Esel baden.

AUTORENTIPP!

DIE FÜNF BESTEN PIZZERIEN

Da Michele. Die Essenzielle: Solange der Teig reicht, werden an den schlichten Marmortischen ausschließlich die Klassiker Margherita und Marina serviert – von 10–23 Uhr. So geschl. Via Cesare Sersale 1–3, 80139 Neapel, Tel. 08 15 53 92 04, www.damichele.net

Lombardi. Meisterwerke aus Hefe, Mehl und Wasser. Di geschl. Via Foria 12, 80137 Neapel, Tel. 081 45 62 20, www.pizzerialombardi.it

Panetteria da Giancarlo. Ist es Zufall, dass diese urige Straßenbäckerei in der Via Lucullo liegt? Mo geschl. Via Lucullo 55, 80070 Baia, Tel. 32 94 92 86 23.

Salvo Pizzaioli. Das Ambiente stylisch, die Pizzen klassisch-fantastisch, Zutaten und Bier Bio. Largo Arso 10/18, 80046 San Giorgio a Cremano, Tel. 081 27 53 06, www.pizzeriasalvo.it

Pizza a Metro. Pizza am laufenden Meter in Mega-Pizzeria. Via Nicotera 15, 80069 Vico Equense, Tel. 08 18 79 83 09, www.pizzametro.it

Beste Reisezeit

Goethe brachte es auf den Punkt: Das Frühjahr überwältigt mit seiner Blütenpracht, im Herbst glüht der Sommer milde nach und das Meer lockt bis in den November mit Badetemperaturen. Kampanien hat ein mediterranes Klima. Milde, regenreiche Winter gehen in einen Frühling über, der noch im April mit Regenschauern überraschen und ab Mai mit sommerlichen Temperaturen aufwarten kann. Reist man um die Osterzeit – fantastisch die Prozessionen auf Procida oder in Sorrent – freut man sich über Hotels mit funktionierender Heizung und einen Pullover im Gepäck. Die Sommer sind heiß und trocken, wobei zuletzt auf diese Klimaregel nicht immer Verlass war. An den Küsten schnellen im August die Preise in die Höhe und an den Stränden wird es eng. Während Neapel im Hochsommer wie ausgestorben wirkt und die Hotelpreise auf Nebensaison-Niveau fallen, füllen sich die Orte im Hinterland mit Emigranten auf Besuch – und Dorffeste werden gefeiert, wie sie fallen. Im September entspannen sich die Preise an den Küsten, wie auch die Wirte. Das Wetter bleibt beständig, das Meer ist warm – eine ideale Reisezeit für alle Unternehmungen. Der milde Herbst zieht sich mit einer Reihe strahlender Sonnentage bis in den Dezember hinein. Im Cilento laden Agriturismi um diese Jahreszeit ihre Gäste zur Olivenernte oder Weinlese ein.

Kampanische Küche

Der kampanischen Küche wird man nur im Plural gerecht. In ihren vielfältigen lokalen Ausprägungen bleibt sie traditionell eine *cucina povera* (»arme Küche«) mit einfachen, frischen Zutaten. Eine schier unerschöpfliche Fülle gemüsebasierter Antipasti und sattmachender Primi zeichnet sie aus. Auch Hülsenfrüchte kommen in zahllosen Kombinationen auf den Tisch, Neapolitaner lieben

friarielli (»Stängelkohl«). Für Fisch und Fleisch musste man immer schon etwas tiefer in die Tasche greifen. Auch hier besteht das Geheimnis der Zubereitung darin, das feine Eigenaroma der Produkte perfekt zur Geltung zu bringen. Das gilt z.B. für *pesce all'acqua pazza* (»Fisch im verrückten Wasser«), zugleich ein Musterbeispiel für die neapolitanische *arte di arrangiarsi*, die Lebenskunst, sich auch bei widrigen Umständen zu behaupten. Zur Umgehung einer Salzsteuer im 19. Jahrhundert wurde zum Kochen einfach Meerwasser genommen. Die Zubereitung ist simpel, das Ergebnis köstlich: Der Fisch wird in einem Sud aus salzigem Wasser, Olivenöl, Tomaten, Knoblauch, Peperoncini und Petersilie gedünstet.

Kampanien wird seit der Antike als *Campania felix*, als fruchtbarer Obst- und Gemüsegarten beschrieben. Das Angebot der Märkte spricht für sich. Doch ohne Hartweizenmehl und Wasser wäre die Welt um vieles ärmer. Weder Pasta noch Pizza wurden am Golf von Neapel erfunden, aber hier erhielten sie ihre höchsten Weihen. Dass Marco Polo die Nudeln aus China nach Italien importiert hätte, wird nicht nur von Pasta-Patrioten ins Reich der Fabeln verwiesen. Bereits im Mittelalter kannte Amalfi die *pasta asciutta*. Die Rezeptur für luftgetrocknete Nudeln stammte von den Arabern. Mit der Bevölkerungsexplosion in Neapel und der fortschreitenden Industrialisierung wanderte die Nudelproduktion im 18. Jahrhundert von

Oben: Viel Fantasie beweisen die Eiskünstler in Neapel.
Mitte: Sardinen gehen den Fischern am Golf von Neapel noch reichlich ins Netz.
Unten: Das »Timpani e Tempura« ist einer der Slow-Food-Tempel Neapels.

Oben: Im Hafen von San Marco di Castellabate liegen noch viele Fischerboote.
Mitte: Die berühmte Mozzarella di Bufala wird frisch gezupft.
Unten: Fröhliche Enoteca Santa Chiara in Neapel

der Amalfitana an den Golf. Von hier trat die Pasta ihren weltweiten Siegeszug an.

Hätte Kolumbus Amerika nicht entdeckt, wären Pizza und Pasta, die beiden kulinarischen Grundpfeiler am Golf, um eine wichtige Zutat ärmer geblieben. Seit dem 18. Jahrhundert sind Tomaten die unangefochtenen Protagonisten in der Küche. Mit *pomodori pelati* (»geschälten Tomaten«) belegt und mit Sardellen, Knoblauch und Oregano gewürzt überholte die Pizza die Pasta bald als Volksspeise Nummer eins. Meist wurde sie auf offener Straße verzehrt, wie ein Taschentuch *a quadretto* zusammengefaltet. Da auch die Fischer sie als Proviant mit an Bord nahmen, erhielt sie den Namen Marinara. Ihr politisches Potenzial erkannte der Pizzaiolo Raffaele Esposito, als er 1889 zu Ehren der Savoyen-Königin Margherita eine Pizza mit Tomaten, Basilikum und Mozzarella in den Farben der italienischen Trikolore belegte. Die Pizza Margherita versöhnte viele Neapolitaner mit dem neuen Einheitsstaat. Auch heute noch lassen Puristen nur die Margherita oder die schlichtere Marinara gelten. Für den Erhalt der echten neapolitanischen Pizza kämpft seit 1984 die Associazione Verace Pizza Napoletana. Pizzerien, die sich der strengen Disziplin unterwerfen, tun das mit dem Schild »Vera Pizza Napoletana« kund. Das Logo ist ein pizzabackender Pulcinella vor der Silhouette des rauchenden Vesuvs.

Den spanischen Konquistadoren sind außer Tomaten auch Kartoffeln, Mais, Chili und Schokolade auf dem kampanischen Speisezettel zu verdanken. Letztere findet an der Amalfitana kulinarische Verwendung in Kombination mit Auberginen, die wiederum im Mittelalter von Arabern aus Indien nach Süditalien importiert wurden. In Neapel kombinierte Meisterchocolatier Isodoro Odin bereits im 19. Jahrhundert Chili mit Schokolade.

Kennen Sie den Golf von Neapel?

Die Mozzarella di Bufala gehört zu den bekanntesten kulinarischen Erzeugnissen Kampaniens. Ein Klassiker ist die *insalata caprese*, ein erfrischender Sommersalat aus Tomaten, Mozzarella und Basilikum. Die besten Büffelfarmen liegen in der Küstenebene um Paestum. Bei einem Besuch kann man sich nicht nur davon überzeugen, wie wunderbar frischer Mozzarella mundet und wie wenig er mit den nördlich der Alpen angebotenen »Gummikugeln« gemein hat. Mit flinken Fingern reißt der *casaro* faustgroße Mozzarella-Stücke von einem Laib warmer Frischkäsemasse. Daher auch der Name, *mozzare* bedeutet abzupfen. Unbedingt probieren sollte man auch das köstliche Büffelmilchgelato.

Weinbautradition und Brauhandwerk

Kampanien blickt auf eine jahrtausendealte Weinbautradition zurück. Engagierte Winzer verbinden Avantgarde mit Werterhalt. Der Anbau autochthoner Rebsorten herrscht vor und in puncto Qualität ist Kampanien dem Piemont und der Toskana heiß auf den Fersen. Erfreulicherweise ist der Aufschlag für Flaschenweine selbst in besseren Restaurants gering. Der Wunsch nach offenem Wein entspringt oft falscher Romantik und unangebrachtem Geiz. Anders verhält es sich in echten Bauernwirtschaften oder in einem Agriturismo auf dem Land.

Neuerdings gärt es in Kampanien. Industrielle Großbrauereien à la Perroni sind Schaum von gestern. Kleine Qualitätsbrauereien, die auf Bio-Qualität, handwerkliches Können und Kreativität setzen, schießen aus dem Boden. Statt deutschem Reinheitsgebot gilt Experimentierfreude, und so finden sich Lavendel, Zitrus oder Maronen als Aromageber in den naturtrüben Bieren. Angesagte Pubs servieren *birre artigianali* zum Preis von einer Flasche Wein.

Oben: Stolz präsentiert dieser Gemüsehändler in Pozzuoli einen Bund Piennolo-Tomaten.
Mitte: Handwerklich gebrautes Bio-Bier aus dem Cilento
Unten: Carmela Bruno hat die »Locanda dell'Angelo« im Cilento zu einer Top-Adresse gemacht.

Oben: Olivenernte im Cilento: Handgepflückt und frisch gepresst, so entsteht gutes Öl.
Mitte: Zur Bedeutung des Kaffees hatte Neapels Volkskomiker Totò einiges beizutragen.
Unten: Im Amphitheater von Pozzuoli

Kaffeekultur

Das Mahl beschließt ein *caffè*, am besten in der nächsten Bar im Stehen. *Caffè* ist in Neapel mehr als nur ein schneller Muntermacher – durch die starke Röstung enthält er übrigens nicht viel Koffein und ist magenfreundlicher als man meint – er repräsentiert vielmehr ein Stück Lebensqualität. Nur ein Getränk ist er nicht. Das dickflüssige Aromenkonzentrat bedeckt gerade mal den Boden der kleinen Espresso-Tassen. Eine gut gebrühte Tasse erkennt man daran, dass der Zucker langsam in der Crema versinkt. Ein alter Brauch, der früher den Armen Neapels zum Gratisgenuss eines *caffè* verholfen hatte, ohne dass sie hätten betteln müssen, lebt wieder auf. Beim *caffè sospeso* bezahlt jemand zwei oder mehr Tassen, konsumiert aber nur eine. Der »aufgeschobene Kaffee« kommt jemand anderem zugute. Soziale Marktwirtschaft neapolitanisch.

Kriminell und kreativ

Skrupellose Geschäftspraktiken der Camorra, Korruption in Politik und Verwaltung werden von engagierten Journalisten wie Roberto Saviano detailliert recherchiert und drastisch beschrieben. Gegen internationalen Menschen-, Drogen- und Waffenschmuggel oder die illegale Entsorgung von Giftmüll erscheinen Markenpiraterie oder das Drucken von Falschgeld fast als Kavaliersdelikt. Ende 2014 wurde eine Napoli Group getaufte Organisation zerschlagen, die 90 Prozent aller gefälschten Euro-Scheine gedruckt hatte. In Deutschland wurde sogar ein 300 Euro-Schein erfolgreich in Umlauf gebracht. Die italienischen Medien kommentierten die Nachricht ironisch als kreativen Sieg des *Made in Italy*.

Bis vor nicht allzu langer Zeit listete die Handelskammer Neapel noch die Berufsbezeichnung

pittore di occhi di pesce. Ein solcher Maler malte unverkauften Fischen vom Vortag ein Blitzen in die Augen, um sie wieder wie frisch aussehen zu lassen. Die Grenzen zwischen kriminellem und künstlerischem Akt sind in Neapel fließend. Liebenswerte Beispiele der *arte di arrangiarsi* führt der unvergessene neapolitanische Komiker Totò (1898–1967) im Kino vor. Im Film *Totòtruffa 62* dreht er einem Touristen in Rom die Fontana di Trevi an.

Im Bahnhofsviertel von Neapel kann man Opfer eines Verpackungsbetrugs werden, bei dem ein original verpacktes iPhone sich im Moment der Übergabe in ein gleich schweres Holzstück verwandelt. Heute sind für das Gelingen des Tricks nur zwei Akteure mit weißen Plastiktüten, ein bisschen Geschicklichkeit und die naive Gier des Käufers nötig. Als die Gegenstände des Begehrs noch größer waren, gehörte dazu auch das handwerkliche Vermögen, einen Videorecorder täuschend ähnlich aus Holz nachzubauen. Solche Kunstfertigkeit kann in Neapels Krippenstraße Via San Gregorio Armeno ganz legal bewundert werden.

Oben: Neapel lässt sich vom Müll nicht unterkriegen.
Unten: Wer Neapolitanisch sprechen möchte, muss die Hände zu Hilfe nehmen.

Oben: Der neapolitanische Volksschauspieler Totò (1898–1967) ist bis heute unvergessen.
Mitte: Improvisiertes Jazz-Konzert auf den Straßen Neapels
Unten: Die Besitzer des Grand Hotel Hermitage in Sant'Agata sui due Golfi

Musik Neapels

Die berühmteste *canzone* Neapels sah 1898 unter einem trüben Schwarzmeerhimmel das Licht der Welt. Der neapolitanische Musiker Eduardo Di Capua auf Tournee in Odessa vertonte heimwehkrank ein Gedicht des ebenfalls neapolitanischen Dichters Giovanni Capurro. Der große neapolitanische Tenor Enrico Caruso nahm 1916 den Weltohrwurm als Erster auf Platte auf. Viele folgten ihm: Elvis Presley, Paul McCartney oder Sting. Am 12. April 1961 sang Juri Gagarin *'O sole mio* im Weltraum. Mit anderen Worten, Musik ist Neapels wichtigster Exportartikel. Vielleicht lebt das Erbe der Sirene Parthenope fort, an deren Grab die Stadt erbaut wurde. Zu allen Zeiten, zu allen Epochen hat die Stadt großartige Musiker, großartige Musik hervorgebracht. Und ein kundiges Publikum dazu. Neapels Opernhaus San Carlo wird von Künstlern geliebt und gefürchtet zugleich. Die Akustik ist grandios, aber das Publikum kann die Musiker ebenso in den Himmel jubeln, wie bei Missfallen hemmungslos ausbuhen. Die Musik Neapels zeigt sich zu allen Zeiten offen für Einflüsse von außen, Bluesnoten, Reggae-Rhythmen und Rap-Stakkato verschmelzen mit traditionellen Klängen.

Neapel in Literatur und Film

Am Golf von Neapel begegnet man baulichen und künstlerischen Zeugnissen der Hochkultur: Gemäl-

Kennen Sie den Golf von Neapel?

den von Caravaggio, frühchristlichen Mosaiken, dem ältesten bekannten Beispiel griechischer Freskomalerei, den besterhaltenen griechischen Tempeln, antiken römischen Städten, mittelalterlichen Kirchen im Stil maurischer Moscheen, barocken Stadtpalästen, faschistischen Verwaltungsbauten, der Kunst-Metro Neapels und vielem mehr.

Vielleicht aber begegnet man den Menschen näher in der Musik, Literatur oder im Film. Der Golf von Neapel hat eine Fülle von Literatur hervorgebracht und zahllose Literatur inspiriert. Dieter Richters Bände zu Stadt und Golf oder Peter Peters *Golf von Neapel* machen Lust auf Vor- und Nachlesen. Engagiertes Kino liefert andere Bilder. In *Die Hände auf der Stadt* (1963) klagt Francesco Rosi schonungslos die korrupte Baupolitik in seiner Heimatstadt Neapel an. Auch wenn die Camorra an keiner Stelle genannt wird, sind inhaltliche Parallelen zu Matteo Garrones *Gomorrha – Reise in das Reich der Camorra* (2008) nicht zu übersehen. Romantisch und lebensnah malt der Episodenfilm *Das Gold von Neapel* (1954) von Vittorio De Sica ein Stimmungsbild der Nachkriegszeit. Sophia Loren tritt als knapp bekleidete Pizzabäckerin auf. Die im Film vorgeführte Pizzeria Starita ist auch heute noch unbedingt einen Besuch wert! In *Der talentierte Mr. Ripley* (USA/I, 1999) lässt Anthony Minghella Matt Damon in einem Jazz-Club Neapels *Tu vuò fa' l'americano* singen. John Turturros *Passione* (USA/I 2010) ist ein mitreißendes musikalisches Dokument dieser vitalen Stadt und ihrer Protagonisten. Vielleicht sollte man mit Lytton Strachey (1880–1932) schließen, einem schillernden Mitglied des Londoner Bloomsbury-Kreises, der zu Neapel bemerkte: »... *the town, which is infinite, and packed with wonders – people, not things*« (»... die Stadt, die unendlich ist und gefüllt mit Wundern – Menschen, keine Dinge«). In diesem Sinne, *buon viaggio!*

Oben: Napoli-Rap am Eingang des Konsumtempels Galleria Umberto I.
Mitte: Der Film *Benvenuti al Sud* hat das Cilento-Städtchen Castellabate zum Star gemacht.
Unten: Was macht ein Keramiker mit einem Nudelholz?

Geschichte im Überblick

Alt- und Jungsteinzeit Die ältesten Menschheitsspuren in Kampanien sind eine halbe Million Jahre alt. In der Jungsteinzeit bilden sich die Handelswege und Siedlungsräume heraus, die noch weit über die Antike hinaus Bestand haben. 2012 wird vor Capri das Relikt eines vor 5000 Jahren gesunkenen Schiffes entdeckt, das Obsidian von der Insel Lipari geladen hatte.

2.–1. Jt. v. Chr. Bronzezeitliche Keramikfunde auf Ischia und Procida belegen Handelskontakte zwischen der lokalen Apennin-Kultur und dem mykenischen Griechenland.

8.–6. Jh. v. Chr. Beginn der griechischen Besiedlung um 770 v. Chr. Handelsniederlassung auf Ischia, um 750 v. Chr. auf dem Festland Gründung der Stadt Kyme (Cuma).

Im 7. Jh. v. Chr. begegnen sich Etrusker und Griechen in der Sele-Ebene als Wirtschaftspartner, südlich der Flussmündung gründen Griechen Poseidonia (Paestum). Etrusker bauen Positionen in Kampanien aus, am Golf von Neapel entstehen neue Griechenstädte: Dikaiarcheia (Pozzuoli) und um 530 v. Chr. Neapolis (Neapel) als Stadterweiterung einer älteren Hafensiedlung.

5. Jh.–3. Jh. v. Chr. Der Seesieg der Griechen über die Etrusker 474 v. Chr. verschiebt das Kräftegleichgewicht am Golf. Schlussendlich profitiert Rom vom Machtvakuum und erobert bis 290 v. Chr. ganz Kampanien.

2.–1. Jh. v. Chr. Puteoli (röm., Pozzuoli) entwickelt sich zum wichtigsten Hafen Roms. Kampanische Städte erhalten römisches Bürgerrecht. Von 73 bis 71 v. Chr. hält der in Capua ausgebrochene Spartakusaufstand Rom in Atem. Baiae (Baia) wird Sommerfrische der römischen Oberschicht.

1. Jh. n. Chr. Kaiser Tiberius regiert das römische Imperium zehn Jahre lang von Capri aus. 79 verheerender Ausbruch des Vesuvs. Das verschüttete Pompeji wird nicht wieder aufgebaut und gerät in Vergessenheit.

5.–10. Jh. 476 stirbt der letzte weströmische Kaiser bei Neapel im Exil. Byzantiner und Langobarden konkurrieren um die Herrschaft in Süditalien. Amalfi wird als Seerepublik 920 faktisch selbstständig.

11.–13. Jh. Ehemalige normannische Söldner erobern Süditalien und Sizilien und begründen 1130 eine Dynastie mit Palermo als Hauptstadt. Die Blüteperiode hält unter Kaiser Friedrich II. an. Die Staufer werden 1266 in ihrer Herrschaft über Süditalien von den Anjou abgelöst, Sizilien fällt im Jahr 1282 an das spanische Haus Aragon.

14.–18. Jh. Die Königreiche Neapel und Sizilien sind unter Aragon zeitweise wieder vereint. 1503 werden Süditalien und Sizilien zu Provinzen des spanisch-habsburgischen Weltreichs, in Neapel herrschen Vizekönige. Die Küsten Süditaliens sind heftigen Piratenüberfällen aus Nordafrika ausgesetzt. In die Zeit eines habsburgischen Intermezzos fällt die zufällige Entdeckung von Herculaneum im Jahr 1709.

1734–1860 Unter Karl von Bourbon ist Neapel wieder Hauptstadt eines Königreichs und wird zur bevorzugten Etappe der Grand Tour, Vorläufer des modernen Kulturtourismus. Ausgrabungen von Herculaneum, Pompeji und Paestum wirken stilbildend auf die klassizistische Architektur der Zeit. Die 1799 in Neapel ausgerufene Republik endet in einem Blutbad. 1828er- und 1848er-Aufstände im Cilento im Geiste des Risorgimento. Nach der »Befreiung« Siziliens zieht Giuseppe Garibaldi am 7. September 1860 triumphal in Neapel ein. Bei den Wahlen am 21. Oktober stimmt die Mehrzahl für den Anschluss an das neue Königreich Italien.

Ende 19.–Anfang 20 Jh. Süditalien profitiert keineswegs vom Anschluss an Italien. Der aufgezwungene Militärdienst führt zum Bürgerkrieg und hat eine gewaltige Auswanderungswelle zur Folge. *O brigante, o migrante* (»Bandit oder Auswanderer«) wird zum geflügelten Wort und zur traurigen Realität.

1922–1943 Im Faschismus werden zahlreiche neue Ausgrabungen in Angriff genommen. Am 9. September 1943 landen US-Truppen bei Salerno. Vom 27. bis 30. September befreit sich die neapolitanische Bevölkerung aus eigener Kraft von der deutschen Besatzung.

1950–1980 Kriminelle Bauspekulationen, Entwicklungsgelder der Cassa per il Mezzogiorno verschwinden in dunklen Kanälen. 800 000 Menschen emigrieren nach Deutschland, in die Schweiz oder gehen nach Norditalien. Beginn des Massentourismus am Golf.

1980 Am 23. November erschüttert ein schweres Erdbeben Kampanien. Der Wiederaufbau ist von Korruption geprägt, die Region gerät an den wirtschaftlichen Abgrund.

1990–2011 Es regnet UNESCO-Auszeichnungen: 1995 Altstadt von Neapel; 1997 Schloss und Park von Caserta, Pompeji und Herculaneum, Costiera Amalfitana; 1998 Cilento-Nationalpark mit Paestum, Velia und Certosa di Padula; 2010 mediterrane Diät im Cilento; 2011 langobardisches Erbe in Salerno und Benevent.

2006 Roberto Savianos *Gomorrha* macht die Welt mit dem globalen Phänomen Camorra bekannt.

2011 In Neapel wird der ehemalige Untersuchungsrichter Luigi De Magistris Bürgermeister.

2013 Der Neapolitaner Giorgio Napolitano wird 87-jährig für eine zweite Amtszeit als Staatspräsident gewählt.

2015 Kampaniens Weinerzeuger triumphieren bei der Vergabe der Drei-Gläser, und der Guide Michelin prämiert 35 Restaurants. Mehr Sterne leuchten in Italien sonst nur noch über Piemont und der Lombardei.

NEAPEL

Seite 26/27: Das Centro storico
Oben: In den engen Altstadtgassen Neapels paust sich das antike Straßennetz durch.
Unten: Die Cappella San Gennaro im Dom von Neapel ist ein frühbarocker Schrein für die berühmte Blutreliquie.

1 Centro storico

UNESCO-Welterbe gefüllt mit prallem Leben

Neapel ist jahrtausendealt und dabei quicklebendig. Seine Geschichte konzentriert sich in schönster Form im Centro storico. Das Netz der sich rechtwinklig schneidenden Straßen wirkt hochmodern, paust jedoch die Verkehrsachsen des antiken Neapolis durch, das unter dem heutigen Pflaster liegt. Und mitten durch die lebenspralle Wirklichkeit zieht sich der »Neapelspalter« Spaccanapoli.

Die Piazza del Gesù ist ein guter Start für eine Zeitreise – zu Fuß versteht sich. Über dem Platz erhebt sich die Guglia dell'Immacolata (1747–50), monumentale Mariensäule und steingewordene Festmaschine. In der Barockzeit wurden ähnlich große Gebilde aus dünnen Holzleisten, bemalter Leinwand und Pappmaschee konstruiert und bei Festumzügen durch die Straßen gezogen. Die Front der Jesuitenkirche Il Gesù Nuovo (1584–1601) zeigt sich wehrhaft. Kunststück, es handelt sich um die Renaissancefassade des ehemaligen Palazzo Sanseverino. Das Innere empfängt einen mit barockem Kontrastprogramm und der Kapelle des heiliggesprochenen Arztes Giuseppe Moscati (1880–1927). Wer auf Nummer sicher gehen möchte, holt sich vor dem Loslaufen im Touristenbüro einen Stadtplan. Die Orientierung im Centro storico fällt nicht schwer. Das Schachbrett der sich rechtwinklig kreuzenden Straßen, seit der Antike Schauplatz neapolitanischen Lebens, macht ein Verirren fast unmöglich. Aus den spanischen Vierteln kommend, quert Neapels längste Altstadtachse die Piazza del Gesù und schneidet sich schnurgerade durch den Centro storico. Auf dem

Stadtplan und auf Straßenschildern wechselt die faszinierende Straßenschlucht mehrfach ihren Namen, aber hier kennt sie jeder als Spaccanapoli. Der größte Reichtum Neapels sind seine Bewohner. In einem undurchdringlichen Geflecht menschlicher Beziehungen halten sie die Stadt, die sich erfolgreich jeder voreiligen Einordung entzieht, zusammen.

Santa Chiara

Östlich der Piazza del Gesù schließt sich der Kirchen- und Klosterkomplex Santa Chiara an. König Robert I. von Anjou legte 1310 den Grundstein für die Kirche, die er zur Grablege seines Geschlechts bestimmte. Seitlich gelangt man zum Chiostro delle Maioliche. Der Kreuzgang geht in seiner Anlage ebenfalls auf die Anjou-Zeit zurück, verdankt jedoch seine Berühmtheit einer Design-Idee des 18. Jahrhunderts. Auf Wunsch von Maria Amalia von Sachsens Gemahlin des Bourbonenkönigs Karl III., wurde der strenge Chiostro in einen Paradiesgarten verwandelt, komplett mit majolikaverzierten Sitzbänken und Säulen, über die sich Schatten spendend Reben ranken.

Caffè Scaturchio

Als Via Benedetto Croce kreuzt der »Neapelspalter« die Via Santa Chiara – an der Ecke lockt ein Eisladen des Meisterchocolatiers Gay Odin – und führt an imposanten Stadtpalazzi vorbei auf die Piazza San Domenico. Auch hier steht eine Guglia im Mittelpunkt. Nach der Pestepidemie 1656 gelobt, wurde das Monument 1737 vollendet. Oberhalb der Piazza erhebt sich mit strenger Chorfassade die Kirche San Domenico Maggiore. Der ehemalige Konvent beherbergt wechselnde Kunstausstellungen. Von hier sind es nur wenige Schritte zur Cappella Sansevero, dem wohl überra-

AUTORENTIPP!

BLUTWUNDER

Neapels berühmtestes Wunder – *il miracolo di San Gennaro* – ereignet sich zweimal im Jahr, am ersten Maiwochenende und am 19. September. Immer vorausgesetzt, der Stadt steht kein Unglück bevor wie im September 1980, als Wochen später ein verheerendes Erdbeben Kampanien heimsuchte, oder im Mai 1988, als der SSC Napoli die begehrte Meisterschaft verfehlte. Etwas überschattet vom Ruhm des hl. Januarius, verflüssigt sich in Neapel mehr oder weniger regelmäßig das Blut von einem weiteren halben Dutzend Heiligen. Eigentlich kein Wunder, dass der Galerist Peppe Morra dem österreichischen Blut-Aktionskünstler Hermann Nitsch in Neapel ein Museum gewidmet hat. Das umgebaute Elektrizitätswerk oberhalb der Piazza Dante bietet einen fulminanten Blick auf Stadt und Vesuv!

Museo Nitsch. Mo–Fr 10–17 Uhr. Vico Lungo Pontecorvo 29/d, 80135 Neapel, Tel. 08 15 64 16 55, www.museonitsch.org

Die Schoko-Manufaktur Gay Odin verwöhnt Neapels Naschmäuler.

AUTORENTIPP!

DER BAUCH VON NEAPEL
Morgens ertönen an der Porta Nolana die Schreie der Fischhändler. Dieser Inbegriff eines neapolitanischen *mercato popolare* zieht sich an der alten Stadtmauer in Nähe des Hauptbahnhofs entlang. Jeden Vormittag werden lauthals Meeresfrüchte, Obst und Gemüse feilgeboten. Westlich der Piazza Garibaldi, die Bahn- und U-Bahn-Reisenden ein spektakuläres Entree bietet, werden Haushaltswaren angepriesen. Kleider, Schuhe, DVDs – alles Raubkopien. Vom Kauf eines Handys oder einer Kamera, die Touristen hier unter der Hand angeboten werden, sei gewarnt. Schnell wird man Opfer des *scartiloffio* (»Verpackungsbetrug«): Anstelle der gewünschten Ware liegt dann ein gleich schweres Stück Holz oder ein Ziegel in der Originalverpackung.
Affari di mattone, Ziegelgeschäfte, nennt man einen solch unvorteilhaften Handel.

schendsten Kleinod des neapolitanischen Barocks. Von 1749 bis 1766 ließ Raimondo di Sangro, Prinz von Sansevero, seine Familienkapelle umgestalten. Aufsehenerregend ist der ins Extrem gesteigerte Realismus der Marmorskulpturen. Ein makabres Exponat verabschiedet am Ausgang: Die beiden Skelette mit versteinerten Blutbahnen sollen das Ergebnis eines medizinischen Experiments sein. Zurück auf der Piazza San Domenico, ist ein Besuch im Caffè Scaturchio angesagt.

Rund um den Spaccanapoli

Die Piazza San Domenico ist ein beliebter Studententreff. Die Gebäude der Universität, im Mittelalter von Kaiser Friedrich II. (1194–1250) gegründet, liegen um die Ecke in der hafenseitig abzweigenden Via Mezzocannone, die gesäumt ist von Studentenkneipen und Alternativläden. Weiter auf dem Spaccanapoli und vorbei an der hübschen Stiftskirche Sant'Angelo a Nilo gelangt man zum Nil, zumindest zu einer Statue des Flussgotts, in römischer Zeit Kultbild der im Viertel ansässigen ägyptischen Händler. Im Volksmund heißt die Figur Corpo di Napoli. Gegenüber hängt an der Fassade der Bar Nilo ein (ironisch gemeinter?) Altar für Fußballgott Diego Maradona. Bei einer Tasse *caffè* erfährt man mehr.

Krippenfiguren

Von der Via San Biagio dei Librai zweigt bergseitig die Via San Gregorio Armeno ab. Über der berühmten Krippenstraße erhebt sich der Campanile der gleichnamigen Kirche. Das ganze Jahr über werden hier *pastori* (»Hirten«) gefertigt und verkauft. Zu den klassischen *pastori*, so werden alle Krippenfiguren bezeichnet, haben sich in neuerer Zeit Gestalten des öffentlichen Lebens wie Bürgermeister Luigi de Magistris, Diego Maradona

Rundgang durch die Altstadt

Ein Spaziergang durch Neapels Centro storico verbindet das Eintauchen in eine lebenspralle Gegenwart mit einer spannenden Zeitreise durch zweieinhalb Jahrtausende Stadtgeschichte.

A Piazza del Gesù – Madonnen-Obelisk, Jesuitenkirche mit Diamantfassade und Tourist-Info. 80134 Neapel.

B Chiostro delle Maioliche – Der vielleicht schönste Kreuzgang Kampaniens. Mo–Sa 9.30–17.30 Uhr, So 10–14.30 Uhr. 6/4,50 €. Via Santa Chiara 49/C, 80134 Neapel, Tel. 08 15 51 66 73, www.monasterodisantachiara.com

C Piazza San Domenico – Dominikanerkirche, ein barocker Obelisk und das *caffè-* und *sfogliatella-*Paradies Scaturchio. 80134 Neapel.

D Cappella Sansevero – Marmor wie lebendig und ein makabres Gruselkabinett. Mo, Mi–Sa 10–17.40 Uhr, So 10–13.10 Uhr. 7/5 €. Via F. de Sanctis 19, 80134 Neapel, Tel. 08 15 51 84 70, www.museosansevero.it

E Sant'Angelo a Nilo – Das schönste Renaissance-Grabmal Neapels. Mo–Sa 9–12 und 14–18 Uhr, So 9–13 Uhr. Eintritt frei. Piazzetta Nilo 23, 80134 Neapel.

F Largo Corpo di Napoli – Ein antiker Flussgott und ein (nicht ganz?) ernst gemeinter Altar für Fußballgott Diego Maradona. 80134 Neapel.

G Via San Gregorio Armeno – In der Krippengasse ist das ganze Jahr Weihnachten, die Kirche San Gregorio Armeno ist eine barocke Schau, der dazugehörige Kreuzgang (tgl. 9.30–12 Uhr, Eintritt frei) ein stilles Paradies. 80138 Neapel.

H Kirche San Lorenzo Maggiore – Gotische Eleganz und Fenster in die römische Antike. Tgl. 8–12 und 15–19 Uhr. 80138 Neapel.

I Dom San Gennaro und Battistero San Giovanni in Fonte – Der Dom ist das Zentrum des Januarius-Kults und älteste Kirche Neapels. Mo–Sa 8–12.30 und 16.30–19 Uhr, So 8–13.30 und 17–19.30 Uhr. 80138 Neapel. Die Taufkapelle mit spätantikem Kuppelmosaik kann man gleich mit anschauen. Mo–Sa 9–12 und 16.30–19 Uhr, So 9–12.30 Uhr. Eintritt 3/1,50 €. 80138 Neapel.

J Pio Monte della Misericordia – Revolutionärer Caravaggio. Do–Di 9.30–14 Uhr. 6/5 €. Via dei Tribunali 253, 80138 Neapel, Tel. 081 44 69 44, www.piomontedellamisericordia.it

K Kirche San Paolo Maggiore – Steht anstelle des antiken Dioskurentempels. Nebenan geht es in den Untergrund. 80138 Neapel.

L Kirche Santa Maria delle Anime del Purgatorio ad Arco – Totenköpfe und ihr Kult. 80138 Neapel.

M Kirche San Pietro a Majella – Wenig beachtetes Schmuckstück der Anjou-Zeit. Nebenan das Konservatorium mit musikalischem Kreuzgang. 80138 Neapel.

N Piazza Bellini – Zeit zum Ausspannen. 80138 Neapel.

Oben: Der Majolika-Kreuzgang von Santa Chiara ist eine Oase im Altstadttrubel.
Mitte: Marco Ferrignos Künstlerhände schaffen ausdrucksstarke Krippenfiguren.
Unten: In der Via San Gregorio Armeno ist immer Weihnachten.

oder Barack Obama gesellt – kleine politische Seitenhiebe nicht ausgeschlossen. Silvio Berlusconi gibt es längst für den halben Preis. Außerdem werden hier die roten, Glück bringenden *corni* (»Hörner«) feilgeboten. Aufpassen: Glück bringen sie nur dem Beschenkten!

Die Via San Gregorio Armeno stößt von unten auf die Piazza San Gaetano, vor über 2000 Jahren das Forum der Stadt. Aus dem Kreuzgang der eleganten Kirche San Lorenzo Maggiore, dem bedeutendsten gotischen Sakralbau Neapels, gelangt man auf den Marktplatz der römischen Antike (S. 37).

Duomo San Gennaro

Parallel zum »Neapelspalter« verläuft der *decumanus maximus* der Antike, heute Via dei Tribunali. Auf ihr erreicht man den Duomo San Gennaro, neben dem Fußballstadion San Paolo das Heiligste der Stadt. Seit dem 17. Jahrhundert ist die prunkvoll-barocke Cappella di San Gennaro das Zentrum des Januarius-Kults. Jedes Jahr strömen im Mai und September die Gläubigen herbei, um dem Wunder der Blutverflüssigung beizuwohnen. Die um 320 errichtete Basilika Santa Restituta mit einem frühchristlichen Baptisterium dient heute als geräumige Seitenkapelle. Von hier geht es auch in das Battistero San Giovanni in Fonte mit einem Kuppelmosaik aus dem fünften Jahrhundert. Zurück auf der Via dei Tribunali lohnt der kurze Abstecher zur Guglia di San Gennaro. Die Votivsäule wurde 1660 errichtet, nachdem Neapels Schutzpatron die Stadt vor den Folgen des Vesuvausbruchs 1631 bewahrt hatte.

Kapelle des Pio Monte della Misericordia

Gegenüber der Guglia hängt in der Kapelle des Pio Monte della Misericordia, der ältesten immer noch aktiven Wohlfahrtseinrichtung der Stadt, über dem Hauptaltar eines der einflussreichsten Meisterwerke Caravaggios (1571–1610). Thema des monumentalen Gemäldes *Le sette opere di misericordia* (1606/07) sind biblische Werke der Barmherzigkeit. Revolutionär war nicht nur die dramatische Maltechnik, sondern auch, dass Caravaggio Menschen von der Straße Modell stehen ließ: Saufbrüder, Händler und Huren. Die anderen Altarbilder in der Kapelle, gemalt von seinen Zeitgenossen oder Epigonen, sehen im Vergleich alt aus.

Piazza Bellini

Auf der Via dei Tribunali geht es zurück zur Piazza San Gaetano. Schräg gegenüber von der Chiesa di San Lorenzo erhebt sich über den Resten des römischen Castor-und-Pollux-Tempels die frühbarocke Kirche San Paolo Maggiore. Die beiden Säulen am Eingangsportal sind antik. Seitlich der Kirche entführt die Kulturinitiative Napoli Sotterranea in eine faszinierende Welt unter Tage. Tiefe Einblicke in die Seele der Stadt bietet der Besuch der Totenschädel-Kirche Santa Maria delle Anime del Purgatorio ad Arco (S. 38). Vorbei am Poliklinikum und der Kirche San Pietro a Majella mit dem Musik-Konservatorium erreicht man die hübsche Piazza Bellini, tagsüber ein idealer Platz zum Ausspannen und abends ein Treff der *movida napoletana*.

AUTORENTIPP!

IN NEAPEL WIE ZU HAUSE

Das vom Architektenpaar Gaetano D'Avino und Alessandra D'Aniello mit eigener Keramikkunst eingerichtete B&B im historischen Palazzo d'Angiò ist eine Oase der Ruhe inmitten des Altstadttrubels. Auf der Terrasse zum Hof wird im Sommer das Frühstück gereicht, abends sitzt man gern bei einem Glas Wein und trifft auf interessante Gäste. Sehr nett ist auch die Alternativ-Bar Portico 340 im Bogendurchgang direkt vor dem Palazzo. Gaetano und Alessandra sparen nicht mit guten Tipps, und wer möchte, kann auch einen Keramikkurs belegen. Nur zwei Schritte von der Piazza San Gaetano entfernt, vermieten die beiden in der Via dei Tribunali 390 wochenweise ihr bestens ausgestattetes Aleph-Design-Apartment mit Kunstgalerie.

Tribù. Via dei Tribunali 339, 80138 Neapel, Tel. 081 45 47 93, 33 84 09 91 73, 32 85 46 12 00, www.tribunapoli.com
Aleph. Via dei Tribunali 309, 80138 Neapel, info@alephdesign.info

Infos und Adressen

ESSEN UND TRINKEN

Antica Osteria Pisano. Solide *cucina napoletana* in Domnähe. Bei gutem Wetter Tische auf der Piazza. So geschl. Piazza Crocelle ai Mannesi 1–4, 80134 Neapel, Tel. 08 15 54 83 25.

Da Michele. Seit 1870 nur die Pizzaklassiker Marinara und Margherita. So geschl. Via Cesare Sersale 1–3, 80139 Neapel, Tel. 08 15 53 92 04, www.damichele.net

Europeo di Mattozzi. Seit 1852 Treff von Studenten, Professoren, Rednern und Künstlern. Fisch ist teuer und gut, Pizza und Pasta zu volksnäheren Preisen. Südlich des Centro storico in Hafennähe. So geschl. Via Marchese Campodisola 4–10, 80133 Neapel, Tel. 08 15 52 13 23, www.mattozzieuropeo.com

Im »Trianon da Ciro« wird Pizza gebacken.

Gay Odin. Neapels Edel-Chocolatier betreibt in der Spaccanapoli eine Eisdiele. Und was für eine! Via Benedetto Croce 61, 80134 Neapel, Tel. 08 15 51 07 94, www.gay-odin.it

La Campagnola. Volksnahe Trattoria nahe der Chiesa del Purgatorio. Nicht mehr ganz so urig, wie zu Zeiten, in denen Joseph Beuys hier Stammgast war. Di geschl., So, Mo nur mittags. Via Tribunali 47, 80138 Neapel, Tel. 081 45 90 34.

Palazzo Petrucci. Modern-elegantes Ambiente, gehobene Küche, Tische auch auf der schönen Piazza. Mo mittags, So abends geschl. Piazza San Domenico Maggiore 4, 80134 Neapel, Tel. 08 15 52 40 68, www.palazzopetrucci.it

Pizzeria Gino Sorbillo. Legendäre Pizzeria, oft voll. Mo–Sa 12–1 Uhr nachts. So geschl. Via dei Tribunali 32, 80138 Neapel, Tel. 081 44 66 43, www.accademiadellapizza.it

Scaturchio. Die *sfogliatelle*, ricottagefüllte Blätterteigtaschen, sind Legende. Piazza San Domenico Maggiore 19, 80134 Neapel, Tel. 08 15 51 70 31, www.scaturchio.it

Timpani e Tempura. Kampanische Slow-Food-Produkte, frisch zubereitet, an kleinen Tischen oder zum Mitnehmen auf die Hand. So geschl. Vico della Quercia 17, 80134 Neapel, Tel. 08 15 51 22 80.

Trianon da Ciro. Gegenüber der berühmten Pizzeria Da Michele und selbst ein Klassiker. Mehrere Stockwerke, fast immer brechend voll. Nach der Pizza schräg gegenüber in der Gelateria Al Polo Nord auf ein Eis! Via Pietro Colletta 42–46, 80139 Neapel, Tel. 08 15 53 94 26, www.pizzeriatrianon.it

ÜBERNACHTEN

Caravaggio. Stilvoll-ruhiges Hotel im Palazzo des 17. Jh. im Rücken des Doms. Piazza Cardinale Sisto Riaro Sforza 157, 80139 Neapel, Tel. 08 12 11 00 66, www.caravaggiohotel.it

Decumani Hotel de Charme. Kirchenfürstliches Logis in ehemaliger Kardinalsresidenz. Das feine Frühstück wird im Ballsaal serviert. Via San Giovanni Maggiore Pignatelli 15, 80134 Neapel, Tel. 08 15 51 81 88, www.decumani.com

Europeo & Europeo Flowers. Zwei Hotels im Universitätsviertel vereint unter einem Dach. Ruhig im Hinterhof. Kleine Münzen für den Aufzug bereithalten! Via Mezzocannone 109/C, 80134 Neapel, Tel. 08 15 51 72 54, www.hoteleuropeonapoli.com

EINKAUFEN

In der Via San Gregorio Armeno herrscht nicht nur zu Weihnachten großer Andrang. Die traditionellen Krippenfiguren haben das ganze Jahr über Konjunktur. Ein Meister seines Fachs ist Marco Ferrigno. Der erste Stock seines Werkstattladens an der Hausnummer 8 ist ein veritables Krippenmuseum. www.arteferrigno.it

AUSGEHEN

Bourbon Street Napoli – Jazz Club. Lässiger Jazz- und Weintempel. Tgl. ab 20 Uhr. Via V. Bellini 52, 80135 Neapel, Tel. 33 88 25 37 56, www.bourbonstreetjazzclub.com

Cinema Modernissimo. Autoren-Kino im Centro storico. Keine Werbung vor dem Film! Via Cisterna dell'Olio 59, 80134 Neapel, Tel. 08 15 80 02 54, www.modernissimo.it

Enoteca Santa Chiara. Lässige Enothek, Weine auch gläserweise ausgeschenkt. Fr und Sa Kleinigkeiten zum Naschen. Di–So 9.30–21 Uhr. Via Santa Chiara 20, 80134 Neapel, Tel. 08 11 94 37 65.

Superfly Soul Bar. Winzige Bar, Riesenstimmung, super Cocktails und Fingerfood. Di und Mitte Juni–Mitte Sept. geschl. Via Cisterna dell'Olio 12, 80134 Neapel, Tel. 08 15 51 03 88.

VERANSTALTUNGEN

Festa di San Gennaro. Prozession am ersten Maiwochenende vom Dom zur Chiesa di Santa Chiara und – wenn alles gut geht – das Wunder der Blutverflüssigung. Die Ampullen bleiben acht Tage in der Cappella di San Gennaro im Dom ausgestellt. Ein zweites Fest (und Blutwunder) findet am 19. September, dem Geburtstag des Heiligen, statt.

Maggio dei Monumenti. Während des »Monats der offenen Türen« werden ansonsten für die Öffentlichkeit verborgene Bauwerke und Kunstschätze sichtbar. Umfangreiches Begleitprogramm. Hotels rechtzeitig buchen!

Pina Andelora macht Theater und Schokolade.

Perzechella. In der Gasse gegenüber vom Kreuzgang Santa Chiara betreibt Pina Andelora ihre kleine Schokoladenmanufaktur mit angeschlossenem Volkstheater. Es werden auch musikalische Abendessen inszeniert. Vico Pallonetto a Santa Chiara 4, 80134 Neapel, Tel. 08 15 51 00 25 oder 34 02 26 97 68.

AKTIVITÄTEN

Centro Italiano Lingua e Cultura Italiana. Italiano e pasta: Nette Sprachschule in der Altstadt. Großes Kursangebot, auch kulinarisch. Vico Santa Maria dell'Aiuto 17, 80134 Neapel, Tel. 08 15 52 43 31, www.centroitaliano.it

INFORMATION

AAST Napoli. Stadtpläne, Veranstaltungstipps und das nützliche Info-Heft »Qui Napoli« (auch Online-Ausgabe). Mo–Sa 8.30–13.30 und 14.30–18.30 Uhr, So 8.30–13.30 Uhr, Piazza del Gesù 7, 80134 Neapel, Tel. 08 15 51 27 01, www.inaples.it

Oben: Sogar in Neapel wird Helmpflicht ernst genommen.
Unten: Das Viertel Sanità wartet darauf, entdeckt zu werden.

2 Neapels Unterwelt

Griechische Zisternen, römische Katakomben und schräge Kulte

In Neapel muss man genau hinsehen. Versteckt unter dem Pflaster liegt eine zweite, noch ältere Stadt unter Tage: komplett mit griechischen Zisternen und Steinbrüchen, römischen Marktstraßen und Tempeln, Katakomben, in denen noch bis vor wenigen Jahrzehnten okkulte Kontakte mit den Seelen im Fegefeuer gehalten wurden – oder bourbonische Fluchttunnel, die im Zweiten Weltkrieg als Luftschutzbunker dienten.

Läuft man durch die engen Gassen des Centro storico, bewegt man sich mitten durchs neapolitanische Leben. Paläste erheben sich neben zahllosen Kirchen, Garküchen und Straßenpizzerien verbreiten verführerische Düfte, frisches Obst und Gemüse wird feilgeboten, aus kleinen, lichtlosen Werkstätten dringt das Hämmern der Werkzeuge ans Ohr, obszöne Graffiti überziehen die Mauern, an Straßenecken sind kleine Altäre aufgebaut. Den Neapelbesucher Walter Benjamin hatte in den 1920er-Jahren die »Porosität« der Stadt fasziniert, ein Neben- und Durcheinander, eine vollständige Durchdringung von allen Lebensäußerungen, Kulturen und Kunststilen. In Neapels Centro storico gerät der Spaziergang schnell zur Zeitreise. Die sich rechtwinklig schneidenden Straßen entsprechen in ihrem Verlauf den *cardi* und *decumani* der antiken Stadt, die Bestätigung dafür befindet sich im Untergrund.

Die doppelte Stadt

Einen faszinierenden Einblick in Neapels vergangenen Alltag erlebt man in der Ausgrabung neben der Kirche San Lorenzo Maggiore. Aus dem Kreuzgang mit den Resten des römischen *macellum* (»Markt«) steigt man über eine Treppe hinab und findet sich unversehens auf 2000 Jahre altem Pflaster wieder. Hier lag das Zentrum der Stadt, die griechische Agorà, später das römische Forum. An einer Bäckerei, Wollfärberei und dem *aerarium* vorbei, wo der Schatz der Stadt sicher hinter Gittern verwahrt wurde, gelangt man zu einem Kryptoportikus. Das ursprünglich Schatten spendende Gewölbe säumt eine Reihe weiterer Ladengeschäfte. Ganz ähnlich sieht heute noch ein Marktabschnitt in der darüberliegenden Via dei Tribunali aus.

Zurück am Tageslicht muss man nur die Piazza San Gaetano queren, vorbei an der Kirche San Paolo Maggiore – die barocke Basilika erhebt sich auf Fundamenten des römischen Dioskurentempels, von dem auch die beiden mächtigen Säulen an der Front stammen –, um zu einem weiteren Einstieg in Neapels Unterwelt zu gelangen. In der Via Tribunali, dem *decumanus maximus* des antiken Neapolis, entführt die Kulturinitiative Napoli Sotterranea in eine Welt riesiger Kavernen und enger Gänge, die bis zu 40 Meter in die Tiefe reichen. Griechen bauten im vierten Jahrhundert v. Chr. den weichen, gelblichen Tuffstein unterirdisch ab, um mit dem Material ihre Stadtmauern und Tempel zu errichten. Der Steinabbau setzte sich bis ins 19. Jahrhundert fort, und in dem gleichen Maße, in dem oberirdisch Paläste und Kirchen in die Höhe wuchsen, dehnten sich unterirdisch die Hohlräume aus – es wuchs eine Stadt im »Negativ«. Griechen legten auch den ersten Aquädukt an. Im Laufe der Jahrhunderte wuchs das labyrinthische System aus Kanälen, Zisternen und Brunnen gewaltig an. Im Zweiten Weltkrieg fand die Bevölkerung hier Zuflucht vor den Bombenangriffen, und es ist nicht auszuschließen, dass Nea-

AUTORENTIPP!

BEI INSIDERN ZU GAST

An der Sanità scheiden sich die Geister. Einige halten sie für eine Hochburg der Camorra, andere lieben den volkstümlichen *quartiere*, in dem Neapels heiß geliebter Komiker Totò (1898–1967) zur Welt kam. Die Kulturinitiative La Paranza, die auch Katakombenführungen anbietet, betreibt im ehemaligen Dominikanerkonvent, direkt an die Chiesa Santa Maria della Sanità angeschlossen, ein nettes B&B. Die sechs Zimmer sind von Künstlerhand gestaltet, bei gutem Wetter gibt es das Frühstück auf der Terrasse. Vom Ponte della Sanità führt der öffentliche Aufzug Ascensore della Sanità mitten hinab ins ursprüngliche Viertel. Hier trifft man auf nette, interessante Menschen aus aller Welt. Die Betreiber sind großzügig mit guten Tipps.

La Casa del Monacone.
Via Sanità 124, 80137 Neapel,
Tel. 08 17 44 37 14, 33 89 14 80 12,
www.casadelmonacone.it

Der *portiere* ist eine neapolitanische Institution.

AUTORENTIPP!

ARTE MODERNA ZUM PREIS EINES U-BAHN-TICKETS

In Neapels Untergrund geht es bunt zu. Die Metrolinie 1 wird bis ins Zentrum verlängert und macht mit den neu gestalteten *Stazioni dell'Arte* weltweit Schlagzeilen. Dantes Verse empfangen die Reisenden neonleuchtend in der Station Piazza Dante, ein Aufzug historischer Figuren begegnet einem in der Station Toledo, während der U-Bahnhof Materdei in allen Farben explodiert. Der Metroneubau hinterlässt seine Spuren auch an der Oberfläche, Plätze werden neu gestaltet und Gärten angelegt, wo bislang graue Tristesse vorherrschte. Die Bauarbeiten sorgten auch für archäologische Sensationen. So kamen z. B. die gut erhaltenen Reste eines römischkaiserzeitlichen Tempels oder perfekt erhaltene Rümpfe römischer Handelsschiffe ans Tageslicht. Für den Preis eines UNICO-Napoli-Tickets kann man sich auf eine erstaunliche Kunst- und Zeitreise begeben.

Infos. www.anm.it, www.metropolitanadinapoli.it

Metro-Station Toledo

pels Camorra & Co. auch heute noch Verstecke unter Tage verwendet.

Das Viertel Sanità

Das nahe gelegene Hypogäum der Kirche Santa Maria delle Anime del Purgatorio ad Arco war als Chiesa de' cape e mort noch bis in die 1960er-Jahre Zentrum eines in Neapel weitverbreiteten, vom Vatikan jedoch nur schlecht tolerierten Schädelkults.

An den südlichen Abhängen des Capodimonte-Hügels liegt außerhalb der antiken Stadtmauern, *extra moenia*, das Viertel Sanità. Hier wurden ab dem zweiten Jahrhundert n. Chr. Katakomben in den Tuff gegraben, in denen sich auch Christen beisetzen ließen. Durch den Chor der monumentalen Barockbasilika Santa Maria della Sanità, ihrerseits über einer frühchristlichen Kirche des fünften Jahrhunderts errichtet, gelangt man in die Catacombe di San Gaudioso. Der unterirdische Friedhof entwickelte sich um das Grab des nordafrikanischen Bischofs San Gaudioso, der um 452 im neapolitanischen Exil gestorben war. Fresken und Mosaike aus dem fünften und sechsten Jahrhundert haben sich in Resten erhalten. Die Katakomben von San Gaudioso und San Gennaro werden von der Kulturinitiative La Paranza betreut, die auch das B&B Casa del Monacone betreibt. Zum Besichtigungsparcours gehört der Besuch des nahen Cimitero delle Fontanelle, früher – wie auch die Chiesa Santa Maria delle Anime del Purgatorio ad Arco – Zentrum eines in Neapel zeitweise populären Schädelkults. Gläubige wählten aus Zigtausenden Schädeln einen aus, versahen ihn mit Namen, umsorgten ihn liebevoll und besuchten ihn regelmäßig. Gleichsam »adoptierten« sie damit die Seele eines Verstorbenen. Dieser Kontakt zum Jenseits wurde als Handel auf Gegenseitigkeit verstanden.

Sollten die Seelen im Fegefeuer darauf hoffen, dass ihre Leidenszeit durch Fürbitten abgekürzt wurde, warteten die devoten Anhänger in ihren Träumen auf Tipps für die nächste Lottoziehung, aber auch auf Hilfe bei der Bewältigung alltäglicher Lebensdramen.

Historisch und kunstgeschichtlich besonders interessant sind die Catacombe di San Gennaro. Vorbei an der Kirche Madre del Buon Consiglio führt ein Weg zur Basilika San Gennaro extra moenia hinab. Die Kirche zählt zu den ältesten christlichen Kultbauten Neapels. Die Katakomben erstrecken sich über zwei Geschosse. Faszinierend zu sehen, wie Motive der antiken heidnischen Freskenkunst hier christlich umgedeutet wurden. Ferdinand Gregorovius (1821–1891) beschrieb sie als ein »Pompeji des Christentums«. Nachdem im fünften Jahrhundert hier die Gebeine des bei Pozzuoli enthaupteten Märtyrerbischofs San Gennaro beigesetzt wurden, entwickelte sich der Ort zur populären Pilgerstätte – und San Gennaro wurde zum Schutzpatron der Stadt.

Oben: Die Katakomben des Hl. Januarius sind eine komplette Stadt unter Tage.
Unten: In der Chiesa di Santa Maria delle Anime del Purgatorio ad Arco wurden Totenschädel »adoptiert«.

Oben: Auf der Suche nach Glück – Lottoannahmestelle in der Via dei Tribunali 59.
Unten: Ebenfalls in der Via dei Tribunali gibt es frisch gepresste Zitronenlimonade.

Nicht mystische, sondern praktische Gründe führten zur Konstruktion der Galleria Borbonica. König Ferdinand II. hatte 1853 den Tunnel zwischen dem Palazzo Reale und der Kaserne in der Via della Pace (heute Via D. Morelli) als Fluchtweg anlegen lassen. Die Ereignisse des Revolutionsjahrs 1848 ließen solche Vorsichtsmaßnahmen als sinnvoll erscheinen. Mit Ende der Bourbonenherrschaft 1860 geriet der Tunnel unter dem Pizzofalcone-Hügel in Vergessenheit und wurde erst im Zweiten Weltkrieg als Luftschutzbunker reaktiviert. Danach diente er der Polizei als Depot für beschlagnahmte Fahrzeuge und verkam nach und nach zur unterirdischen Mülldeponie. Fünf Jahre lang hatten Freiwillige daran gearbeitet, den Tunnel zu säubern und zu sichern, bis er 2010 einer staunenden Öffentlichkeit zugänglich gemacht werden konnte. Zu den Sehenswürdigkeiten zählen außer romantisch verrosteten Oldtimern auch die Reste einer Monumentalstatue von Aurelio Padovani, Gründer der faschistischen Partei Neapels, der 1926 unter bizarren Umständen ums Leben gekommen war.

Infos und Adressen

SEHENSWÜRDIGKEITEN

Catacombe di San Gaudioso. Tägl. 10–13 Uhr. Sammelticket mit San Gennaro. Piazza Sanità 14, 80137 Neapel, Tel. 08 17 44 37 14, www.catacombedinapoli.it

Catacombe di San Gennaro. Mo–Sa 10–17, So 10–13 Uhr. Sammelticket mit San Gaudioso. Via Tondo di Capodimonte 13, 80136 Neapel, Tel. 08 17 44 37 14, www.catacombedinapoli.it

Complesso Archeologico di San Lorenzo Maggiore. Mo–Sa 9.30–17.30, So 9.30–13.30 Uhr. Piazza San Gaetano 316, 80138 Neapel, Tel. 08 12 11 08 60, www.sanlorenzomaggiore.na.it

Galleria Borbonica. Fr–So um 10, 12, 15.30 und 17.30 Uhr. Via Domenico Morelli 40 (Eingang am Parkhaus), 80121 Neapel, Tel. 08 17 64 58 08, 36 62 48 41 51, www.galleriaborbonica.com

Beuys schätzte die Trattoria La Campagnola (S. 34).

Um die Katakomben kümmert sich eine Kooperative.

Museo e Ipogeo di Santa Maria delle Anime del Purgatorio ad Arco. Mo–Sa 10–14 Uhr. Via Tribunali 39, 80138 Neapel, Tel. 33 33 83 25 61, www.purgatorioadarco.it

Napoli Sotterranea. Mo–Fr 10–18 Uhr, Do bis 21 Uhr, Sa/So 10–18 Uhr. Piazza San Gaetano 66, 80138 Neapel, Tel. 081 29 69 44, 33 48 19 79 12, www.napolisotterranea.org

ESSEN UND TRINKEN

Pizzeria Oliva. Den Einheimischen auch als »Da Concettina ai Tre Santi« bekannt, ist diese Pizzeria im Herzen des Rione Sanità eine der besten der Stadt. So geschl. Via Arena alla Sanità 7/bis, 80137 Neapel, Tel. 081 29 00 37, www.pizzeriaoliva.it

Tarallificio Esposito. Traditionsbäckerei mit Straßenverkauf: Knusprige Blechpizza und echt neapolitanische Taralli mit Schmalz, Pfeffer und Mandeln. Via Sanità 129/130, 80137 Neapel, Tel. 081 45 49 06.

AKTIVITÄTEN

Galleria Borbonica. Speläologische Exkursionen, leider nur ab 18 Jahren und nur auf Italienisch. Sa/So 11 und 16 Uhr. Eintritt 30 € (Ausrüstung wird gestellt). Eingang Vico del Grottone 4, 80132 Neapel, www.galleriaborbonica.com

Oben: Kolossal-Statuen aus dem kaiserzeitlichen Rom.
Unten: Der Herkules Farnese fordert mit seiner verborgenen Hand zur Rückenansicht auf.

3 Archäologisches Nationalmuseum

Schatzkammer der Antike und Zeitmaschine

Königliche Reitschule, Universität und schließlich Museum von Weltrang: Das MANN (Museo Archeologico Nazionale) verdankt seinen Karrieresprung nicht zuletzt der Entdeckung der verschütteten Vesuvstädte Pompeji und Herculaneum. Farbenfrohe Fresken und detailverliebte Mosaike, schmucke Gladiatorenhelme, Erotika, aber auch Chirurgenbestecke, Backformen und Tafelsilber zeichnen ein lebendiges Bild der römischen Antike.

Eineinhalb Jahrhunderte diente der Palazzo degli Studi der Stadt Neapel als Universität, bis 1773 König Ferdinand IV. sich entschloss, das monumentale Gebäude am Altstadtrand zum Museum auszubauen, um hier seine reiche Antikensammlung zusammenzuführen. Vorläufer war das königliche Schloss in Portici, das als erstes Antikenmuseum der Welt einer handverlesenen Schar von Grandtouristen die damals noch frischen Ausgrabungsfunde aus Herculaneum und Pompeji präsentiert hatte. Zum Kern der Sammlung zählte die berühmte Collezione Farnese, die Karl III. bereits 1731 von seiner Mutter Elisabetta Farnese geerbt hatte, die aber erst 1787, gegen Widerstand des Papstes, aus Rom nach Neapel transportiert wurde.

Nach dem französischen Intermezzo und mit Restauration der Bourbonen wurde das Haus 1816 als Real Museo Borbonico neu eröffnet und mit der italienischen Einigung 1861 zum Museo Nazionale befördert. Zwischen 1863 und 1875 bereicherte der Archäologe Giuseppe Fiorelli (1823–1896) die

Sammlung um zahlreiche Funde aus Pompeji und nahm zugleich eine systematische Neuordnung vor. Fiorelli hatte in Pompeji auch die Methode entwickelt, die von den Vesuvleichen hinterlassenen Hohlräume mit Gips auszufüllen. Seit 1957 die umfangreiche Gemäldesammlung im Museo di Capodimonte Aufnahme fand und nach Jahren des *restauro*, präsentiert sich das bestens bestückte MANN heute als spannendes Zeitfenster in die römische Antike.

Für den Besuch sollte man Zeit und etwas Kondition mitbringen. Im Folgenden wird eine Auswahl der sehenswertesten Abteilungen und Stücke präsentiert. Der Museumsbesuch ergänzt in idealer Weise die Besichtigungen der Ausgrabungen von Pompeji und Herculaneum.

Skulpturen im Atrium

Das Atrium beherbergt immer wieder spektakuläre Sonderausstellungen. Gelegentlich sind zeitgenössische Künstler mit ihren Werken zu Gast. In den angrenzenden Sälen stehen römische Ehrenstatuen wie die Reiterstatue des Marcus Nonius Balbus aus Herculaneum oder die Statue der Eumachia aus Pompeji. In der samnitischen Palästra von Pompeji wurde 1779 eine der besten Kopien des klassischen Doryphoros (»Speerträger«) gefunden. Das um 440 v. Chr. entstandene Bronzeoriginal des griechischen Bildhauers Polyklet wurde Kanon (»Maßstab«) genannt. Die Statue gibt einen ideal proportionierten Jüngling im harmonischen Kontrapost mustergültig wieder. Sie diente vielen klassischen Bildwerken als Vorlage. Kaiser Augustus (63 v. Chr.–14. n. Chr.) z.B. ließ sich in dieser Haltung gerne abbilden. Römische Marmorkopien erkennt man übrigens an den Stützen, sie besitzen nicht die gleiche Standfestigkeit griechischer Bronzeoriginale.

AUTORENTIPP!

KUNST À LA CARTE

Eine lohnende Investition: Das Sammelticket Campania Artecard gilt drei Tage, eine Woche oder das ganze Jahr. Es gibt die Artecard für Neapel und Umgebung oder für die gesamte Region. Für junge Menschen zwischen 18 und 25 Jahren ist sie ermäßigt. Außer freiem Eintritt in staatlichen Museen und Ausgrabungen erlauben die Karten die Gratisnutzung öffentlicher Verkehrsmittel. So könnte man von Neapel mit der Circumvesuviana gratis nach Pompeji fahren und dort, ohne einen weiteren Eintritt entrichten zu müssen, die Ausgrabungen besichtigen. Die praktischen Kunsttickets gibt es an Flug- und Bahnhöfen, in allen staatlichen Museen und oft sogar am Kiosk. Der Kauf ist auch online möglich.

Campania Artecard. Info-Telefon: 800 60 06 01, 06 39 96 76 50, www.campaniaartecard.it

AUTORENTIPP!

ERSCHLAGEN VON ANTIKER KUNST?

Das Museo Archeologico Nazionale birgt unzählige Schätze verteilt auf mehrere Geschosse, und nach ein paar Stunden interessierter Aufmerksamkeit dürften auch hartgesottene Liebhaber der Antike erste Ermüdungserscheinungen zeigen. Warum also nicht den Besuch zweiteilen und zwischendurch Pompeji und Herculaneum eine Visite abstatten. Kontrastprogramm bietet die Metro-Station »Museo«, wo Schwarz-Weiß-Fotografien des Neapolitaners Mimmo Jodice (geb. 1934) klassischen Kunstwerken neue Facetten abgewinnen. Oder gleich zur zeitgenössischen Kunst ins nahe MADRE!

Madre. Das Museum für Gegenwartskunst beweist, dass Neapel auch artistisch im Hier und Jetzt lebt. Mo und Mi–Sa 10.30–19.30 Uhr, So 10.30–23 Uhr. Mo freier Eintritt. Via Settembrini 79, 80138 Neapel, Tel. 081 19 31 30 16, www.madrenapoli.it

Besonders anmutig sind die Venusstatuen der Farnesischen Sammlung. Die Venus Kallipygos (»Venus mit dem schönen Hintern«) stand in der Domus aurea des Kaisers Nero (37–68). Sie ist im Begriff, sich zu entkleiden, blickt über ihre Schultern und betrachtet mit Wohlgefallen ihr Spiegelbild im Wasser. Die monumentale Skulpturengruppe des Farnesischen Stiers und der Herkules Farnese stammen aus den Caracalla-Thermen in Rom. Der Herkules ist eine Kopie der kolossalen Bronzestatue von Lysipp: Von seinen Taten erschöpft stützt sich der müde Heros auf seine Keule, die rechte Hand mit den Äpfeln der Hesperiden hinter dem Rücken verborgen. Mit diesem Trick lockt Lysipp auch heute noch den neugierigen Betrachter um die Statue. Das Standbild des Herkules Farnese war zunächst ohne Unterschenkel gefunden worden. Guglielmo della Porta (1500–1577), ein Schüler Michelangelos, sorgte für Ersatz. Als später die originalen Gliedmaßen auftauchten, galten sie den Kopien als unterlegen. Erst in Neapel bekam der Herkules seine eigenen Beine wieder, und die Kopien hängen an der Wand.

Mosaike im Zwischengeschoss

Die schönsten der im Zwischengeschoss ausgestellten Mosaike stammen aus der Casa del Fauno in Pompeji, darunter das weltberühmte Alexandermosaik. Kunsthandwerker aus Alexandrien hatten das 5,82 mal 3,13 Meter große, ursprünglich am Boden verlegte Bild als Kopie eines hellenistischen Gemäldes des vierten Jahrhunderts v. Chr. aus über 1,5 Millionen Steinchen in den vier Grundtönen Weiß, Schwarz, Rot und Gelb zusammengesetzt. Die grandiose Komposition zeigt die Schlacht zwischen Alexander dem Großen und dem Perserkönig Dareios III. 333 v. Chr. bei Issos. Das Bild eines Skeletts stammt aus einem Speise-

zimmer und zeugt von einer epikureischen, den Daseinsfreuden zugewandten Lebenseinstellung. Die auf einer weiteren Mosaiktafel abgebildeten Fische und Meeresfrüchte könnten auf einem *mercato del pesce* (»Fischmarkt«) in Neapel nicht echter aussehen.

Gabinetto segreto

Im Saal 65 befindet sich der Gabinetto segreto. Als Pompeji im 18. Jahrhundert ausgegraben wurde, kamen schockierende Dinge ans Tageslicht. Fresken und Mosaike, deren erotischer Inhalt an Deutlichkeit nichts zu wünschen übrig ließ, waren der Stein des Anstoßes, von unzähligen Phallusdarstellungen ganz zu schweigen. Die verruchten Objekte kamen im Gabinetto segreto unter Verschluss. Neugierige Besucher der berühmt-berüchtigten Sammlung mussten ein »reifes Alter und verbürgte Moral« nachweisen, um eine Sondergenehmigung zu erwirken. Der Umgang mit den pompejischen Erotika ist auch ein Spiegel der Zeit und war von vielen Missverständnissen geprägt. Römer hatten ein von christlicher Moral ungetrübtes Verhältnis zur Sexualität, einige der Fresken zierten luststeigernd das Schlafzimmer. Gemalte Liebespositionen informierten in Bordellen über Sprachbarrieren hinweg zu Angebot und Preis. Die zahlreichen Phallusdarstellungen sind nur im Licht römischer Religionen zu verstehen. Der altrömische Fruchtbarkeitsgott Liber, später der griechischen Importgottheit Dio-

Oben: Die Alexanderschlacht zierte das Arbeitszimmer der Casa del Fauno in Pompeji.
Mitte: Marquis de Sade zeigte sich bei seinem Neapelbesuch begeistert von diesem Liebesakt.
Unten: Die pompejanischen Fresken sind weniger verrucht als ihr Ruf.

Oben: Musikanten aus winzig kleinen Mosaiksteinchen gelegt
Unten: Kopf einer Bronzestatue aus der Villa dei Papiri (Herculaneum)

nysos (lat. Bacchus) angeglichen, wurde durch phallische Kulte verehrt. Priapos, ein ebenfalls populärer Fruchtbarkeitsgott, stellte man mit einem immensen Phallus dar. Der Phallus, von den Römern auch *fascinum* genannt, wurde als Glück bringendes Symbol verwendet, er diente der Abwehr des Bösen. In Gestalt des feuerroten *corno* (»Horn«) sind phallische Amulette heute noch in der Tasche vieler Neapolitaner zu finden. Seit 2000 steht die nostalgisch-hübsch präsentierte Sammlung endlich allen Besuchern offen, sofern sie älter als elf Jahre sind. Freien Zugang hatten bereits die Revolutionäre von 1848 gefordert und im Jahr 1860 auch der Freiheitsheld Giuseppe Garibaldi (1807–1882).

Pompejanische Fresken im Piano nobile

Der Piano nobile empfängt mit dem enormen, freskengeschmückten Salone della Meridiana und darin der hellenistischen Skulptur des Atlante Farnese. Auf einen im Boden eingelassenen Meridian fällt der Strahl der Mittagssonne und zeigt entsprechend der Jahreszeit das passende Sternbild an. Die

Säle 66 bis 78 präsentieren sich mit farbenfrohen, mustergültig restaurierten Fresken der Vesuvstädte als großartigste Pinakothek des römischen Altertums. Besonders Bilder des sogenannten dritten Stils wurden von den bourbonischen Ausgräbern häufig aus ihrem Kontext entfernt und in Rahmen an die Wände gehängt. Nach Sujets angeordnet, zeigen sie mythische Landschaften, Stillleben, Ansichten von Villen oder zeitgenössische Alltagsszenen, z. B. die berühmte Schlägerei 59 n. Chr. im Amphitheater von Pompeji.

Eines der bekanntesten Bilder ist ein Fresko, dass ursprünglich aus der pompejanischen Casa del Centenario stammt und den Weingott Dionysos vor dem mit Rebstöcken bepflanzten Kegel des Vesuvs zeigt – so zumindest die gängige Interpretation. Als sicher gilt, dass das Fresko einst einen Hausaltar schmückte. Das erklärt auch die Schlange, die als Symbol den Genius des Hausherren repräsentiert. In den Sälen 79 bis 84 sind die Wandfresken des pompejanischen Isistempels zu sehen. Der ägyptische Kult übte im 18. Jahrhundert einen großen Einfluss auf das entstehende Freimaurertum aus und inspirierte Mozart zu seiner Zauberflöte.

In den Sälen 85 bis 89 sind Silbergeschirr, Gläser, Chirurgenbesteck und Paradewaffen von Gladiatoren ausgestellt. Von hohem dokumentarischen Wert ist das Korkmodell Pompejis im Ecksaal 96. In allen Details kann man die Ausgrabungssituation im Jahr 1879 erkennen, daran aber auch den heute fortschreitenden Verfall ermessen. Im westlichen Flügel ragen die Bronzestatuen aus der immer noch verschütteten Villa dei Papiri in Herculaneum (Säle 115 bis 117) heraus. Hier im weißlich-grauen Museumsambiente geht ihnen das Leben ab. Wie viel schöner wirken da die getreuen Kopien, die es in Ravello im Park der Villa Cimbrone (S. 230) an frischer Luft zu bewundern gibt.

AUTORENTIPP!

DOLCE VITA AUF DER PIAZZA BELLINI

In den 1980er-Jahren war die trendige Piazza Bellini noch ein chaotisch-vermüllter Parkplatz. Die Statue des Komponisten Vincenzo Bellini (1801–1835), von seinem Sockel Richtung Musikkonservatorium blickend, genießt heute erfreulichere Anblicke. Ausgrabungen haben an der gegenüberliegenden Ecke Reste der antiken griechischen Stadtmauer zum Vorschein gebracht. »Intra Moenia« (»Innerhalb der Mauern«) ist auch Name und Programm eines der In-Lokale, das als Urgestein seit 1987 am Platz ist. Längst ist die Piazza Bellini fixer Anlaufpunkt der *movida partenopea* und fehlt in keinem Reiseführer. Hier treffen sich aber auch die Mastiffs, der harte Kern der neapolitanischen Fußballfans. Das Publikum wechselt mit den Tageszeiten, tagsüber Touristen und Studenten, abends Intellektuelle und die *bella gioventù*, gefolgt von Nachtschwärmern jeder Couleur.

Infos und Adressen

SEHENSWÜRDIGKEITEN

Museo Archeologico Nazionale. Ein Muss! Mi–Mo 9–19.30 Uhr. Piazza Museo 19, 80135 Neapel, Tel. 08 14 42 21 49, http://cir.campania.beniculturali.it/museoarcheologiconazionale/

ESSEN UND TRINKEN

Il Caffè Arabo. Unprätentiös. Syrisch-palästinensische Kleinigkeiten, arabische Vorspeisen, Minztee, Bier oder Wein. Piazza Bellini 64, 80138 Neapel, Tel. 34 04 61 89 09, 339 88 28 12.

Mario Avallone braut Bier nach eigenem Gusto.

Il Cuoco Galante. Auf halber Strecke zwischen Museo Archeologico und Piazza Bellini. Hatte sich Giovanni Serritelli früher der Erkundung der neapolitanischen Hofküche verschrieben, vertritt er heute einen moderneren Ansatz. Leichte, frisch zubereitete Bio-Mittagsmenüs und abends – etwas teurer – neben üppigen Antipasti kleine, feine Gerichte. So geschl. Via Broggia 12, 80135 Neapel, Tel. 08 10 66 40 58.

Intra Moenia. Treff von Studenten, Lebenskünstlern und Touristen. Üppige Salate, Cocktails und als geistige Nahrung über 60 Napoli-Titel aus dem eigenen Verlag. Nützlicher Gratis-Stadtplan des Centro storico. Tgl. 10–2 Uhr. Piazza Bellini 70, 80138 Neapel, Tel. 081 45 16 52, www.intramoenia.it

La Cantina di Via Sapienza. Inbegriff einer Nachbarschaftstrattoria: beste *cucina casareccia* für wenig Geld. So geschl., sonst nur mittags (bis 15 Uhr). Via della Sapienza 40, 80138 Neapel, Tel. 081 45 90 78, www.cantinadiviasapienza.it

La Stanza del Gusto. Mario Avallone ist einer der kreativsten Küchenköpfe der Stadt. Empfehlenswerter (und preiswerter) als die Degustationsmenüs im 1. Stock ist der Besuch der lockeren Käse-Bar »Squisitezze« auf Straßenniveau. Top-Weine und süffiges Bier nach eigener Rezeptur. Mo geschl., So nur mittags. Via Santa Maria di Costantinopoli 100, 80138 Neapel, Tel. 081 40 15 78, 34 83 39 61 61, www.lastanzadelgusto.com

L'Etto. Bezahlt wird nach Gewicht. Stylish und teurer als man denkt. Via Santa Maria di Costantinopoli 103, 80138 Neapel, Tel. 081 19 32 09 67, www.kiletto.it

Lombardi. Die Pizzen sind hervorragend, die Gemüse-*fritture* auch. Einer der Vorfahren hatte übrigens 1905 den ersten Pizzaofen in New York gemauert. Di geschl. Via Foria 12, 80137 Neapel, Tel. 081 45 62 20, www.pizzerialombardi.it

Nea. Junges Cafè-Bistro, Kunstraum und Kleinverlag im Erdgeschoss des noblen Palazzo Conca. Tgl. ab 9.30 Uhr bis spät nachts. Piazza Bellini 59, 80138 Neapel, Tel. 081 45 13 58, www.spazionea.it

Starita. Kultstatus besitzt die *pizza fritta,* nicht nur, weil Sophia Lorens Auftritt als ambulante Pizzaverkäuferin im Film *L'Oro di Napoli* unvergessen bleibt. Ein 15-minütiger Spaziergang vom Museo Archeologico entfernt. So mittags, Mo geschl. Via Materdei 27, 80136 Neapel, Tel. 08 15 44 14 85, www.pizzeriastarita.it

un SorRiso integrale. Sympathisch, preiswert, ökologisch: vegetarischer Ethno-Food- und Bio-Laden in einem Hinterhof an der Piazza Bellini. So geschl. Vico San Pietro a Majella 6, 80138 Neapel, Tel. 081 45 50 26, www.sorrisointegrale.com

ÜBERNACHTEN

Costantinopoli 104. Luxuriöse Hinterhofoase: Ruhiges Mini-Hotel im Hinterhof des Palazzo Spinelli. Via Santa Maria di Costantinopoli 104, Tel. 08 15 57 10 35, 80138 Neapel, www.costantinopoli104.com

Donna Regina. Künstler-B&B im 4. Stock eines Palazzo, eine tolle Dachlandschaft mit Kirchenkuppeln im Blick. Das Museum für Gegenwartskunst MADRE und das Diözesanmuseum liegen um die Ecke. Mimmo Mazzella und seine Freunde bieten interessante Führungen an und geben beste kulinarische Tipps. Via Settembrini 80, 80138 Neapel, Tel. 081 44 67 99, 33 97 81 92 25, www.discovernaples.net

Hotel Piazza Bellini. Cooles Design und zeitgemäßer Komfort in restauriertem Palazzo des 17. Jh. Nette (Internet-)Bar. Via Santa Maria di Costantinopoli 101, 80138 Neapel, Tel. 081 45 17 32, www.hotelpiazzabellini.com

Berühmt ist auch die *pizza fritta* bei Lombardi.

Neues Leben im alten Palazzo

Real Orto Botanico. Gepflegter Hotelpalazzo gegenüber vom Botanischen Garten. Die Zimmer nach hinten sind ruhig, Garage gegen Aufpreis. Via Foria 192, 80139 Neapel, Tel. 08 14 42 15 28, www.hotelrealortobotanico.it

EINKAUFEN

Colonnese. Exquisit sortierte Mini-Buchhandlung mit Antiquariat, dazu ein auf die Kulturgeschichte Neapels spezialisierter Kleinverlag. Mo–Sa 9–13.30 und 16–19.30 Uhr. Via San Pietro a Maiella 32, 80138 Neapel, Tel. 081 45 98 58, www.colonnese.it

Electa. Gut sortierter Bookshop im Museo Archeologico Nazionale. Öffnungszeiten wie Museum. Piazza Museo 19, 80135 Neapel.

Musica Simeoli. Beste Auswahl an Klassik-CDs gegenüber vom Musikkonservatorium: Ein Tipp sind die Einspielungen der Cappella della Pietà de' Turchini, Neapels vielleicht bestes Barock-Ensemble. Mo–Sa 9–13.30 und 16–19.30 Uhr. Via San Pietro a Maiella 5, 80138 Neapel, Tel. 081 45 98 85, www.musicasimeoli.com

Regina. Alte Stiche und Landkarten. Mo–Sa 10–20 Uhr. Via Santa Maria di Costantinopoli 51, Tel. 081 45 99 83, www.libreriaregina.it

4 Vomero

Beste Blicke auf die Stadt

Vomero, das heißt Funicolare und Belvedere. Drei der für Neapel charakteristischen Standseilbahnen führen auf den aussichtsreichen Stadthügel und auf die Treppenwege wieder hinab ins Getümmel. Den besten Blick auf das Centro storico und den »Neapelspalter« Spaccanapoli bieten die Certosa di San Martino und das Castel Sant'Elmo. Auf der belebten Piazza Vanvitelli schlägt das Herz des bürgerlichen Stadtteils.

Der Vomero ist so etwas wie der Piano nobile (»das vornehme Obergeschoss«) der Stadt. Noch im 19. Jahrhundert war der von Obst- und Gemüsegärten überzogene Hügel besser als *collina dei broccoli* bekannt. In den 1950er-Jahren fielen zahlreiche der schönen Jugendstilvillen und ihre Parkanlagen korrupter Baupolitik zum Opfer. An ihre Stelle sind mehrstöckige Wohnblöcke getre-

Oben: Vom Castel Sant'Elmo hat man die Stadt im Blick.
Unten: Die Certosa di San Martino ist Neapels größtes barockes Gesamtkunstwerk.

MAL EHRLICH

GEWUSST WANN

Vom Vomero führen mehrere aussichtsreiche Treppenwege in die Unterstadt, dabei gewinnt man auch intime Aus- und Einblicke in die Wohnverhältnisse Neapels. Westlich der Villa Floridiana geht es verkehrsfrei auf der Calata di San Francesco und weiter auf der Salita Tasso und Via dell'Arco Mirelli bis zur Riviera di Chiaia und der Villa Comunale. Von der Certosa führt die Via Pedamentina a San Martino hinab ins volkstümliche Pignasecca-Viertel. Nach Einbruch der Dunkelheit ist in letzterem Fall die Rückfahrt mit Bus oder Funicolare vorzuziehen.

ten, heute bevorzugte Adressen der besser verdienenden Mittelschicht. Zum Glück haben sich Oasen wie die Villa Floridiana oder die Certosa di San Martino erhalten, von denen man nach wie vor unvergleichliche Blicke auf die Stadt, den Golf und den Vesuv genießt.

Castel Sant'Elmo

Den höchsten Punkt des Vomero beherrscht das Castel Sant'Elmo, eine furchteinflößend-abweisende Tuffsteinkonstruktion. Robert von Anjou ließ im 14. Jahrhundert einen normannischen Wachturm zum Kastell ausbauen. Die heutige Anlage in Form eines sechsstrahligen Sterns geht auf Vizekönig Pedro de Toledo (1484–1553) zurück. Das Kastell diente damals weniger der Verteidigung, mehr zur Kontrolle der Stadt und bis in die 1950er-Jahre auch als Gefängnis. Heute befinden sich hier kulturelle und wissenschaftliche Einrichtungen und das Museo Napoli Novecento, mit Kunst von 1910 bis 1980. Die besten Blicke auf den Centro storico mit der ihn durchschneidenden Spaccanapoli genießt man von den umlaufenden Balustraden.

Zu Füßen des Castel Sant'Elmo liegt ebenso monumental die Certosa di San Martino. Ihre einzigartige Belvedere-Lage, eine beeindruckende Architektur und die Fülle an Kunstschätzen machen die im 14. Jahrhundert erbaute Kartause zu einer der Hauptattraktionen Neapels. Ab dem 16. Jahrhundert begann die vollständige Umgestaltung, deren verschwenderische Prachtentfaltung ihresgleichen sucht. In Folge wurde die Certosa di San Martino zu einem Gesamtkunstwerk des neapolitanischen Barock. Ein Museum dokumentiert die Stadtgeschichte mit einer großen Anzahl von Veduten, von denen die Tavola Strozzi (Saal 32), eine bis ins feinste Detail ausgemalte Ansicht von Neapel im

AUTORENTIPP!

KÜCHENGEHEIMNISSE LÜFTEN

Giorgia Chiatto veranstaltet in ihrer hübschen Liberty-Villa in Nähe der Piazza Vanvitelli Kochkurse aller Art. Das nötige Küchenitalienisch schnappt man ganz nebenbei auf und erfährt bei der Gelegenheit, wie man eine perfekte Genovese-Soße kocht. Das Insiderwissen lässt sich bei einem Marktbesuch vertiefen. Neben frischen Lebensmitteln werden Montag- bis Samstagvormittag auf dem Vomero am Largo Antignano auch Küchenartikel, Mode und Schuhe zum Schnäppchenpreis verkauft. Ausgefallene Kochevents (und Foto- und Filmevents) veranstalten auf Anfrage der Fotograf Claudio Morelli und seine Künstlerfreunde von Pantesia.

CucinAmica. Kochen mit Giorgia Chiatto. Via Solimena 80, 80129 Neapel, Tel. 08 15 78 39 73, www.cucinamica.it

Pantesia. Passeggiata Colonna, Piazza Amedeo 16/d, 80121 Neapel, Tel. 08 16 58 16 94, 33 89 43 82 67, www.claudiomorelli.com, www.pantesia.com

In der »Cucina di Elvira« (S. 53) ist Sophia nur die Nummer zwei.

Oben: Der Abt der Kartause reservierte sich den besten Blick.
Unten: Die Certosa bietet nicht nur Belvedere, im Museum sind die schönsten Neapel-Veduten ausgestellt.

15. Jahrhundert, die sehenswerteste ist. Nicht nur zur Weihnachtszeit ist die Ausstellung neapolitanischer Krippen eine Attraktion. Den besten Ausblick genießt man von der Terrasse des Priors.

Villa Floridiana

Südwestlich der Piazza Vanvitelli lädt ein englischer Landschaftsgarten zum Lustwandeln ein. Im zeitigen Frühjahr blühen Kamelien, und von den Balustraden genießen nicht nur Liebespärchen romantische Blicke auf den Golf und Capri. Als Bourbonenkönig Ferdinand IV. (1751–1825) im Jahr 1815 aus seinem sizilianischen Exil nach Neapel zurückkehrte, begleitete ihn seine langjährige Geliebte und zweite Frau Lucia Migliacco (1770–1826), Herzogin von Floridia. Für sie ließ er die Villa Floridiana erbauen. Damals tummelten sich Tiger, Bären und Kängurus im Park. Letztere hatte der König gegen 18 antike Papyrusrollen aus Herculaneum bei den Briten eingetauscht. Der Garten umgibt das neoklassizistische Gebäude, das heute als Museo della Ceramica Duca di Martina eine wertvolle Sammlung asiatischen Porzellans beherbergt. An Sonntagen finden Konzerte statt.

Infos und Adressen

SEHENSWÜRDIGKEITEN

Castel Sant'Elmo. Mi–Mo 8.30–19.30 Uhr. Via Tito Angelini 22, 80129 Neapel, Tel. 08 12 29 44 01.

Certosa/Museo di San Martino. Do–Di 8.30–18.30 Uhr. Largo San Martino 5, 80129 Neapel, Tel. 08 12 29 45 41.

Museo della Ceramica Duca di Martina. Mi–Mo 8.30–14 Uhr. Via Cimarosa 77, 80127 Neapel, Tel. 08 15 78 84 18.

ESSEN UND TRINKEN

Antica Cantina di Sica. Für Freunde der neapolitanischen Küche und Kultur. So abends und Mo geschl. Via Gian Lorenzo Bernini 17, 80129 Neapel, Tel. 08 15 56 75 20, www.cantinadisica.it

Donna Teresa. Gemüse und Obst von der eigenen kleinen Landwirtschaft, die Küche ehrlich-traditionell, die Preise im Grunde ein Geschenk. So geschl. Via Michele Kerbaker 58, 80129 Neapel, Tel. 08 15 56 70 70.

Fantasia Gelati. Eisdiele der Extraklasse auf dem Vomero. Piazza Vanvitelli 22, 80129 Neapel, www.fantasiagelati.i

Wer kann da Nein sagen?

Blick vom Grand Hotel Parkers in bester Lage

Gorizia. Erstklassige Pizzeria, seit 1916 am Platz! Via Gian Lorenzo Bernini 29/31, 80129 Neapel, Tel. 08 15 78 22 48, www.gorizia1916.com

La Cucina di Elvira. *Cucina napoletana* zu volksnahen Preisen. So abends, Mo geschl. Via Gian Lorenzo Bernini 42, 80129 Neapel, Tel. 33 89 33 88 10.

ÜBERNACHTEN

La Controra Backpackers Hostel. Von jungen Travellern für junge Traveller. Piazzetta Trinità alla Cesarea 231, 80136 Neapel, Tel. 08 15 49 40 14, www.lacontrora.com

Grand Hotel Parkers. Seit 1865 bevorzugte Adresse betuchter Reisender. Corso V. Emanuele 135, 80121 Neapel, Tel. 08 17 61 24 74, www.grandhotelparkers.it

San Francesco al Monte. Ex-Kloster mit himmlischem Ausblick auf Stadt und Vesuv. Pool auf dem Dachgarten. Corso Vittorio Emanuele I. 328, 80135 Neapel, Tel. 08 14 23 91 11, www.sanfrancescoalmonte.it

AUSGEHEN

New Around Midnight. Beliebter Bier-Club, von Do–So Jazz live. Via Gian Lorenzo Bonito 32, 80129 Neapel, Tel. 33 12 32 60 93, www.newaroundmidnight.it

5 Via Toledo und Chiaia

Edle Laufstege am Rande der Quartieri spagnoli

Der Toledo und die Via Chiaia sind Neapels beliebteste Flaniermeilen. Unterwegs bieten sich kontrastreiche Eindrücke: die volkstümlichen Quartieri spagnoli und Europas schönste U-Bahnstation, eine mondäne Einkaufspassage aus Stahl und Glas und gegenüber ein plüschiges Opernhaus, die Piazza del Plebiscito, Bühne der Hochzeitsfotografen und Pflasterkünstler, sowie ein königlicher Park am Meer.

Neapels berühmteste Straßenmeile durchzieht die Stadt in gerader Linie und verbindet die Piazza Dante mit der Piazza Trieste e Trento. Als Vizekönig Pedro de Toledo 1563 ihren Bau anordnete, waren militärische Überlegungen ausschlaggebend. Zwar half die breite Achse auch, die Frischluftzufuhr in der Altstadt zu verbessern, in erster Linie aber sollte sie schnelle Trup-

Oben: Sehen und gesehen werden auf der Piazza del Plebiscito
Unten: Der Toledo ist Neapels längste Einkaufsmeile.

MAL EHRLICH

IST NEAPEL EIN GEFÄHRLICHES PFLASTER?

Keine Angst! In Reiseführern werden die Quartieri spagnoli in der Regel als »berüchtigt« beschrieben, und generell wird bei einem Neapelbesuch vor Handtaschenräubern auf flinken Motorrollern gewarnt. Wer den gesunden Menschenverstand bemüht und keine unnötigen Risiken eingeht (auf Handtaschen achten, keine Rolex am Handgelenk, Geldscheine in der vorderen Hosentasche ...), wird sich sicher durch die Stadt bewegen und auf freundlich aufgeschlossene, hilfsbereite Menschen treffen, die oft genug Besuchern die richtigen Verhaltenstipps geben.

penbewegungen zwischen dem Königsschloss am Meer und der Altstadt mit ihren oft aufmüpfigen Bewohnern ermöglichen. Die spanischen Soldaten wurden dazu in einer neu angelegten Rastersiedlung an den Hängen des Vomero einquartiert. Zahlreiche Schänken und Bordelle bescherten dem *quartel de los espanioles* seinen zweifelhaften Ruf, der auch blieb, als die Truppen ein Jahrhundert später in Kasernen umgesiedelt wurden und eine rapide wachsende Stadtbevölkerung das Viertel in Besitz nahm.

Derweil fand der Adel Gefallen an der lichten Straßenachse. Bald säumten schmucke Barockpalazzi den Toledo, der bald als Europas eleganteste Straße galt. Das 20. Jahrhundert brachte pompöse faschistische Verwaltungsbauten. Heute ist der Toledo eine beliebte Fußgängerzone. Kleiderläden aller Preisklassen, Eisdielen, Straßenkünstler und die ambulanten Verkäufer, die aus den Gassen der Quartieri spagnoli quellen und beim Auftauchen der Polizei ebenso schnell wieder darin verschwinden, sorgen für Flair und buntes Leben. Die Quartieri spagnoli sind weitaus besser als ihr Ruf und locken mit volkstümlichen Trattorien und einem Avantgarde-Theater.

Barocke Palazzi und volksnahe Viertel

Im 18. Jahrhundert erhielt die Piazza Dante durch einen Umbau des Reggia-di-Caserta-Architekten Luigi Vanvitelli (1700–1773) ihren halbmondförmigen Grundriss. Ihren »tieferen Wert« verdankt sie der 2002 eröffneten, gleichnamigen Kunststation der neuen Metrolinie 1.

Auf dem Weg Richtung Süden kreuzt der Toledo den Spaccanapoli. Auf dem Stadtplan heißen die seitlich abzweigenden Straßen schlicht Via Pas-

AUTORENTIPP!

EINE SÜNDE WERT

Napule tre cose tene belle: 'o mare, 'o Vesuvio, e 'e sfogliatelle (»Drei schöne Dinge besitzt Neapel: das Meer, den Vesuv und die Sfogliatelle«). Wie viele neapolitanische Süßigkeiten, kommt auch die *sfogliatella* hinter Klostermauern zur Welt. Eine Novizin des Monastero Santa Croce an der Amalfiküste soll Anfang des 18. Jahrhunderts die Urform des verführerischen Blätterteiggebäcks in Gestalt einer Venusmuschel, gefüllt mit Gries und zarter Ricotta, aromatisiert mit kandierten Orangenschalen, erfunden haben. Der Konditor Pasquale Pintauro führte die *sfogliatella* bei Hofe ein, der Bäcker Pietro Caraturo demokratisierte sie. Pintauro auf der Via Toledo existiert seit 1785, Neapels legendäres *dolce* schmeckt bei Mary am Eingang zur Galleria Umberto I. noch besser. Als *sfogliatella riccia* auf die Hand!

Pintauro. Via Toledo 275.
Tel. 081 41 73 39.
La Sfogliatella Mary. Via Toledo 66,
Tel. 081 40 22 18.

Oben: Im Palazzo Zevallos Stigliano ist Caravaggios letztes Meisterwerk zu sehen.
Mitte: Maurizio Marinella folgt seinen Vorfahren als Neapels edelster Krawattenschneider.
Unten: Im Inneren der Galleria Umberto I.

quale Scura und Via Domenico Capitelli, wobei Letztere auf die Piazza del Gesù führt. Zur anderen Seite wird der Blick hoch zur Certosa di San Martino gelenkt. Weiter vorn öffnet sich die Piazza Carità, von der bergseitig die Via Pignasecca abzweigt und in eines der urigsten Marktviertel Neapels führt. Eine Längsseite der Piazza beherrscht der faschistische Palazzo INA. Der neapolitanische Architekt Marcello Canino (1895–1970) zeichnete auch für den Palazzo della Provincia an der nahen Piazza Mateotti verantwortlich. Die bessere Architektur lieferte zur gleichen Zeit der Bolognese Giuseppe Vaccaro. Sein Palazzo delle Poste e Telegrafi direkt gegenüber wirkt heute noch zeitlos-modern.

Stazione Toledo

Eine spektakuläre städtebauliche Inszenierung unserer Tage bietet die 2012 eröffnete Metro-Station Toledo. Die Tageszeitung *The Daily Telegraph* erklärte sie prompt zum schönsten U-Bahnhof Europas. Die Mosaike im Eingangsbereich hat der südafrikanische Künstler William Kentridge entworfen. Sie zeichnen ein historisches Panorama der Stadt. Der Bahnhof reicht bis unter den Meeresspiegel, und entsprechend ändern sich die Farben der Wände, die von Tuffgelb nach Blau changieren.

Palazzo Zevallos Stigliano

Zur nächsten Kunstpause lädt der Palazzo Zevallos Stigliano, 1637 bis 1639 erbaut von Neapels Barockstar Cosimo Fanzago. Heute befindet sich das imposante Gebäude im Besitz einer Bank und ist zu besichtigen. Glanzpunkt ist *Das Martyrium der hl. Ursula*, das letzte Werk Caravaggios (1571–1610). Die Leinwand war noch feucht, als der Maler nach Porto Ercole aufbrach, wo er auf seine Begnadigung hoffend am Fieber starb.

Rundgang: Vom Toledo zur Chiaia

Neapel ist eine Stadt der Kontraste: Edle Flaniermeilen umziehen das volkstümliche Viertel, unterwegs gibt es tolle Kunst unter und über Tage.

A Piazza Dante – Die Kunst-Metro sorgte für ein Restyling der Piazza.

B Piazza Carità – Faschistische Architekturen und antifaschistische Denkmäler.

C Quartieri spagnoli – Fotogenes Straßenraster prallvoll mit Leben.

D Stazione Toledo – Eintauchen in Kunst in Neapels schönstem U-Bahnhof.

E Palazzo Zevallos Stigliano – Das letzte Bild Caravaggios. Di–So 10–18 Uhr. Via Toledo 185, 80132 Neapel, www.gallerieditalia.com

F Galleria Umberto I. – Schicke Einkaufspassage aus Glas und Stahl.

G PAN – Palazzo delle Arti Napoli – Magnet für Kreative aus den Bereichen Film, Design und Architektur. Mo–Sa 9.30–13.30 und 14.30–19.30 Uhr, So 9.30–14.30 Uhr. Via dei Mille 60, 80121 Neapel, www.palazzoartinapoli.net

H Villa Comunale – Schöner Stadtpark.

I Acquario – Europas ältestes Schau-Aquarium. Di–Sa 9–16.30 Uhr, So 9–13.30 Uhr. Villa Comunale, 80121 Neapel, www.szn.it

J Museo Diego Aragona Pignatelli Cortes – Ein neoklassizistischer Traum. Mi–Mo 8.30–14 Uhr. Riviera di Chiaia 20, 80122 Neapel, Tel. 08 17 61 23 56.

AUTORENTIPP!

SASHIMI NEAPOLITANO

Im Straßengeviert zwischen Riviera di Chiaia, Piazza dei Martiri und Via dei Mille findet sich eine bunte Mischung alteingesessener Handwerksbetriebe, schriller Modeboutiquen, nostalgischer Alimentari und hipper Hinterhof-Galerien. Und mittendrin die Fischhandlung der Familie Mattiucci. Täglich verwandelt sich die *pescheria* in eine angesagte Fisch-Bar. Nach alter süditalienischer Manier werden roher Fisch und Meeresfrüchte – nur mit Zitrone, Orange und Olivenöl beträufelt – frisch mit den Fingern verzehrt. Es gibt auch Gekochtes und Gebratenes! Die Atmosphäre ist lässig, der Wein gut, im Hintergrund läuft Jazz.

Pescheria Mattiucci. Mo geschl. Mi 8–14.30 Uhr, Di, Do, Fr und Sa 8–14.30 und 7.30–22.30 Uhr. Vico Belledonne a Chiaia 27, 80121 Neapel, Tel. 08 12 51 22 15, 33 32 94 53 55, www.pescheriamattiucci.com

Galleria Umberto I.

Am südlichen Ende der Via Toledo öffnet sich die Galleria Umberto I., eine mondäne Stahl-Glas-Passage im Stil des Fin de siècle. Errichtet 1887 bis 1890 nach dem Vorbild der berühmten Mailänder Galleria Vittorio Emanuele II, sollte sie den Anschluss des ehemaligen Königreichs beider Sizilien an das neue Königreich Italien sinnfällig machen. Der Bauplatz gegenüber vom bourbonischen Real Teatro San Carlo war bewusst gewählt.

Von der Piazza Trieste e Trento führt die schicke Via Chiaia vorbei am Gran Caffè Gambrinus und im Rücken des Pizzofalcone-Hügels zur Piazza dei Martiri. Auf der Platzmitte erhebt sich eine Säule aus bourbonischer Zeit. Die vier Löwen zu ihren Füßen symbolisieren vier Versuche, sich gegen die Bourbonenherrschaft aufzulehnen. Meerseitig zweigt die kurze Via Calabritto ab, Neapels höchste Konzentration edler Marken-Boutiquen. Vom oberen Ende der Piazza führen die Via Alabardieri und ihre Verlängerung, der Vico Belledonne a Chiaia, in das Trendviertel Chiaia, wo sich alte Handwerkerläden mit schrägen Modeläden und coolen Bars mischen.

Park Villa Comunale

Alle Gassen führen hinab zur Riviera di Chiaia. Zwischen der von Palazzi gesäumten Prachtstraße und dem Meer erstreckt sich ein wunderbarer Park. Ende des 18. Jahrhunderts im Auftrag Ferdinands IV. angelegt und inspiriert vom Pariser Jardin des Tuileries, diente er der königlichen Familie und dem neapolitanischen Hochadel zum Auslauf. Erst nach der Reichseinigung 1860 wurde der Park für alle Bürger öffentlich zugänglich. Mitten im Park steht die Stazione Zoologica, 1870 vom deutschen Naturwissenschaftler und Darwin-Fan Anton Dohrn gegründet und heute noch eines der weltweit führenden meereszoologischen Institute.

Infos und Adressen

ESSEN UND TRINKEN

Antica Osteria da Tonino. Seit 1880 in der Familie! Faire Preise, immer gut besucht. Tgl. mittags, Fr und Sa auch abends. Via Santa Teresa a Chiaia 47, 80121 Neapel, Tel. 081 42 15 33.

Hosteria Toledo. Touristisch längst entdeckt und trotzdem zu empfehlen. Di abends geschl. Vico Giardinetto a Toledo 78/a, 80134 Neapel, Tel. 081 42 12 57, www.hosteriatoledo.it

Nenella. Volkstrattoria im Herzen der Quartieri spagnoli. So geschl. Vico Lungo Teatro Nuovo 103/105, 80134 Neapel, Tel. 081 41 43 38.

Osteria della Matonella. Hier gibt es Klassiker wie *pasta alla genovese*. So abends geschl. Via G. Nicotera 13, 80132 Neapel, Tel. 081 41 65 41.

Terrazza Calabritto. Chic mit Golf-Blick, feine Fischküche. Mo 20–24 Uhr, Di–Sa 12.30–16, 20–24 Uhr. Piazza Vittoria 1a/b, 80121 Neapel, Tel. 08 12 40 51 88, www.terrazzacalabritto.it

ÜBERNACHTEN

Chiaja Hotel de Charme. Aufmerksam geführtes Hotel im *piano nobile* eines Barockpalazzo. Via Chiaia 216, 80121 Neapel, Tel. 081 41 55 55, www.chiaiahotel.com

Napolit'amo. Etagenhotel im Palazzo Tocco di Montemiletto, Ableger gleich um die Ecke mit etwas schlichteren Zimmern in einem faschistischen Palazzo. Via Toledo 148, 80134 Neapel, Tel. 08 15 52 36 26, www.napolitamo.it

Pinto Storey. Großbürgerlicher Art-decó-Palazzo in bester Lage. Via G. Martucci 72 (Piazza Amadeo), 80121 Neapel, Tel. 081 68 12 60, www.pintostorey.it

AUSGEHEN

S'Move Light Bar. Musicfoodbar im angesagten Chiaia-Viertel. Vico degli Sospiri 10A, 80121 Neapel, Tel. 08 17 64 58 13.

EINKAUFEN

Cilento. Kleidet den Mann von Welt von Fuß bis Kopf – seit 1780. Via Medina 61, 80133 Neapel, Tel. 08 15 51 33 63, www.cilento1780.com

Feltrinelli. Neapels größte Buchhandlung. Mit Kartenvorverkauf. Via Santa Caterina a Chiaia 23, 80121 Neapel, Tel. 08 12 40 54 11, www.lafeltrinelli.it

Talarico. Handgefertigte Schirme seit 1860. Vico due Porte a Toledo 4/B, 80134 Neapel, Tel. 081 40 19 79, www.mariotalarico.it

Chiaja Hotel de Charme: Ein Flügel des Palazzo diente früher als Luxusbordell. Die Preisliste hängt noch aus.

Oben: Der Hafen von Neapel bietet mit Blick auf mehrere Kastelle ein großes Entree.
Unten: Im »Hachè« (S. 65) sind die *polpette* vom Feinsten.

6 Castel Nuovo und Palazzo Reale

Eine Stadtgeschichte in Kastellen und Palästen

Vom 13. Jahrhundert bis 1860 war Neapel – mit einigen Unterbrechungen – Hauptstadt eines Königreichs. Die wechselvolle Stadtgeschichte spiegelt sich in Kastellen und Palästen unterschiedlicher Epochen wider. Das Castel dell'Ovo markiert die Urzelle der Stadt, das Castel Nuovo diente Anjous und Aragonesen als Festung und Musenhof, der Palazzo Reale gilt als erste große Palastanlage des Absolutismus.

Mit Eroberung durch die Normannen endet im 12. Jahrhundert die Zeit des selbstständigen Herzogtums Neapel. Die neuen Machthaber erhoben das sizilianische Palermo zur Hauptstadt, und in Neapel ließ König Wilhelm I. (1154–1166) zwei Festungsbauten errichten. Das Castel Capuano am östlichen Ende der heutigen Via dei Tribunali diente ursprünglich Verwaltungszwecken. Auch

MAL EHRLICH

CAPPUCCINO NACH DEM FISCH?

Als Tourist hat man Narrenfreiheit, aber deswegen nach dem Essen Cappuccino bestellen? Kaffee-Milch-Mixgetränke sind in Neapel nach 11 Uhr out, während *caffè* (vulgo Espresso) auch spätabends noch getrunken wird. Wobei trinken nicht ganz richtig ist. Der ideale *caffè napoletano* ist so wasserarm (*stretto*), dass man dem Zucker beim Versinken langsam zuschauen kann. Stark geröstet ist er weitaus magenfreundlicher und koffeinärmer als deutscher Filterkaffee.

sicherte es das gleichnamige Stadttor und die Fahrstraße Richtung Nola. In spanischer Zeit wurde es zum Sitz des städtischen Gerichtshofs, eine Funktion, die es noch heute innehat. Seine heutige Gestalt geht auf Umbauten des 19. Jahrhunderts zurück.

Im Süden der Stadt ließ Wilhelm I. auf der Insel Megaris die heute als Castel dell'Ovo bekannte Seefestung errichten. Hier waren Mitte des siebten Jahrhunderts v. Chr. Griechen an Land gegangen und gründeten auf dem angrenzenden Pizzofalcone-Hügel die Handelsniederlassung Parthenope. Ab 530 v. Chr. entstand etwas weiter im Landesinneren eine neue Stadt (griech. *neapolis*), deren Straßenverlauf sich noch heute im Gassengeviert des Centro storico durchpaust. Normannen und Staufern diente das Meeres-Kastell als Schatzkammer und Residenz. Grausame Ironie: In ebenjenem Kastell schmachteten bis zu ihrem Tod die letzten männlichen Enkel von Kaiser Friedrich II. als Gefangene des neuen Machthabers Karl I. von Anjou (1266–1282).

Castellum Lucullanum

Um Uferboulevard Via Partenope reihen sich an der Stelle des im 19. Jahrhundert eingeebneten, in vielen volkstümlichen Liedern besungenen Fischerviertels Santa Lucia, Neapels berühmteste Luxusherbergen. Im Borgo Marinari am Fuß des Castel dell'Ovo ankern neben Fischerbooten die Jachten der High Society, und einige der teuersten Fischlokale haben sich vor dieser romantischen Kulisse eingerichtet. Luxus mit Tradition, denn bereits der römische Feldherr und Feinschmecker Lucullus hatte im ersten Jahrhundert v. Chr. hier eine seiner Villen. Bleibender Verdienst: Aus dem Orient hatte er die Kirsche in Italien eingeführt. Am Rande: im »Castellum Lucullanum« starb der im Jahr 476 ab-

AUTORENTIPP!

GROSSES THEATER

Als Anbau des Palazzo Reale entstand in Rekordbauzeit zwischen März und Oktober 1737 im Auftrag Karls III. das Real Teatro di San Carlo. Eingeweiht wurde das mit 1379 Sitzplätzen damals größte Musiktheater der Welt am Namenstag des Königs. Ein Brand zerstörte 1816 Bühnenhaus und Zuschauerraum. 1841 konnte die Oper in klassizistischem Gewand wieder eröffnet werden. Zahlreiche berühmte Opern erlebten hier ihre Uraufführung. Rossini, Donizetti, Bellini, Verdi und Puccini feierten Triumphe. Die Akustik ist ausgezeichnet und das musikgebildete neapolitanische Publikum ist in seinen Gunstbezeugungen genauso überschwenglich wie in seiner Ablehnung. Man muss hier einfach eine Aufführung erlebt haben! Die Opernsaison pausiert nur im Juli und August.

Teatro San Carlo. Via San Carlo 98F, 80132 Neapel, Tel. 08 17 97 23 49, 08 17 97 23 31, www.teatrosancarlo.it

AUTORENTIPP!

EINE ART LOUVRE AM VESUV
Der Jagdleidenschaft des Bourbonen Karl III. verdankt Neapel seinen schönsten, mehr als sieben Quadratkilometer großen Park. Mit prächtigen Ausblicken erhebt sich der Capodimonte-Hügel über der Stadt. Was ursprünglich als Jagdschlösschen geplant war, geriet zum grandiosen Museumspalazzo, als Karl III. seine Kunstsammlung würdig unterbringen wollte. Das Museo Nazionale di Capodimonte birgt heute eine der bedeutendsten Gemäldegalerien Europas: Botticelli, Tizian, Raffael, Caravaggio und Andy Warhol. Die Liste ließe sich endlos fortsetzen.

Museo Nazionale di Capodimonte. Do–Di 8.30–19.30 Uhr. Via Capodimonte (Porta Grande), 80131 Neapel, Tel. 08 17 49 91 11, www.cir.campania.beniculturali.it/museodicapodimonte
Parco di Capodimonte. Tägl. von 7.45 Uhr bis ca. 1 Std. vor Sonnenuntergang. Eintritt frei. www.boscodicapodimonte.it

gesetzte, letzte weströmische Kaiser Romulus Augustulus. Der Name des Kastells geht auf eine mittelalterliche Legende zurück, der zufolge der römische Dichter Vergil ein rohes Ei in eine Flasche gezaubert haben soll, diese in einen Eisenkäfig schloss und den Eisenkäfig in einem tiefen Gewölbe barg. Von der Unversehrtheit des Zauber-Eis soll das Schicksal der Stadt abhängen. Bislang wurde es glücklicherweise nicht gefunden. Dafür verbirgt sich in den Tiefen des Gemäuers die sog. Sala delle Colonne, baulicher Rest der Lucullus-Villa und im Mittelalter Refektorium eines Basilianer-Klosters. Prächtige Ausblicke bieten die Dachterrassen.

Castel Nuovo

Die Anjous – seit ihrem Sieg 1265 über Stauferkönig Manfred (1258–1266) die neuen Herren Süditaliens – verlegten den Herrschaftssitz von Palermo nach Neapel und machten die Stadt zur Hauptstadt ihres neuen Königreichs. Diese Entscheidung und der daraus resultierende Bauboom lösten in der Bevölkerung Begeisterung aus. In unmittelbarer Nähe des Hafens ließ Karl I. von Anjou ab 1279 eine neue Festung errichten. Sie diente der Sicherung und Förderung des Handels und wurde zugleich prachtvoll als Residenz ausgebaut. Damals schon trug die Burg ihre markanten, schlanken Rundtürme. Zur Unterscheidung von den älteren Kastellen aus normannisch-staufischer Zeit wurde sie Castrum Novum oder Maschio Angioino genannt. Große Künstler ihrer Zeit wurden mit der Ausschmückung beauftragt, Giottos berühmte Fresken wurden Mitte des 15. Jahrhunderts durch ein Erdbeben fast völlig zerstört. Unter Robert dem Weisen (1278–1343) entwickelte sich das Castel Nuovo zum Musenhof. Dichter wie Giovanni Boccaccio (1313–1375) oder Francesco Petrarca (1304–1374) gingen ein und aus. Die Herrschaft der Anjous ging in einem Erbfolgekrieg zu Ende.

Castel Nuovo und Palazzo Reale

Das in den Kriegswirren stark beschädigte Kastell wurde nach der Eroberung Neapels durch Alfons von Aragon (1396–1458) Mitte des 15. Jahrhunderts wieder aufgebaut, die Türme militärtechnisch auf den neuesten Stand gebracht und an der Basis mit geböschten Sockeln verstärkt, die ihrerseits mit Schuppen und Zähnen verziert wurden. Das effektvoll zwischen zwei schwarze Rundtürme gesetzte doppelstöckige Triumphtor aus weißem Marmor ist ein starkes Stück politischer Propaganda und schildert den Einzug von Alfons am 26. Februar 1443 in Neapel. Es gilt als Meisterwerk der Frührenaissance. Als Vorbild diente das Brückentor Kaiser Friedrichs II. in Capua (S. 79). Anfang des 20. Jahrhunderts hatte das Castel Nuovo sein ursprünglich mittelalterliches Aussehen zurückerhalten, als zahlreiche Anbauten entfernt wurden. Seine Residenzfunktion hatte es bereits im 17. Jahrhundert eingebüßt, als die spanischen Vizekönige nebenan den Palazzo Reale als ersten Palastbau des Absolutismus errichten ließen. Anlass war der angekündigte Besuch des spanischen Königs Philipp III. (1578–1621), der jedoch nie stattfand. Durch das Triumphtor und ein weiteres Portal betritt man den Innenhof mit der gotischen Palastkapelle. Eine monumentale Freitreppe führt hoch zur Sala dei Baroni. Im sternengewölbten Saal tagte bis 2006 der Stadtrat. Heute präsentiert das Museo Civico die Stadtgeschichte Neapels.

Palazzo Reale

Mit Übersiedlung des Hofs in die neu erbaute Reggia von Caserta verlor der Palazzo Reale 1774 weitgehend seine Funktion. In der heutigen Form geht die imposante Anlage auf eine umfassende Restaurierung nach einem Brand im Jahr 1837 zurück. Seit Ende des 19. Jahrhunderts blicken die acht überlebensgroßen Herrscherfiguren von der Hauptfassade auf die Piazza del Plebiscito. Begin-

Oben: Castel Nuovo mit Bohrköpfen vom U-Bahn-Bau
Mitte: Unter der Sternenkuppel im Castel Nuovo tagte bis 2006 das Stadtparlament.
Unten: Der weitläufige Park um den Palazzo di Capodimonte ist am Sonntag ein beliebtes Ausflugsziel.

Oben: Neapolitanische Marmor-Herrscher posen an der Front des Palazzo Reale, im Bild Murat und Vittorio Emanuele II.
Unten: Die Ehrentreppe, Mitte des 17. Jahrhunderts entworfen, zeigt sich heute im klassizistischen Gewand.

nend mit Normannenkönig Roger I. (1031–1101) stehen in chronologischer Reihe Stauferkaiser Friedrich II. (1194–1250), Karl I. von Anjou, Alfons I. von Aragon, Kaiser Karl V. (1500–1558), Karl III. von Bourbon (1716–1788), der Napoleonschwager Gioacchino Murat (1767–1815) und schließlich der italienische Risorgimento-König Vittorio Emanuele II. (1820–1878) in ihren Nischen. Die Neapolitaner reagierten auf diese Machtdemonstration mit ganz eigenem Witz.

Bei einer Besichtigung des Palazzo Reale beeindrucken das große, lichtdurchflutete Treppenhaus und die Blicke auf den Golf mit dem Vesuv. Die königlichen Gemächer und das Hoftheater präsentieren sich heute im Stil des 19. Jahrhunderts. In der Cappella Reale, in der einst Alessandro Scarlatti (1660–1725) und Giovanni Battista Pergolesi (1710–1736) als Kapellmeister und Organisten wirkten, entzückt eine imposante Weihnachtskrippe mit lebensprallen Darstellungen. Fast ein Geheimtipp ist die weitläufige Gartenanlage im Rücken des Palazzo Reale. An den Pferdeskulpturen des zeitgenössischen Künstlers Mimmo Paladino scheiden sich die Geister. Der Titel *Prova d'orchestra* ist sehr sinnig, wenn man weiß, das sich unter der niedrigen Dachwölbung der Probesaal des Teatro di San Carlo verbirgt.

Infos und Adressen

SEHENSWÜRDIGKEITEN

Castel dell'Ovo. Mo–Sa 9–18 Uhr, So 9–14 Uhr. Eintritt frei. Borgo Marinari, 80121 Neapel, Tel. 08 17 95 61 80.

Castel Nuovo. Mo–Sa 9–19 Uhr. Piazza Municipio, 80133 Neapel, Tel. 08 17 95 58 77, www.comune.napoli.it

Palazzo Reale. Do–Di 9–19 Uhr. Piazza del Plebiscito 1, 80132 Neapel, Tel. 081 40 05 47, http://palazzorealenapoli.beniculturali.it

ESSEN UND TRINKEN

A Taverna do'Re. Bourbonenküche light in einer Seitengasse der Piazza Municipio, direkt neben dem Teatro Mercadante. Vico Supportico Fondo di Separazione 2, 80133 Neapel, Tel. 08 15 52 24 24, www.atavernadore.com

Gambrinus. Das elegante Belle-Époque-Kaffeehaus am Rande der Piazza del Plebiscito ist nach dem germanischen König und mythischen Erfinder

Auf einen *caffè napolitano* ins Gran Cafè Gambrinus

Die barocke Fontana del Sebeto am Lungomare

des Bieres benannt. Natürlich gibt es auch vorzüglichen *caffè napolitano* und verführerisches Gebäck – im Stehen an langen Marmortresen oder für ein paar Euro mehr im Sitzen. Via Chiaia 1/2, 80121 Neapel, Tel. 081 41 75 82, www.grancaffegambrinus.com

Hachè. In Neapel nennt man sie *polpette*, Fabio Amabile bietet die Fleischbällchen klassisch und in delikaten Variationen an. Absolut zu empfehlen, die vorzügliche Pizza! Gute Weinauswahl. Preise entsprechend der Lage. Im Winter So abends geschl. Via Partenope 6/D, 80121 Neapel, Tel. 081 19 32 02 87.

Opera Cafè. Die Pasticceria Scaturchio betreibt ein schickes Cafè im Foyer des Teatro San Carlo, die Tische gestaltete der Künstler Mimmo Paladino. Piazza Trieste e Trento, 80132 Neapel.

VERANSTALTUNGEN

Festa di Capodanno. Der Silvester-Rave auf der Piazza del Plebiscito ist Legende!

7 Pausilypon und Parco di Gaiola

Antike Villa Sorgenfrei und ein Ökopark zum Eintauchen

Den Trend setzte Multimillionär Publius Vedius Pollio, ein Freund von Kaiser Augustus, als er sich sein weitläufiges Hideaway im Westen von Neapolis *con vista mare* errichten ließ. Seit einigen Jahren sind die famosen Ruinen auch Normalverdienern zugänglich, zum Sonnenuntergang gibt es dazu Darbietungen im antiken Theater. Der dazugehörige Meerespark ist Neapels schönste Ökotourismus-Attraktion.

Die Anhöhe des Posillipo, Rest eines Vulkans, trennt die Bucht von Neapel von jener Pozzuolis. Hoch oben liegt vor der Kirche Sant'Antonio di Posillipo ein berühmter Belvedere, an dem Reisebusse für die Dauer eines *very nice picture* halten. Die Vedutenmaler des 19. Jahrhunderts haben es vorgemacht. Der Blick auf Stadt, Golf und Vesuv ist wirklich *molto bello.*

Villa Pausilypon

Der Name des begehrten Hügels, heute noch eines der teuersten Wohnpflaster der Stadt, geht auf die antike römische Villa Pausilypon, die »Villa Sorgenfrei« des Publius Vedius Pollio, zurück. Der Multimillionär und Kaiserfreund hatte sich am Golf von Neapel eine Villa bauen lassen, die Ovid als weitläufig wie eine Stadt beschrieb. Zweifelhafte Berühmtheit erlangte Pollio auch durch seine Grausamkeit. So wird berichtet, dass er missliebige Sklaven an Muränen verfüttern ließ – die ihrerseits als Delikatesse auf den Tisch kamen. Das bekannte Motiv hat Bestseller-Autor

Oben: Seit der Antike ist das Steilufer des Posillipo bevorzugtes Wohngebiet der oberen Zehntausend.
Unten: Am Hafen von Mergellina gibt es neben Fährverkehr immer noch Fischerleben.

Robert Harris in seinem Antikenkrimi *Pompeji* verarbeitet. Bereits der Zugang zu dem weitläufigen Gelände ist spektakulär. Er führt durch die Grotta di Seiano, einen 700 Meter langen Tuffsteintunnel aus römischer Zeit, der den Parco Virgiliano unterquert. Drei Seitentunnel zum Meer sorgen für Licht und Luft. Das antike Sanssouci ist erst zu Teilen freigelegt. Eine Vorstellung von seinen einstigen Ausmaßen gibt das private Theater des kultivierten Hausherren, das 2000 Zuschauern Platz bot. Auch wenn der Sonnenuntergang bereits Schauspiel genug wäre, wird das Theater heute wieder zu Aufführungen genutzt.

Parco Sommerso di Gaiola

Zum Schutz der einzigartigen Küste und Unterwasserwelt wurde 2002 der Parco Sommerso di Gaiola eingerichtet. Das Archäo-Meeresparadies erstreckt sich vom Fischerborgo Marechiaro bis zur Baia di Trentaremi. Bei Bootsfahrten und geführten Schnorchelausflügen sind nicht nur eine artenreiche Meeresfauna und -flora zu erkunden, sondern auch archäologische Reste aus römischer Zeit zu bestaunen. Italienische Schulklassen kommen regelmäßig und erhalten hier einen lebendigen Unterricht. Bedingt durch das Phänomen des Bradyseismus, einem Absinken des Festlands, sind Anlegemolen und Fischzucht-

AUTORENTIPP!

KREUZFAHRT MIT KAYAK

Paddelfahrten entlang der Posillipo-Küste bescheren auch versierten Neapelkennern neue Blicke auf die Stadt. Seit zwei Jahrtausenden bauen sich die Reichen und die Schönen hier ihre luxuriösen Villen. Auf dem Weg zum Parco di Gaiola mit den Ruinen der Villa Pausilypon geht es am romantisch verwitterten Palazzo Donn'Anna, der Präsidentenvilla Rosebery und dem in *1001 Canzoni* besungenen Fischerborgo Marechiaro vorbei. Badestopps gibt es natürlich auch. Möglich machen es Giovanni Brun und die Associazione Kayak & Bike Napoli. Treffpunkt ist der Strand im Schatten der Villa Volpicelli, in der Nähe auch das Ristorante »Giuseppone al Mare«, zu erreichen mit dem Bus 140 von Mergellina oder Santa Lucia – auf Höhe der Via Ferdinando Russo aussteigen und zu Fuß zur Küste absteigen.

Kayak Napoli. Strandabschnitt nahe der Villa Volpicelli.
Tel. 33 88 76 11 57, 33 88 17 47 15, www.kayaknapoli.com

Oben: Der Parco Virgiliano bietet wunderschöne Ausblicke.
Mitte: Grotta di Seiano – ein 700 Meter langer Tuffsteintunnel aus römischer Zeit
Unten: Die Posillipo-Villen waren immer auch ein beliebtes Sujet der Veduten-Maler.

becken, die einst zur Villa Pausilypon gehörten, jetzt unter der Meeresoberfläche zu suchen.

Parco Virgiliano

Schöne Blicke auf das Gelände der Villa Pausilypon mit bizarr zerklüfteten Tufffelsen über dem Meer; die Inseln Nisida, Ischia und Procida und den Golf von Pozzuoli erlebt man auf einem Spaziergang durch den 93 000 Quadratmeter großen Parco Virgiliano. Sportliche Neapolitaner und Neapolitanerinnen absolvieren das Sightseeing im Lauf.

Bagnoli und Fuorigrotta

Auf den ersten Blick haben Bagnoli und Fuorigrotta, die Viertel nördlich des Posillipo, Besuchern wenig zu bieten. In Bagnoli befindet sich das aufgelassene Industriegelände der ILVA, bis in die 1990er-Jahre wurde hier Stahl gekocht. Was blieb sind kontaminierte Böden, gespenstische Ruinen und hochfliegende Pläne. An den alten Verladestegen soll eine Marina entstehen, der 900 Meter ins Meer reichende Pontile Nord ist ein Panorama-Laufsteg der Sonderklasse. Der Arenile Reload ist ein trendiger Mega-Beachclub. Im Sommer finden Open-Air-Konzerte statt, und im Juni steigt hier das Neapolis Festival.

Ein Erfolg war auch die Eröffnung der Città della Scienza, Wissenschaft zum Anfassen für Groß und Klein. Am 4. März 2013 wurde das Museum bei einem verheerenden Brandanschlag vernichtet. Die Camorra hatte offensichtlich andere Vorstellungen von der Inwertsetzung des potenziell attraktiven Küstenstreifens. Abertausende haben sich für den Wiederaufbau eingesetzt, und bereits am 7. November 2013 konnte das Museum seinen Betrieb mit der Ausstellung *Futuro remoto* (»Nahe Zukunft«) provisorisch wieder aufnehmen.

Infos und Adressen

SEHENSWÜRDIGKEITEN

Città della Scienza. Di–Sa 9–15 Uhr, So 10–17 Uhr. Via Coroglio 104e, 80124 Neapel, Tel. 08 17 35 22 20, www.cittadellascienza.it

Parco Sommerso di Gaiola. Di–So 10–14 Uhr, im Sommer bis 16 Uhr. Lichtbildausweis! Bus bis Endhaltestelle Capo Posillipo und über Discesa Coroglio zum Meer absteigen. Discesa Gaiola 27/28, 80123 Neapel, Tel. 08 12 40 32 35, www.gaiola.org

Parco Virgiliano. Bus zum Capo Posillipo. Tgl. 7 Uhr bis spät abends. www.virgiliano.it

Villa Pausilypon. Bus zum Capo Posillipo, Richtung Grotta di Seiano in den Bus C! umsteigen. Di, Do und Sa 9.30, 10.30 und 15 Uhr. Discesa Coroglio 36, 80124 Neapel, Tel. 08 12 30 10 30, www.areamarinaprotettagaiola.it

ESSEN UND TRINKEN

Giuseppone al Mare. Golf-Blick und Fisch sind exquisit, die Preise auch. Bus 140 von Mergellina Richtung Capo Posillipo, an der Via Ferdinando Russo aus- und zum Meer absteigen. Mo, So abends geschl. Via F. Russo 13, 80123 Neapel, Tel. 08 15 75 60 02, www.giuseppone.com

EINKAUFEN

Mercatino di Posillipo. Trendiger Wochenmarkt, Markenkleidung zum Schnäppchenpreis. Die D&G-Taschen sind allerdings auch hier ein Fake. Do vormittag. Viale Virgilio und Via della Rimembranza, 80123 Neapel.

VERANSTALTUNGEN

Arenile Reload. Konzerte, Disco und Beach-Bar. Via Coroglio 14, 80124 Neapel, www.arenilereload.com

Suggestioni all'imbrunire. Stimmungsvolle Theater- und Konzertveranstaltungen zum Sonnenuntergang auf der antiken Bühne der Villa Pausilypon. www.gaiola.org

AKTIVITÄTEN

Schnorcheln und Tauchen. Der Parco Sommerso di Gaiola bietet Schnorchel- und Tauchausflüge an. Ausrüstung kann geliehen werden. www.gaiola.org

Città della Scienza – auferstanden aus Ruinen

8 Ausflug nach Caserta
Schloss, Park, UNESCO-Welterbe

Ein Schloss mit 1217 Räumen und Starauftritten in Star-Wars- und James-Bond-Filmen, ein Park so weitläufig, dass darin Kutschen und Busse verkehren, und eine Seidenweberstadt als Sozialutopie eines absolutistischen Herrschers: Caserta, das mittelalterliche Caserta Vecchia und die Real Fabbrica di San Leucio zählen zum Weltkulturerbe der UNESCO, sind aber auch kulinarisch einen Ausflug wert.

Oben: Duomo San Michele Arcangelo in Caserta Vecchia mit imposantem Vierungsturm
Unten: Belle-Époque-Flair im Gran Caffè Margherita in Caserta

Am 20. Januar 1752, dem 36. Geburtstag des Königs, bezogen mehrere Reiterregimenter Stellung, um anlässlich der festlichen Grundsteinlegung auf der grünen Wiese den Grundriss des künftigen Schlosses von Caserta nachzustellen. Mit der Thronbesteigung von Karl von Bourbon 1738 hatte Neapel nach 230 Jahren zum ersten Mal wieder

MAL EHRLICH

ES STINKT ZUM HIMMEL

Es ist ein offenes Geheimnis: Die Mafia verdient(e) Millionen mit der illegalen Entsorgung von Giftmüll. Doch erst im Oktober 2013 wurde das ganze Ausmaß der Katastrophe bekannt. Jahrzehntelang wurde der Müll verscharrt, verkippt und verbrannt, weshalb der italienische Umweltschutzverband Legambiente die Gegend in einem Rapport *Terra dei Fuochi* (»Feuerland«) genannt hat. Roberto Saviano hatte das Umweltverbrechen in seinem aufsehenerregenden Real-Polit-Thriller *Gomorrha* angeprangert, nicht als Erster, aber am lautesten. Jetzt gehen die Bürger auf die Straße, denn vor Krebs haben sie mehr Angst als vor der Mafia.

Casertas Innenstadt ist auf ihre Art und Weise einladend.

einen eigenen König. Und Neapel sollte sich nach Wunsch des neuen Herrschers zu einer Kapitale von europäischem Rang entwickeln. Stadt und Umland erfasste ein großes Baufieber: Der Palazzo Reale wurde ausgebaut, die Schlösser von Portici und Capodimonte errichtet und der Albergo dei Poveri in Angriff genommen, der den Armen und Waisen des Regno ein Dach über dem Kopf, Verpflegung und Ausbildung bieten sollte. In diese Zeit fallen auch die archäologischen Entdeckungen von Herculaneum und Pompeji, die ihrerseits stilbildend auf die neue Architektur wirkten. Bald wurde Neapel für des Königs Ambitionen zu klein und galt, den Angriffen nordafrikanischer Korsaren und Ausbrüchen des Vesuvs ausgesetzt, außerdem als unsicher.

Weltkulturerbe

So wurde 30 Kilometer nördlich von Neapel ein neues Königsschloss, das zugleich den Kern einer neuen Regierungshauptstadt bilden sollte, entworfen. Für seine ehrgeizigen Pläne, die das Vorbild Versailles seines Ur-Großvaters Ludwig XIV. noch übertreffen sollten, fand Karl von Bourbon in Luigi Vanvitelli (1700–1773) den idealen Baumeister. Vanvitelli, Sohn des niederländischen Vedutenmalers Van Vittel, war der erste umfassend

AUTORENTIPP!

WO DIE ZEIT STILL STEHT

In Caserta Vecchia scheint die Zeit beinahe stillzustehen. Die alte Langobardenstadt an den Hängen des Monte Virgo verlor mit dem Bau der neuen Reggia Ende des 18. Jahrhunderts schnell an Bedeutung und in der Folge auch ihren Bischofssitz. Heute punktet Caserta Vecchia mit mittelalterlichem Charme und einer Reihe beliebter Ausflugslokale. An schönen Sommerwochenenden ist es dann mit der Stille schnell vorbei. Der Duomo San Michele Arcangelo (1113–1153) ist eines der eindrucksvollsten Beispiele romanischer Baukunst in Kampanien. Am Fuß der Kastellruine picknicken oft italienische Schulklassen und kicken Fußbälle. Eine landschaftlich wunderschöne Höhenstraße verbindet San Leucio mit Caserta Vecchia. Die kurze Anfahrt aus Caserta gerät, ob mit Bus (schlechte Verbindung) oder eigenem Fahrzeug (schlechte Ausschilderung), leider oft mühsam.

AUTORENTIPP!

GARTEN EDEN IN FEUERLAND

Eine Recyclingquote von 71 Prozent in Kampanien? Süditaliens größtes Einkaufszentrum macht es vor. Nicht nur das: 97 Prozent des organischen Abfalls werden an Ort und Stelle in besten Bio-Kompost verwandelt, gesunder Nährstoff für Gemüse. Davon kann sich jeder selbst überzeugen. Mit pfiffigen Ideen und Unterstützung durch Slow Food haben junge Architekten, Designer und Agronomen 2011 einen lebendigen Lehrgarten geschaffen, längst das Freiluftklassenzimmer zahlreicher Schulen und Arche vieler vom Verschwinden bedrohter einheimischer Sorten. Kinder kommen hier auf den Geschmack. Und Erwachsene ebenso. Noch ein Tipp: die Brauerei-Pizzeria Gold Blond im 1. Stock des Einkaufszentrums!

L'Orto in Campania – Campania Centro Commerciale. A1, Ausfahrt Caserta Sud-Marcianise, 81025 Marcianise, www.ortoincampania.it

gebildete Architekt der Neuzeit. Zur Arbeit wurden Galeerensklaven und türkische Kriegsgefangene herangezogen, das Baumaterial lieferten die Steinbrüche des nahen Monte Calvi. Als Karl III. 1759 den spanischen Königsthron bestieg, war der Bau noch unvollendet. Sein Sohn und Nachfolger Ferdinand IV. nutzte die Reggia nur selten und widmete sich lieber seinem Herzensprojekt im nahen San Leucio. Ihre geplante Funktion als Zentrum eines neu geordneten Staatswesens hat die Reggia nie erfüllt. 1860 übergab Garibaldi das Schloss an König Viktor Emanuel II. von Savoia. Als die sabaudischen Beamten eine Inventur vornahmen, konnten sie einem Becken mit der Form einer Gitarre keine Verwendung zuschreiben. Es handelte sich um ein Bidet. Soviel zur damals von Piemont propagierten Rückständigkeit des Königreichs beider Sizilien. 1997 erklärte die UNESCO die Reggia di Caserta, den Schlosspark mit Vanvitellis Acquedotto Carolino und die nahe Weberstadt San Leucio zum Weltkulturerbe.

Reggia mit Prunktreppe und Schlosspark

Der gigantische Baukomplex bedeckt eine Fläche von 47 000 Quadratmetern und folgt einem rechteckigen Grundriss mit vier großen Innenhöfen. Die streng gegliederte Fassade verrät den Luxus im Inneren nicht. 1217 Räume verteilen sich über fünf Stockwerke. Eine zentrale Achse durchzieht den Palast und setzt sich im anschließenden Schlosspark fort. Herzstück der Reggia ist die Prunktreppe, eine der reifsten Inszenierungen des Spätbarock. Das marmorverkleidete Treppenhaus diente als Bühne für das aufwendige Spanische Hofzeremoniell. Aus dem oktogonalen Vestibül betritt man die Hofkapelle, eine Kopie der Schlosskirche von Versailles. Die prunkvolle Innendekoration der königlichen Gemächer ist ein

stilistischer Querschnitt vom Rokoko bis zum Neoklassizismus. Die seidenen Wandbezüge lieferte die Real Fabbrica di San Leucio. In der Pinakothek besonders sehenswert ist der großartige Landschaftszyklus von Jakob Philipp Hackert (1737–1807), Hofmaler Ferdinands IV. und Freund Goethes. Die Reggia beherbergt darüber hinaus eine bedeutende Sammlung internationaler Gegenwartskunst. Der 1994 verstorbene Galerist Lucio Amelio hatte nach dem Erdbeben 1980 Künstlerfreunde aus aller Welt nach Neapel gerufen, und aus deren Reaktionen auf die Katastrophe entstand die bewegende Ausstellung *Terrae Motus*. Keith Harring, Anselm Kiefer, Cy Twombly und Andy Warhol sind nur die bekanntesten Namen. Joseph Beuys, ein langjähriger Freund Amelios, schuf für das Projekt seine letzte große Installation.

Biken im Park

Der weitläufige Schlosspark geht ebenfalls auf einen Entwurf Vanvitellis zurück und ist ein Musterbeispiel für die rationell unterworfene Natur im Geiste des Absolutismus. Die zentrale Schlossachse setzt sich im Park, begleitet von skulpturengeschmückten Wasserbecken, über drei Kilometer leicht ansteigend bis zu einer monumentalen Kaskade fort. Gehfaule leihen sich ein Fahrrad, nehmen den Bus oder leisten sich eine Kutschfahrt. Entzückend ist der Englische Garten, östlich des

Oben: Treppenhaus der Reggia di Caserta, Bühne für das raumgreifende Spanische Hofzeremoniell
Mitte: Luigi Vanvitelli, der Baumeister der Reggia
Unten: Um den weitläufigen Schlosspark von Caserta zu erkunden, sollte man gut zu Fuß sein.

Oben: Putten und Wasserspeier zieren die Brunnen im Schloßpark.
Mitte: Löwenritt im Treppenhaus der Reggia. Nicht zur Nachahmung empfohlen.
Unten: Der Diana-und-Aktaion-Brunnen ist großes Mythen-Theater.

Diana-und-Aktaion-Brunnens. Maria Karolina (1752–1814), die Gemahlin Ferdinands IV., ließ 1782 diesen ersten Englischen Garten auf italienischem Boden auf Anregung des britischen Botschafters Lord William Hamilton (1730–1803) anlegen. Aus dieser Zeit stammt die älteste japanische Kamelie in Europa.

Real Fabbrica di San Leucio

Als der Historiker und Italienkenner Ferdinand Gregorovius 1866 Caserta besuchte, war er nur mäßig beeindruckt. Mit größerem Interesse wandte er sich dem nahen San Leucio zu und notierte: »Ein paar Millien vom Schloss entfernt liegt der Hügel von San Leucio; er verdankt seine Berühmtheit einer philanthropischen Anwandlung des Königs Ferdinand IV., welcher dort eine Musterkolonie zu gründen beschlossen hatte.« Den Hügel hatte bereits Karl III. erworben, um dort ein Jagdschlösschen errichten zu lassen. Der Sohn ging einen Schritt weiter und schuf einen Idealstaat en miniature. Das Gründungsedikt verfasste Ferdinand IV. 1789, im Jahr der französischen Revolution! Ein Zufall? Die zwangsverpflichteten Bewohner arbeiteten in einer Seidenmanufaktur. Der König schrieb eigenhändig eine Verfassung, die ihn als aufgeklärten Despoten ausweist. Sie mag dem Spleen eines absolutistischen Herrschers entsprungen sein, zeigt aber in manchen Artikeln sozialrevolutionäre Ansätze. Die Musterfabrik arbeitete auf damals höchstem technischem Stand und belieferte die Adelshäuser Europas mit feinsten Stoffen und edelsten Gobelins. Nach der Reichseinigung 1860 wurde sie abgewickelt. Eine kleinere Manufaktur ist bis heute in Betrieb. Die restaurierte Real Fabbrica di San Leucio dient als Industriemuseum, und an klaren Tagen macht der Belvedere seinem Namen wirklich alle Ehre. Bei klarer Sicht sieht der Vesuv aus wie von Jacob Philipp Hackert (1737–1807) gemalt.

Infos und Adressen

SEHENSWÜRDIGKEITEN

Real Fabbrica di San Leucio. Apr.–Okt. Mi–Mo 9.30–18 Uhr, Nov.–März Mi–Mo 9–18 Uhr. Via Atrio Superiore, 81100 San Leucio, Tel. 08 23 30 18 17, www.realbelvedere.it, www.sanleucionline.it

Reggia di Caserta e Parco. Mi–Mo 8.30–19.30 Uhr; Park 8.30 Uhr bis 1 Std. vor Sonnenuntergang, Giardino Inglese schließt 1 Std. vor dem Park. Via Douhet 2, 81100 Caserta, Tel. 08 23 44 80 84, www.reggiadicaserta.beniculturali.it

ESSEN UND TRINKEN

Antica Locanda. Feine Territorialküche in der Seidenweberstadt. Di–Sa 12–15, 19–23 Uhr, So 12–15 Uhr. Piazza della Seta Viella Barbera 7/9, 81100 San Leucio, Tel. 08 23 30 54 44.

Bianco Bio Gelateria. Klassische und überraschende Eissorten. Demnächst vielleicht unter neuer Adresse. Via Ferrante 38, 81100 Caserta.

Gli Scacchi. Beste lokale Slow-Food-Zutaten vollendet zubereitet und serviert. Mo, Di geschl. Via San Rocco 1, 81100 Caserta Vecchia, Tel. 08 23 37 10 86.

Bio-Birreria Gold Blond

Ristorante des Mini-Albergo L'Antico Cortile

Gold Blond. Birrificio-Pizzeria im 1. Stock des Einkaufszentrums Campania Centro Commerciale. A1, Ausfahrt Caserta Sud-Marcianise, 81025 Marcianise, Tel. 08 23 77 30 06, www.goldblond.it

ÜBERNACHTEN

Caserta Antica. Ruhiger Albergo im Grünen. Via Tiglio, 81100 Caserta Vecchia, Tel. 08 23 37 11 58, www.hotelcaserta-antica.it

L'Antico Cortile. Komfortable Zimmer im Stadtpalazzo. Feines Bio-Ristorante. Via B. Tanucci 55, 81100 Caserta, Tel. 082 31 87 25 88, Mobil 34 54 52 20 70, www.lanticocortile.it

VERANSTALTUNGEN

Leuciana Festival. Im Sommer kommen italienische und internationale Musikstars nach San Leucio. Eintritt frei. www.leucianasummerfestival.it

Suoni & Luoghi d'Arte. In Caserta und Provinz Barockkonzerte zu volksnahen Preisen. Okt.–Dez. www.suonieluoghidarte.com

INFORMATION

Info Point Turistico. Info-Kiosk wenige 100 Meter östlich der Reggia. Mo–Sa 9–13 Uhr. Piazza Gramsci, 81100 Caserta, Tel. 08 23 32 11 37, www.eptcaserta.it, www.casertaturismo.it

9 Ausflug nach Capua

Wo Spartakus zur Schule ging

In der Nähe von Caserta liegen zwei Städte, die zu unterschiedlichen Zeiten Capua hießen. An der Stelle des antiken Capua, berühmt für seine Gladiatorenschule, steht heute Santa Maria Capua Vetere, ein lebhaftes Agrarzentrum. Den Namen Capua trägt heute eine fünf Kilometer nordwestlich gelegene mittelalterliche Stadt in der Flussschleife des Volturno. Einst begann hier das Südreich von Kaiser Friedrich II.

Cicero nannte Capua ein »anderes Rom« und beschrieb die fruchtbare Gegend als den »schönsten Landstrich der Welt« (Das war vor der Müllkrise unserer Tage!). Als erste gepflasterte römische Überlandstraße verband die berühmte Via Appia ab 313 v. Chr. die Hauptstadt des römischen Imperiums mit der damals bevölkerungsreichsten Stadt der Campania felix (»glückliches Kampanien«). 73 v. Chr. nahm von Capua aus der Spartakus-Aufstand seinen Anfang, der das Imperium im Kern erschüttern sollte. Erst nach zwei Jahren konnte das Sklavenheer besiegt werden. Der siegreiche römische Feldherr Marcus Licinius Crassus (115 v. Chr.–53 v. Chr.) ließ zwischen Capua und Rom 6000 Gefangene entlang der Via Appia ans Kreuz schlagen. Ein Sarazenenüberfall 841 bereitete der Stadt ein jähes Ende. Wenige Jahre später gründeten Langobarden unter altem Namen eine neue Stadt an strategisch günstigerer Stelle, dort, wo in einer Flussschleife des Volturno der Hafen und ein befestigter Brückenkopf des antiken Capua lagen. Zur Regierungszeit von Kaiser Friedrich II. (1194–1250) markierte Capua die Nordgrenze seines Südreichs.

Oben: Das Amphitheater diente im Mittelalter als Steinbruch.
Unten: Im Museo Campano sind antike Baumaschinen zu bewundern, zumindest als Relief.

Gelockte Löwen tragen die romanische Kanzel im Dom von Sessa Aurunca.

Santa Maria Capua Vetere

Ein Blick in viele Reiseführer zeigt, dass Capua und Santa Maria Capua Vetere den meisten Autoren nur wenige Zeilen wert sind. Zu Unrecht! Die beiden Städte scheinen sich selbst zu genügen. Touristen werden, sollten sie sich doch einmal hierher verirren, freudig empfangen. Bei einem Streifzug durch Capua lassen sich, neben dem fröhlichen Markttreiben im Rücken des Doms, eine Vielzahl schöner mittelalterlicher Kirchen und an zahlreichen Gebäuden vermauerte römische Grabsteine nebst anderer antiker Fragmente entdecken.

Im Nordwesten von Santa Maria Capua Vetere stehen die Ruinen eines Amphitheaters, das nach dem Kolosseum in Rom das zweitgrößte Italiens war. Das nahe Puteolis war zu jener Zeit mit seinem umsatzstarken Orienthafen der größte Sklavenmarkt des westlichen Mittelmeerraums. Im Angebot waren vor allem gebildete Sklaven, die als Hauslehrer und Verwalter Verwendung finden konnten, und Kampfsklaven. Das Amphitheater von Capua bot 50 000 Zuschauern Platz. Knochenfunde von Menschen, Löwen, Bären und Auerochsen belegen, das hier sowohl *munera* (»Gladiatorenkämpfe«) als auch *venationes*

AUTORENTIPP!

THEATERTOURNEE

Allein in der Provinz Caserta gibt es sieben antike Theater bzw. Amphitheater, die i.d. R. von Ende Juli bis Mitte August bespielt werden. Außer Santa Maria Capua Vetere zählen dazu Teano und Sessa Aurunca, beides ehemals an der Via Appia gelegene Römerstädte, die im Mittelalter bedeutend waren, und die heute ein nostalgischer 1950er-Jahre-Charme umweht. Jeder Italiener kennt den Handschlag von Teano, bei dem Freiheitsheld Garibaldi am 26. Oktober 1860 Vittorio Emanuele II. als König des vereinigten Italiens begrüßte. Am Ortsrand steht das Teatro Sidicinum, auch ohne Aufführung einen Abstecher wert. Besonders reizvoll ist das Städtchen Sessa Aurunca, der romanische Duomo di S. Pietro ein Schmuckstück der Romanik, allein die Kanzel ein Spektakel. In der Fassade vermauerte Marmorreliefs zeigen dionysische Szenen und stammen vom antiken Theater.

Info. www.teatridipietra.org

AUTORENTIPP!

BIO-BAR IN DER SPARTAKUS-ARENA

Was nördlich der Alpen als Standard gilt, ist in Süditalien noch eine Revolution: Serviceorientierte Ticketschalter in Museen oder Ausgrabungsstätten, dazu Bookshops und *caffès*. Am Eingang des Amphitheaters in Santa Maria Capua Vetere hat »Amico Bio« als Italiens erstes Bio-Restaurant innerhalb einer archäologischen Zone geöffnet. Während man im modernen Glas-Stahl-Pavillon frisch zubereitete vegetarische Gerichte oder eine Tasse Kaffee genießt, fallen die Blicke auf die Arena. An den Wänden antike Fundstücke, befreit aus den verstaubten Magazinen des Archäologischen Museums. Der Pizzaofen ist aus antiken Ziegeln gemauert. Die Besitzer betreiben im Ort auch einen Bio-Bauernhof mit Übernachtungsmöglichkeiten.

Amico Bio. Tgl. geöffnet. Piazza 1° Ottobre, 81055 Santa Maria Capua Vetere, Tel. 082 31 83 10 93, www.spartacusarena.it

Gott Mithras tötet den Stier und besiegt den Tod.

(»Tierhatzen«) abgehalten wurden. Ähnlich wie in Pozzuoli hat sich auch hier das Labyrinth der unterirdischen Gänge und Kammern bestens erhalten. Die Zuschauertribünen hielten im Mittelalter als Steinbruch her. Ein Museum lässt die Atmosphäre in der Arena, nicht unähnlich einem Fußballspiel heute, auch akustisch wieder aufleben. Auf Höhe des Ristorante Amico Bio wurden die älteren Fundamentreste jenes Amphitheaters freigelegt, in dem Spartakus sein Handwerk lernte.

Mithräum

Eine weitere archäologische Sensation ist das erst 1922 entdeckte Mithräum in der Nähe des Amphitheaters. Das dem persischen Lichtgott Mithras geweihte Heiligtum hat sich perfekt erhalten. Fresken illustrieren zentrale Elemente dieses auch unter römischen Legionären populären Mysterienkults. In der Schlüsselszene tötet Mithras den Stier – symbolisch die Überwindung des Bösen und ein Akt des Neubeginns. Es gibt viele Parallelen zur urchristlichen Religion, so fiel das Geburtsfest des Mithras auf den 25. Dezember, und die Gemeinde traf sich zu Liebesmählern. Während des Zweiten Weltkriegs diente der unterirdisch angelegte Kultraum als Luftschutzkeller. Aus dieser Zeit stammen einige Graffiti an den Wänden. In einer Zeichnung kann man eine Hitler-Karikatur erkennen.

Archäologisches Museum

Möchte man noch tiefer in die Geschichte Capuas eintauchen, sollte man dem Archäologischen Museum einen Besuch abstatten. Wo heute das Museum steht, befand sich in der römischen Zeit das Capitolinum, im Mittelalter eine Festung und zum Schluss eine Kaserne mit Reitschule. Die Fruchtbarkeit des Bodens begünstigte früh die Ansiedlung von Menschen in dieser Gegend. Schöne Exponate stammen aus der Bronzezeit. In der Eisenzeit kontrollierten die Etrusker von Capua aus weite Teile Kampaniens. Grabbeigaben des siebten und sechsten Jahrhunderts v. Chr. belegen den starken Einfluss griechischer Kultur. Das letzte Kapitel vor der römischen Eroberung schrieben die Samniten, ein kriegerisches Hirtenvolk mit einem beeindruckenden Grabkult: Wie im Museum von Paestum gibt es auch hier bemalte Kammergräber zu bewundern.

Museo Campano

Im mittelalterlichen Capua stand das berühmte Brückentor von Kaiser Friedrich II. (1194–1250). Es markierte symbolisch die nördliche Grenze des staufischen Süditaliens. Dem doppelten Triumphbogen Alfons von Aragon (1396–1458) am Castel Nuovo in Neapel diente es als Vorbild. Vom reichen Bauschmuck haben sich einige monumentale Marmorköpfe erhalten, die im Museo Campano, einem der schönsten und zugleich am wenigsten besuchten archäologischen Museen Kampaniens, zur Schau gestellt sind. Ganz ähnlich sehen übrigens auch die in der Rathausfassade vermauerten antik-römischen Figurenköpfe aus. Es handelt sich um verzierte Schlusssteine aus dem Amphitheater. Das Museum lohnt den Besuch in erster Linie auch wegen der hier ausgestellten, einzigartigen Votivfiguren eines alten kampanischen Fruchtbarkeitskults. Die aus Tuff geschlagenen Mater Matutae sind Frauengestalten, die in ihren Armen nicht ein, nicht zwei, sondern manchmal bis zu einem Dutzend gewickelter Kinder halten.

Sant'Angelo in Formis

Oberhalb von Capua und Santa Maria Capua Vetere erhebt sich nördlich der Autobahn auf den Hän-

Oben: Im römischen Theater von Teano finden wieder Aufführungen statt (S. 77).
Mitte: Action im Gladiatoren-Museum in Santa Maria Capua Vetere.
Unten: Zu Tausenden ließ Crassus die besiegten Gladiatoren entlang der Via Appia kreuzigen.

Oben: Die Basilika Sant'Angelo in Formis ist eine beliebte Hochzeitskirche.
Unten: Das Stiftungsbild wurde noch zu Lebzeiten von Abt Desiderius gemalt.

gen des Monte Tifata in wunderschöner Lage die Basilika Sant'Angelo in Formis. Anstelle eines römischen Dianatempels, der auch das Baumaerial lieferte, errichteten die Langobarden im neunten Jahrhundert eine Michaelskirche. Der heutige Bau geht auf eine Stiftung des großen Abts Desiderius von Montecassino aus dem elften Jahrhundert zurück. Mit seinen antiken Säulen, bunten Mosaiken und dem fast vollständig erhaltenen Freskenzyklus vermittelt Sant'Angelo in Formis einen großartigen Eindruck von der einstigen Pracht des im Zweiten Weltkrieg fast völlig zerstörten Montecassino, dem Mutterkloster des Benediktinerordens im südlichen Latium. Der Stifter selbst ist in der Apsis abgebildet, wie er ein Modell der Kirche in den Händen trägt. Er ist mit dem Rechteck-Nimbus der Lebenden dargestellt. Im Langhaus wird in drei übereinanderliegenden Registern die Vita Christi geschildert. In der Szene des letzten Abendmahls lagern Jesus und die Jünger in antiker Manier auf Klinen. Beim Betreten der Kirche ist im ersten Zwickel links, in der Reihe der Propheten, eine Sibylle zu erkennen. Die berühmten Orakelfrauen der Antike wurden offensichtlich auch im Christentum geschätzt. Und Cuma liegt nicht weit.

Infos und Adressen

SEHENSWÜRDIGKEITEN

Anfiteatro Campano. Apr.–Okt. Di–So 9–20 Uhr, Nov.–März 9–16.40 Uhr. Sammelticket inkl. Mithräum und Archäologisches Museum. Piazza 1° Ottobre, 81055 Santa Maria Capua Vetere, Tel. 082 31 83 10 93.

Mitreo. Di–Sa 9–16 Uhr auf Anfrage c/o Anfiteatro Campano. Via Morelli, 81055 Santa Maria Capua Vetere.

Museo Campano. Di–Sa 9–13.30 Uhr, Di und Do auch 15–18 Uhr, So 9–13 Uhr. Via Roma 68, 81043 Capua, Tel. 08 23 62 00 35, www.museocampano.it

Museo dell'Antica Capua. Di–So 9–19 Uhr. Sammelticket inkl. Amphitheater und Mithräum. Via Roberto d'Angio 48, 81055 Santa Maria Capua Vetere, Tel. 08 23 84 42 06.

Basilica di Sant'Angelo in Formis. Tgl. 9.30–12.30 und 15.30–18/19 Uhr. Via Luigi Baia, 81043 Sant'Angelo in Formis, Tel. 08 23 96 08 17, www.diocesidicapua.it/basilicainformis

Bio-Bar Spartacus

Bücher und Wein im Palazzo Lanza in Capua

ESSEN UND TRINKEN

Ex Libris – Palazzo Lanza. Frischer Kulturwind in Palazzo: Buchhandlung, Café und Restaurant. Letzteres öffnet Fr, Sa und So ab 18 Uhr. Corso Gran Priorato di Malta 25, 81043 Capua, Tel. 08 23 62 29 24.

Il Borghetto Antico. Sympathische Trattoria unterhalb der Basilika. Ehrliche Landküche, abends auch Holzofen-Pizza. Di geschl. Via Baia 191, 81043 Sant'Angelo in Formis, Tel. 08 23 49 36 73, www.ristoranteilborghettoantico.it

ÜBERNACHTEN

Masseria Giò Sole. Westlich der Stadt gelegenes Bio-Landgut mit gemütlichen Gästezimmern, bester Küche und viel Auslauf für Kinder. Via Giardini 31, 81043 Capua, Tel. 08 23 96 11 08.

La Colombaia. Die Familie Amico betreibt bio-dynamischen Landbau, beliefert den deutschen Markt und eigene Bio-Restaurants. Der Hof liegt 1 km nördlich des Amphitheaters und bietet hotelähnliche Unterkünfte. Via Grotte S. Lazzaro, 81055 Santa Maria Capua Vetere, Tel. 08 23 96 82 62, www.lacolombaia.it

Oben: Triumphtor als Lohn für gute Verwaltungsarbeit
Unten: Der Corso Garibaldi folgt der antiken Via Appia.

10 Ausflug nach Benevent

Ein Triumph für eine Stadt

Benevent, eine lebendige und trotz ihrer zahlreichen Kunstschätze zu Unrecht kaum besuchte Provinzhauptstadt, scheint sich selbst zu genügen. Hier steht einer der am besten erhaltenen Triumphbögen der römischen Antike. Aber auch das großartig bestückte Antikenmuseum, die Langobardenkirche Santa Sofia aus dem achten Jahrhundert, Mimmo Paladinos Kunstgarten und die gute Küche lohnen den Besuch.

Glaube und Religion haben in Benevent zum Teil merkwürdige Blüten getrieben. Römer führten aus Ägypten den Isiskult ein, die Stadt wurde früh christlicher Bischofssitz, und Bischof Gennaro, der 305 in Pozzuoli den Märtyrertod fand, machte postum Karriere als Patron von Neapel. Benevent war aber auch bekannt als Hexenversammlungsplatz, ein Nussbaum vor der Stadt galt als der »Blocksberg« Italiens. Ob der lokale Kräuterschnaps Strega (»Hexe«) magische Wirkung hat?

Trajansbogen

Bedeutendstes Baudenkmal Benevents ist der perfekt erhaltene Trajansbogen. Der römische Senat hatte mit Errichtung des reliefgeschmückten Triumphbogens im Jahr 114 die Fertigstellung einer Variante der berühmten Via Appia gefeiert. Im Mittelalter wurde der Arco zum monumentalen Tor in der Stadtmauer. In unmittelbarer Nähe des Triumphbogens beherbergt die entweihte Langobardenkirche Sant'Ilario (7./8. Jahrhundert) das Museo dell'Arco, das die militärisch-politischen Leistungen des Kaisers Trajan multimedial zur Schau stellt. Einzigartig ist die kreisrunde, von antiken Säulen

Rundgang in Benevent

Die alte Langobardenstadt Benevent lockt mit weltberühmten, doch kaum besuchten Highlights.

A **Arco di Traiano –** Der Reliefschmuck feiert Kaiser Trajan (nie in Uniform!) als friedenbringenden Wohltäter. Die Szenen im Bogendurchgang zeigen ihn bei der feierlichen Eröffnung der Via Traiana und bei der Verteilung von Brot an Bürger.

B **Museo dell'Arco – ex Chiesa di Sant'Ilario –** Die Innenwände der entweihten Langobardenkirche dienen als Projektionsflächen für digitale Rekonstruktionen. Tgl. 10–13 und 16–19 Uhr. Auch Sammeltickets. Via San Pasquale, 82100 Benevent, Tel. 32 85 83 06 99, www.arecaonlus.it

C **Corso Garibaldi –** Die Fußgängerzone folgt dem Verlauf der antiken Via Appia, von der 108 die Via Traiana abzweigte – wenige Jahre später Anlass, den Triumphbogen zu errichten.

D **Chiesa di Santa Sofia –** 16 antike Säulen (einige vom Isistempel?) stützen den 762 vollendeten kreisrunden Kuppelbau.

E **Campanile –** Der 1703 neu errichtete Glockenturm von Santa Sofia steht isoliert in der Platzmitte.

F **Museo del Sannio –** Di–So 9–19 Uhr. Auch Sammeltickets. Piazza Santa Sofia, 82100 Benevent, Tel. 082 42 18 18.

G **ARCOS –** Öffnet nur zu Ausstellungen. Corso G. Garibaldi 1, 82100 Benevent, Tel. 08 24 31 24 65, www.museoarcos.it

H **Rocca dei Rettori –** Der trutzige Turm stammt noch aus der Langobardenzeit. Der Papstpalast in Avignon diente der Residenz der päpstlichen Statthalter als Vorbild.

I **Hortus Conclusus –** Zeitsprung in die Gegenwart: Mimmo Paladinos Künstlergarten, in einem ehemaligen Klostergarten untergebracht, lädt zur Kontemplation ein.

J **Duomo di Benevento –** Di, Mi, Fr und Sa 9–12 und 16–19 Uhr. Piazza Orsini 27, 82100 Benevent, Tel. 08 24 32 33 43, beni-culturali@diocesidibenevento.it

K **Teatro Romano –** 126 unter Kaiser Traian eingeweiht. Tgl. 9 Uhr bis 1 Std. vor Sonnenuntergang. Piazza C. Ponzio Telesino, 82100 Benevent, Tel. 082 44 72 13, www.archeosa.beniculturali.it

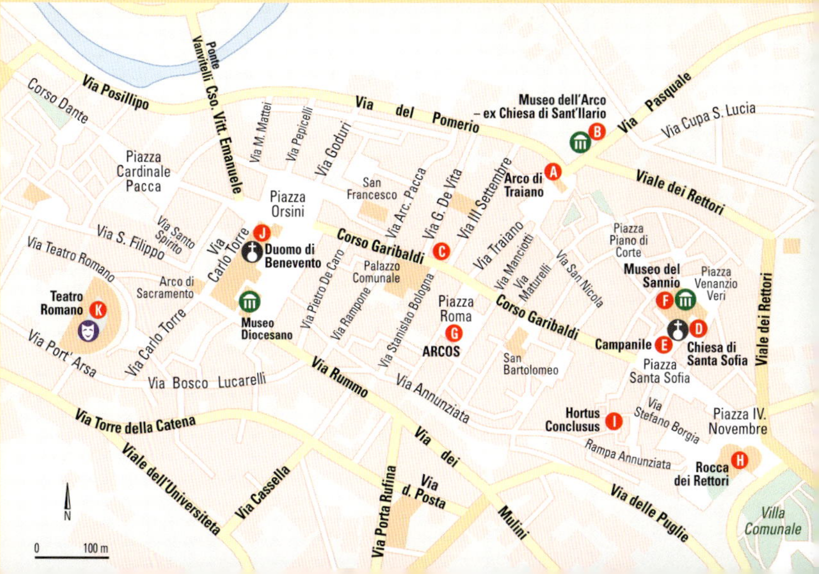

AUTORENTIPP!

MIMMO PALADINOS PARADIES

Dank Mimmo Paladino hat die Gegenwartskunst Einzug in Benevent gehalten. Der international bekannte Künstler, u. a. auf der Biennale in Venedig und der Documenta in Kassel präsent, kam 1948 in Paduli in der Nähe von Benevent auf die Welt. Als Vertreter der Transavanguardia sucht Paladino seine Sujets im Bereich des Mythos. Seine Werke sind, um mit den Worten des Künstlers zu sprechen, »Gedankenfragmente und materialisierte Träume«. Zu seinen frühen Förderern zählte der neapolitanische Gallerist Lucio Amelio, ein Freund von Joseph Beuys. Im Hof des ehemaligen Klosters San Domenico hat Paladino eine poetische Skulptureninstallation geschaffen, die zur Reflexion, Besinnung und universalen Erkenntnis einlädt – ein magischer und erholsamer Ort zugleich.

Hortus Conclusus. Mo–Sa 9–13 und 15–19.30 Uhr. Piazza Guerazzi, 82100 Benevent.

gestützte Langobardenkirche Santa Sofia aus dem achten Jahrhundert, geschützt als UNESCO-Monument. Der dazugehörige Kreuzgang mit reichem Kapitellschmuck ist in das Museo del Sannio integriert. Die umfangreiche archäologische Sammlung zeigt u. a. die Ausstattung des Isistempels. Auf dem Kirchenvorplatz steht isoliert der alte Campanile. Steintafeln illustrieren die Ausdehnung des Samnitenreichs vom sechsten bis vierten Jahrhundert v. Chr. und die des langobardischen Herzogtums im frühen Mittelalter. Auf der gegenüberliegenden Seite erhebt sich anstelle der alten Langobardenburg die Rocca dei Rettori, in der einst die Statthalter des Papstes residierten. Der pompöse Palazzo della Prefettura nebenan, als Regierungspalast der nie zustande gekommenen Regione Sannio gedacht, beherbergt u. a. das Museo d'Arte Contemporanea Sannio, ein ambitioniertes Museum für zeitgenössische Kunst.

Großes Theater

Auch der mittelalterliche Dom wurde im Zweiten Weltkrieg ein Opfer der Bomben und musste in den 1950er-Jahren neu errichtet werden. Dabei fanden mittelalterliche, teils antike Fragmente ihre Wiederverwendung. Jüngste Ausgrabungsarbeiten haben im Untergrund Reste einer frühchristlichen Basilika, eines römischen Marktplatzes und sogar Siedlungsspuren der Bronze- und Steinzeit freigelegt. Im Inneren der Kirche werden auch die restaurierten Reste des berühmten Bronzeportals (12./13. Jahrhundert) präsentiert. Mit Glück erlebt man ein Konzert auf der großen Orgel mit ihren 3000 Pfeifen. Südlich des Doms schließt sich ein mittelalterliches Wohnviertel an, von dem noch viele antike Reste stehen. Durch einen seines Schmuckes beraubten Triumphbogen gelangt man zum gut erhaltenen Teatro Romano, im Sommer stimmungsvoller Open-Air-Aufführungsort für Theater und Konzerte.

Infos und Adressen

ESSEN UND TRINKEN

Cotton Club – Osteria. Vorzügliche Sannio-Küche, beachtlich auch die Auswahl und Qualität der Käse und Würste. Di geschl. Nur abends. Via De Vita 16, 82100 Benevent, Tel. 08 24 32 62 78 oder 34 93 82 72 26.

Nunzia. Altstadtosteria nahe der Piazza Roma, eine sichere Anlaufstelle für hungrige, qualitätsbewusste Reisende. So geschl. Via Annunziata 152, 82100 Benevent, Tel. 082 42 94 31.

ÜBERNACHTEN

Albergo della Corte. Hübsches, ruhiges Altstadt-Hotel. Via Mario La Vipera 71/73, 82100 Benevent, Tel. 082 45 48 19, www.albergodellacorte.org

UNA Hotel il Molino. Stylisches Hotel in den edel sanierten Gemäuern einer Großmühle. Via dei Mulini 48, 82100 Benevent, Tel. 08 24 31 12 13, www.unahotels.it

Der Cotton Club stellt die Tische gern in die Gasse.

Kapitelle im Innenhof des Museo del Sannio

EINKAUFEN

Corso Garibaldi. Dieser lädt als Fußgängerzone zum entspannten Einkaufsbummel ein.

Markt. Mo–Sa wird ein großer Lebensmittelmarkt östlich des Teatro Romano abgehalten.

VERANSTALTUNGEN

Cittaspettacolo. Hochkarätiges Film- und Theaterfestival. Erste Septemberhälfte. www.cinespettacolo.it

Luidig. Buchhandlung, Bar und angesagter Veranstaltungsort im Piano nobile des Palazzo Collenea. Corso Garibaldi 95, 82100 Benevent, Tel. 082 45 47 83, www.luidig.it

INFORMATION

EPT. Im Südwesten der Altstadt, Infos auch online. Mo–Fr 8–14 und 15–18 Uhr, Sa 9.30–12 Uhr. Via Nicola Sala 31, Tel. 08 24 31 99 11, www.eptbenevento.it

Punto Informativo. Am südwestlichen Altstadtrand (Busterminal). Mo–Fr 9.30–13 und 15.30–19 Uhr, Sa 9.30–13 und 15.30–18 Uhr. Via Sandro Pertini, 82100 Benevent, Tel. 082 42 81 80, www.puntoinformativo.it

CAPRI

Seite 86/87: An der Marina Grande laufen alle Boote ein.
Oben: Von der Marina Grande fahren die Boote zur Blauen Grotte.
Unten: In der Saison ist man auf Capri selten allein.

11 Capri-Stadt

Treffpunkt Piazzetta

Ein Tagesausflug reicht nicht aus, um das Inseljuwel Capri zu erkunden. Wenn nicht mehr Zeit ist, dann kann man trotzdem den Massen geschickt ausweichen und ein verzaubertes Eiland für sich entdecken. Herz und Bühne von Capri-Stadt ist die Piazzetta. Die Korbstühle der ebenso edlen wie teuren Cafés dienen als Logensessel. Tagsüber herrscht hier reges Treiben, abends verwandelt sich der intime Platz zurück in einen Salon.

Capri ist der größte Touristenmagnet im Golf von Neapel, doch die meisten erleben die zehn Quadratkilometer große Insel nur auf einem Tagesausflug – und verpassen das Beste. Bis zu 20 000 Touristen gehen täglich an Land, während die Insel offiziell nur 14 000 Einwohner zählt. Einige werden von den Fähren gleich in Ausflugsschiffe umgeladen, zur Inselrundfahrt mit obligatem Stopp an der Blauen Grotte (S. 101). Die anderen strömen dem dunklen Schlund des Funicolare entgegen. Im 15-Minuten-Takt katapultiert die flotte Standseilbahn ihre Fahrgäste auf die 140 Meter höher gelegene Piazza Umberto I.

Zentrum der Stadt: die Piazzetta

Pastellfarbene Palazzi umschließen die Piazzetta, offiziell Piazza Umberto I., für die Einheimischen schlicht *chiazza*. Vier Cafés buhlen um die Gunst der Gäste, *caprese* heißt hier der berühmte Mandel-Schoko-Kuchen. Gegenüber vom markanten Uhrenturm schwingt sich eine Freitreppe zur barocken Kirche Santo Stefano hoch. Der schmucklose Palazzo Cerio gegenüber birgt eine charmant präsentierte naturkundlich-archäologische Sammlung. Ignazio Cerio (1841–1921) stammte aus den Abruzzen, als Inselarzt, passionierter Archäologe und Geologe ließ er sich auf Capri nieder und lebte hier bis zu seinem Tod. Sein Sohn, der Ingenieur, Schriftsteller und Verleger Edwin Cerio (1875–1960), in der faschistischen Zeit als liberaler Bürgermeister Capris, richtete das Studienzentrum im Andenken an seinen Vater ein.

Seitlich der Piazza öffnet sich ein Belvedere mit weitem Golfblick. Von Anacapri hingegen ist nichts zu sehen. Die stille Schwester von Capri-Stadt liegt verborgen hinter dem Bergrücken, der die Insel in zwei ungleiche Hälften teilt. Nur von der Villa San Michele (S. 108) schaut ein weißes Eck hervor.

Orientalische Gassen und mondäne Laufstege

Ein arabisch anmutendes Gassengewirr umgibt die Piazzetta. Wie auch an der nahen Amalfiküste stand im Mittelalter der Orient Pate für die weiß gekalkten Häuser mit ihren flachen Kuppeldächern. Kunst und Kitsch, vor allem aber teure Auslagen (und die Gelateria Buonocore!) säumen die Via Vittorio Emanuele, die auf Höhe des Luxushotels Quisisana auf die Via Camerelle stößt. Das legendäre Grand Hotel wurde 1845 ursprünglich als Sanatorium eröffnet, der Name war Programm. Preiswerter als eine Übernachtung ist ein Drink in der angesagten Quisi Bar (ins Geld geht höchstens die standesgemäße Garderobe). In der Via Camerelle versammeln sich (fast) alle Welt-Modemarken auf wenigen 100 Metern. Die letzten Insel-Schneider findet man versteckt in Seitengassen. Edel ist auch der Ausblick vom weiter südlich sich öffnenden Belvedere di Tragara, von dem aus das Felsentrio der Faraglioni zum Greifen nah

AUTORENTIPP!

CAPRI SLOW

Sollte der Andrang am Funicolare groß sein, kann man erst einmal in Ruhe die Marina Grande erkunden. An ihrem stilleren Ende öffnet sich gegenüber vom alten Fähranleger eine kleine Piazza, und hier gibt es das beste Bio-Zitronengelato der Insel. Solchermaßen erfrischt, ist der Anstieg zur Piazza Umberto I. auf dem alten Treppenweg, der hier seinen Ausgang nimmt, ein Kinderspiel. Umgekehrt funktioniert das natürlich auch, wenn am Nachmittag vor Abfahrt der Fähren die Tagesausflügler sich an der Bergstation unterhalb der Piazza Umberto I. drängen. Zu Fuß erreicht man den Hafen in knapp 15 Minuten. Dann gibt es das Eis eben als Belohnung zum Schluss.

Il Gelato al Limone. Piazzetta Fontana 63, 80073 Capri, Tel. 08 18 38 94 03.

Oben: Die Faraglioni von Capri
Mitte: Gepflegte Gärten um die Certosa di San Giacomo
Unten: Doppelte Erfrischung

scheint. Ein schöner Spazierweg setzt sich fort in Richtung Punta Massullo mit der aufsehenerregenden Villa Malaparte (S. 96).

Certosa di San Giacomo

Unterhalb der Via Camerelle breitet sich die Certosa di San Giacomo aus, im 14. Jahrhundert über den Resten einer Tiberius-Villa errichtet. Im 16. Jahrhundert erhielt das Kartäuserkloster seine barocke Gestalt und blieb bis zur Aufhebung 1807 bestimmender Wirtschaftsfaktor auf der Insel. Im ehemaligen Refektorium sind Landschaftsbilder des deutschen Malers und »Kohlrabiapostels« Karl Wilhelm Diefenbach (1851–1913) ausgestellt. In manchem war er der Zeit voraus, seine imaginierte Darstellung von Capri aus der Luft nimmt die heute vertraute Google-Earth-Perspektive vorweg. Auch die neu angelegten Gärten der ehemaligen Kartause machen sich ganz gut. Unterhalb der Certosa öffnet tagsüber ein intimer Park mit schattigen Wegen und einem famosen Faraglioni-Blick.

Giardini di Augusto

Die betuchten Gäste des Quisisana genießen Bilderbuchblicke auf die Certosa, doch ebenso reiz-

Streifzüge durch Capri

Sehen und g esehen werden ist für manche Capri-Besucher der Daseinszweck. Dabei muss sich Capri selbst auch nicht verstecken.

Ⓐ **Piazza Umberto I.** – Salon des Städtchens, im Uhrenturm das Touristenbüro.

Ⓑ **Kirche Santo Stefano** – Bis 1818 Bischofssitz, im Inneren des barocken Kuppelbaus Marmorfußböden, zusammengesetzt aus antiken Resten der Villa Jovis.

Ⓒ **Museo del Centro Caprense »Ignazio Cerio«** – Liebevoll gestaltetes Heimatmuseum, Programmpunkt nicht nur für einen Regentag. April–Sept. Di–So 10–14 Uhr, Okt.–März Di–Sa 10–13 Uhr. Piazzetta Cerio 5, 80073 Capri, Tel. 08 18 37 66 81, www.centrocaprense.org

Ⓓ **Certosa di San Giacomo** – Di–So 9–14 Uhr. Viale Certosa, 80073 Capri, Tel. 08 18 37 62 18, www.polomusealenapoli.beniculturali.it

Ⓔ **Giardini di Augusto** – Großartige Ausblicke in alle Himmelsrichtungen, über die Gestaltung der Grünanlage ließe sich streiten. März–Mitte Nov. tgl. 9 Uhr bis Sonnenuntergang.

Ⓕ **San Michele della Croce** – Ursprünglich im 12. Jh. errichtete Kapelle, die in einem entzückenden Garten liegt. Die Via Tiberio setzt sich fort in Richtung Villa Jovis.

Ⓖ **Villa Moneta** – Eine der vielen schönen Villen unterwegs. An dieser Stelle gab es in der Antike möglicherweise eine Münzprägestätte.

Ⓗ **Parco Astarita** – Von den vielen Aussichtsplätzen ist dieser Park einer der schönsten und dazu ein toller Picknickplatz.

Ⓘ **Villa Jovis** – Die Ruinen der Kaiservilla liegen in Traumlage (siehe Highlight 12). Auch die nahe Villa Fersen (S. 95) ist einen Besuch wert.

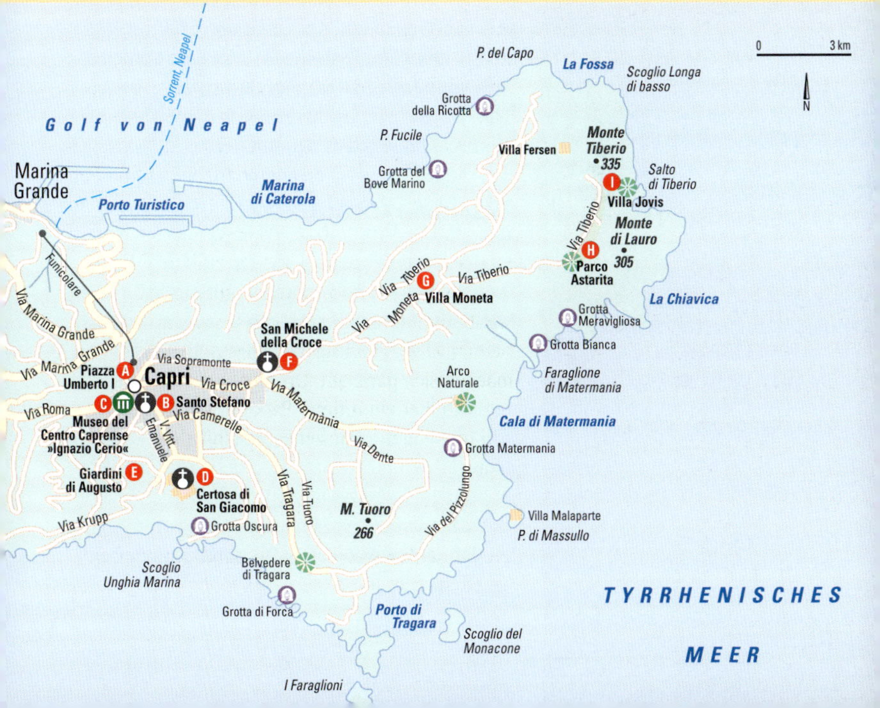

AUTORENTIPP!

WAS KOSTET DIE WELT?
Ob Ford Capri, Capri-Limonade oder Capri Watch – der Inselname ist eine Marke. Inspiriert von den praktischen, dreiviertellangen Fischerhosen kreierte 1948 die deutsche Modedesignerin Sonja de Lennert die Capri-Hose. Hollywood-Schauspielerinnen machten die eng anliegende und am Saum geschlitzte Damenhose in den 1950er-Jahren weltberühmt. In der Boutique La Parisienne, seit 1906 am Platz, kann man sich eine solch schicke Hose im Audrey-Hepburn-Style auf Maß schneidern lassen und noch am selben Tag abholen. Am besten führt man sie anschließend in die angesagte Quisi Bar aus – beides zusammen immer noch preiswerter als eine Übernachtung hier!

Grand Hotel Quisisana – Quisi Bar. April–Okt. Via Camerelle 2, 80073 Capri, Tel. 08 18 37 07 88, www.quisisana.com
La Parisienne. Piazza Umberto I. 7, 80073 Capri, Tel. 08 18 37 02 83, www.laparisiennecapri.it

voll und demokratischer ist die Aussicht aus den Giardini di Augusto. Die terrassierte Gartenanlage gehörte zum Besitz des Industriellen Friedrich Alfred Krupp (1854–1902), der sie noch zu Lebzeiten den Bürgern Capris vermachte. Absichtsvolle Ironie? Oberhalb des Parks blickt ein Denkmal des russischen Revolutionärs Lenin auf das Vermächtnis des menschenfreundlichen Kapitalisten, die Via Krupp. Capri-Liebhaber Krupp hatte die Anlage dieser scheinbar nutzlosen Serpentinenstraße gegen den Widerstand der Linken im Stadtrat finanziert – und gab Menschen Arbeit. Eine Verkehrsverbindung zur Marina Piccola existierte bereits. Egal, auf der Via Krupp entlangzuschlendern ist (Landschafts-)Vergnügen pur.

Marina Piccola

An der Marina Piccola, Capris mondänem Badeort, konkurrieren die Leihgebühren für Liegestühle mit Münchner Immobilienpreisen. Der vorspringende Scoglio delle Sirene halbiert die zauberhafte Bucht. Die wenigen freien Strandabschnitte befinden sich an den schneeweißen Kiesstränden links und rechts des Felsens, ansonsten teilen sich Badeanstalten und Strandlokale den kostbaren Uferstreifen. Im Sommer ankern hier Luxusjachten russischer Oligarchen und italienischer Industrieller. Cabrio-Taxis und Linienbusse fahren zurück nach Capri-Stadt.

Infos und Adressen

ESSEN UND TRINKEN

Buonocuore. Nicht nur köstliches Gelato, sondern auch verführerische Mandelplätzchen und knusprige Pizza auf die Hand. Via V. Emanuele 35, 80073 Capri, Tel. 08 18 37 78 26.

La Piazzetta. Famoser Blick auf die Faraglioni – Preisaufschlag inkl. Prima Fisch- und Gemüseküche. Di geschl. Via Marina Piccola 126, 80073 Capri, Tel. 08 18 37 78 27, www.lapiazzettacapri.com

Pulalli. Weinbar und feines Mini-*Ristorante* hoch über der Piazzetta. Di geschl. Piazza Umberto I. 4, 80073 Capri, Tel. 08 18 37 41 08.

ÜBERNACHTEN

La Tosca. Freundliche Pension oberhalb der Certosa. März–Okt. Via Dalmazio Birago 5, 80073 Capri, Tel. 08 18 37 09 89, www.latoscahotel.com

Villa Krupp. Ehemalige Capri-Residenz Maxim Gorkis, heute ein edles Dreisternehaus. Die tolle Aussicht ist geblieben. April–Okt. Viale Matteotti 12, 80073 Capri, Tel. 08 18 37 03 62, www.villakrupp.com

Villa Margherita. Vier hübsche Gästezimmer in privater Villa oberhalb der Certosa, zwei davon mit Terrasse und *vista mare.* April–Okt. Via Campo di Teste 2 (Ecke Via I. Cerio), 80073 Capri, Tel. 08 18 37 02 30, antonino.vuotto@libero.it

NACHTLEBEN

Number Two. Sommer-Disco. Via Camerelle 1.

Taverna Anema e Core. Via Sella Orta 1, www.anemaecorecapri.it

EINKAUFEN

La Bottega di Nonna Checca. Mini-Alimentari nahe der Piazzetta: Hier kann man sich ein Tomaten-Mozzarella-Panino *caprese* fürs Picknick belegen lassen. Via Roma, 80073 Capri, Tel. 08 18 37 06 35.

Der Hotelbesitzer hat gute Wandertipps.

La Conchiglia. Der engagierte Kleinverlag unterhält mehrere Buchläden auf der Insel. Via Le Botteghe 12, 80073 Capri, www.laconchigliacapri.eu

VERANSTALTUNGEN

Capri Film Festival. Ende Dezember unterbrechen Hollywood-Stars den Winterschlaf der Insel. caprihollywood.com

San Costanzo. Capris Schutzheiliger wird am 14. Mai mit einer großen Prozession gefeiert.

INFORMATION

AAST Capri. Info-Büros an der Hafenmole von Marina Grande und an der Piazza Umberto I. Alle Infos auch online. Mo–Sa 9–13 und 15.30–18.40 Uhr, im Sommer tgl. 8.30–20 Uhr. Tel. 08 18 37 53 08, www.capritourism.it

Transport. Der Funicolare, die Standseilbahn, verbindet den Hafen Marina Grande mit Capri-Stadt. Bestens organisiert ist der Linienbusverkehr, Taxis sind teuer. Ansonsten erreicht man jeden Winkel der Insel auch zu Fuß. ww.capritourism.com/de /timetable-and-prices

12 Villa Jovis und Villa Malaparte

Luxusimmobilien aus zwei Jahrtausenden

Der Faszination für das Felseneiland Capri unterlagen die Menschen schon früh. Viele blieben und bauten sich hier Häuser. Den Trend setzte Kaiser Augustus, der die Insel zu seinem privaten Refugium machte. Amtsnachfolger Tiberius verlegte sogar seinen Regierungssitz hierher. Dann wurde es lange still um die Insel, bis die »Entdeckung« der Blauen Grotte 1826 Capri erneut zum Sehnsuchtsziel machte.

Capri ist zur Saison ständig überlaufen. Dabei gibt es ein einfaches Rezept, den Massen aus dem Weg zu gehen: wandern. Auf lauschigen Spaziergängen kann man selbst während eines Tagesausflugs nicht nur einigen der welt- und weniger berühmten Wahlinsulaner in Gestalt ihrer ausgefallenen Immobilien begegnen, sondern erlebt das »Naturwunder« Capri aus immer neuer Perspektive mit Bellavista auf Golf, Vesuv, die Nachbarinsel Ischia und die Penisola Sorrentina mit der Punta Campanella.

Oben: Von der Villa Jovis aus ist die Punta Campanella zum Greifen nah.
Unten: Traumblick aus dem Parco Astarita

Villa Jovis

In Capri-Stadt weisen von der Piazzetta Keramikschilder in Richtung Villa Jovis. Dabei spielt es keine Rolle, ob man der Via Le Botteghe folgt oder durch das orientalische Gassengewirr bis zur Via Sopramonte aufsteigt. Im Ortsteil La Croce treffen sich die beiden Varianten auf Höhe eines kleinen Supermarkts. Bergseitig setzt sich der bezeichnete Abstecher Richtung Villa Jovis fort. Vorbei am Kirchlein San Michele della Croce und hübschen Gartenvillen erreicht man nach einer knappen

Stunde den Eingang zur archäologischen Zone. Kurz vorher jedoch lohnt der seitliche Abstecher in den Parco Astarita. Capri ist reich an schönen Aussichtsplätzen, dieser gehört zu den besten.

Regierungssitz im Blauen

Kaiser Tiberius (42 v. Chr.–37 n. Chr.) verbrachte seine letzten Lebens- und Regierungsjahre auf Capri. Die verbreitete Meinung, er hätte sich an den politischen Geschäften desinteressiert in Isolation zurückgezogen, ist ein Missverständnis. Capri lag keineswegs im Abseits, sondern befand sich in strategisch wichtiger Position im Golf von Neapel. Pozzuoli war damals Roms wichtigster Handelshafen und am Kap Misenum war die römische Kriegsflotte stationiert. Über ein System von Telegrafen und Eilboten stand Tiberius in ständiger Verbindung zum Senat. Dass sich die römische High Society das Maul über den durch Abwesenheit glänzenden Herrscher zerriss, ist kein Wunder. So erklärt sich das negativ überzeichnete Bild eines zügellosen, perversen Menschenfeindes, das antike Autoren wie Sueton oder Tacitus überliefern. Spaß macht es trotzdem, den Klatsch der Antike nachzulesen.

Zwölf Villen soll Tiberius auf Capri besessen haben. Die Villa Jovis diente dabei als repräsentativer Regierungssitz. Den Kern des Gebäudes bildet eine gewaltige Zisterne. Diese war sehr wichtig, bedenkt man die Lage auf der Hügelspitze. Vom zentralen Baukörper stehen nur noch blanke Mauern. Im Norden lagen die persönlichen Räume des Kaisers, drei an der Zahl. Von der einstigen Pracht hat sich nichts erhalten, zu gründlich waren die Raubgräber in bourbonischer Zeit. Unzerstörbar ist die beherrschende Landschaftsposition der in ihren Ausmaßen immer noch eindrucksvollen Ruine. Deplatziert wirkt nur die Bronzestatue

AUTORENTIPP!

VILLA LYSIS

Skandalumwittert war auch der französische Baron Jacques Adelswaerd Fersen, der sich 1905 bewusst in Nähe zur Villa des Tiberius seine neoklassizistische Villa Lysis als »Schrein der Liebe und des Kummers« hatte errichten lassen. Unterbrochen von Reisen in exotische Länder, lebte Fersen 16 Jahre lang sein ausschweifendes Inselleben in Gesellschaft des römischen Ex-Zeitungsverkäufers Nino Cesarini, bis er mithilfe einer gewaltigen Prise Kokain freiwillig von der Bühne trat. Von der Villa Jovis führt ein Felspfad durch duftende Macchia hinab zur Villa Fersen. Terrassen bieten weite Blicke auf den Golf. Zwischen Bauerngärten und auf bekanntem Weg der Via Tiberio folgend geht es nach Capri-Stadt zurück.

Villa Lysis. In der Regel April–Okt Di–Sa 9–12 und 14–18 Uhr, So 9–12 und 15–18 Uhr. Via Lo Capo, 80073 Capri, Tel. 08 18 38 61 11 (c/o Comune di Capri).

Oben: Frei vom Putz erkennt man die antike Mauertechnik in der Villa Jovis.
Unten: Malapartes Villa ist zeitlos modern.

der Muttergottes. Ihre Vorgängerin aus Gusseisen, 1893 vom bigotten Conte Moreno di Saluzzo gestiftet, fiel 1978 einem Blitz zum Opfer.

Villa Curzio Malapartes

Die schöne Runde lässt sich aus dem Ortsteil La Croce in Richtung Arco Naturale (lohnender Abstecher!) und vorbei an der Grotta Matermania (steiler Treppenabstieg!) auf einem rasend schönen Küstenpfad verlängern, der oberhalb der Punta Massullo vorbeiführt, gekrönt von dem wohl provokantesten Stück Architektur auf Capri, der pompejianisch-roten Villa von Curzio Malaparte (1898–1957). Der Erfolgsautor, der in seinen Romanen die Obszönität des Krieges in expressionistischen Bildern darstellte, hielt seine Capri-Villa für das Beste, was er zustande gebracht hatte. Mehr dazu erfährt man in seinem Buch *Die Haut*. Die Villa selbst ist nicht zu besuchen, doch auch aus der Distanz verfehlt sie ihre Wirkung nicht. Mit Blick auf die Faraglioni erreicht man den Belvedere Tragara, um bald darauf wieder in die mondäne Welt Capris einzutauchen.

Infos und Adressen

SEHENSWÜRDIGKEITEN

Parco Astarita. Von einer der Terrassen blickt man auf die Punta Massullo mit der Villa Malaparte hinab. In der Regel Frühjahr bis Herbst Di–So 10–14 Uhr. Via Tiberio.

Villa Jovis. In der Regel tgl. 9–13 Uhr, in der 1. Monatshälfte Di, in der 2. Monatshälfte So geschl. Viale A. Maiuri, 80073 Capri, Tel. 08 18 37 45 49.

ESSEN UND TRINKEN

Bar Jovis. Kurz vor der Villa Jovis lädt diese unkomplizierte Snack-Bar mit schöner Aussicht, frisch gepressten Säften und leckeren Panini zur Pause ein. März–Nov. Via Tiberio 77, 80073 Capri, Tel. 08 18 37 51 17.

Da Tonino. Etwas versteckt am Fuße des Monte Tuoro liegt Salvatore Apreas vorzügliche Trattoria. Lokale Küche kunstvoll interpretiert, dennoch bezahlbar. Der Weinkeller ist bestens bestückt, Bruder Gennaro ist Sommelier. Ende März–Jan. Via Pentecala 12, 80073 Capri, Tel. 08 18 37 67 18, www.ristorantedatonino.it

Salvatore Aprea ist auch ein Verpackungskünstler.

Gut sortierter Weinkeller bei »Da Tonino«.

Le Grotelle. Romantisch, rustikal und teuer: Terrassenlokal wenige Hundert Meter vor dem Arco Naturale. Bei schlechtem Wetter stehen drei Tische in der namensgebenden Grotte. Apr.–Okt bei schönem Wetter tgl. mittags, von Mai–Sept. auch abends. Via Arco Naturale 13, 80073 Capri, Tel. 08 18 37 57 19.

Lo Sfizio. Von Einheimischen frequentierte Familientrattoria auf dem Weg zur Villa Jovis. Im Winter nur Sa, So. Via Tiberio 7/e, 80073 Capri, Tel. 08 18 37 41 28, www.losfiziocapri.com

ÜBERNACHTEN

Villa Sarah. Gediegen: Ruhig gelegene Villa in großem Garten mit kleinem Pool. Auf dem Weg zur Villa Jovis. März–Okt. Via Tiberio 3/a, 80073 Capri, Tel. 081 37 78 17, www.villasarahcapri.com

13 Anacapri und Monte Solaro

Im Sessellift zum Aussichtsglück

Wenn man vom Rummel um die Villa San Michele und die Blaue Grotte absieht, wirkt Anacapri als stille, bäuerliche Schwester von Capri-Stadt. Die beiden Orte pfleg(t)en eine innige Feindschaft und sind erst seit 1877 über eine schmale Straße verbunden. Zuvor war die Scala Fenicia der einzige, beschwerliche Weg vom Hafen hoch. Perspektivenwechsel bietet die luftige Fahrt mit dem Sessellift auf den Inselgipfel.

Ist man auf Capri an der Marina Grande gerade frisch dem Schiff entstiegen und trifft auf der Uferstraße auf eines der nostalgischen Capri-Taxis, so ist die Versuchung groß, sich den Kurvenkünsten des mehr oder weniger polyglotten Fahrers anzuvertrauen. Linienbusse sind auf jeden Fall die preiswertere Alternative. Leidenschaftliche Bergsteiger klettern auf der Scala Fenicia nach Anacapri hoch.

Oben: Vom Monte Solaro kennen Blicke keine Grenzen.
Unten: Oldtimer-Taxis sind auf Capri inzwischen rar.

MAL EHRLICH

VERFLUCHTE BLAUE LIMONADE

Bert Brecht hielt nicht viel von Capri und der Blauen Grotte, schimpfte auf die »verfluchte blaue Limonade« und ließ bei seinem Besuch 1924 Frau und Kind auf der Insel sitzen und dampfte retour nach Neapel. Der Besuch der Blauen Grotte (S. 101) ist kein Muss, das Betrachten des Bootsspektakels von der Treppe aus, die am Ende der Via Grotta Azzurra ans Wasser führt, kann jedoch sehr vergnüglich sein.

Auch Kaiser Augustus genießt die Aussicht vom Monte Solaro.

An der Piazza Vittoria, Anacapris Hauptumschlagplatz für Tagestouristen, ist von bäuerlichem Frieden noch wenig zu verspüren. Die meisten Besucher streben auf dem von Kitsch- und Souvenirständen gesäumten Viale Axel Munthe der weltbekannten Villa San Michele (S. 108) zu. Hinter der Munthe-Villa endet die schmale Straße und mündet in die Scala Fenicia, die unter der Provinzstraße hindurchführt und 921 Stufen später und 300 Meter tiefer am Hafen der Marina Grande endet. Trotz ihres Namens, waren es im fünften Jahrhundert v. Chr. griechische Siedler, die den Treppenweg angelegt hatten. Die obersten 100 Stufen stammen noch aus dieser Zeit.

Monte Solaro

Oberhalb der Piazza Vittoria liegt die Talstation der Seggiovia. Sanft schwebt der Sessellift hinauf und versetzt einen in den Zustand stiller Verzückung, die sich angesichts des Gipfelpanoramas in Begeisterung verwandelt. An klaren Tagen umfasst der Blick vom 589 Meter hohen Monte Solaro den gesamten Golf von Neapel und reicht über den

AUTORENTIPP!

ANACAPRI FAST PRIVAT

In Anacapri kann man natürlich im luxuriösen Capri Palace Hotel & Spa oder im »Caesar Augustus« mit seinen famosen Golfblicken residieren oder viel Geld sparen und Eindrücke jenseits von Massentourismus und Glamour sammeln. Das »Antico Monastero« firmiert als B&B und bietet einen reizenden Empfang durch die Familie Scoppa in den Räumen eines ehemaligen Klosters im Rücken der Chiesa di San Michele. 1001 gute Tipps gibt es gratis dazu. Unkompliziert und sympathisch ist auch die Aufnahme im B&B Maruzzella der Familie Biba. Mamma Maria ist eine begnadete Köchin, Sohn Giovanni arbeitet als Fischer und nimmt Gäste gern auf seinem *gozzo* mit.

Antico Monastero. Piazza San Nicola, 80071 Anacapri, Tel. 08 18 37 25 47, www.anticomonasteroanacapri.com
Maruzzella. Via Lo Funno 15, 80071 Anacapri, Tel. 08 18 38 22 43, Tel. 333 38 12 97, maruzzella.capri@libero.it

Oben: Das Paradies liegt in Anacapris Chiesa San Michele Arcangelo. **Unten:** John Clay MacKowen hat in seiner Casa Rossa viele schöne Stücke zusammengetragen.

Golf von Salerno bis in den südlichen Cilento. Der Monte Solaro lässt sich aus dem Ort ganz gemütlich auch zu Fuß erklimmen. Etwas anspruchsvoller ist der Abstieg auf dem Passetiello nach Capri-Stadt, während der Pfad hinab zum Belvedere di Migliera entlang der Geländekante eher etwas für Schwindelfreie ist.

Belvedere di Migliera

Der Belvedere di Migliera ist auf ebener Strecke von Anacapri aus leicht zu Fuß zu erreichen. Kurz vor dem Aussichtspunkt lädt auf Höhe des Ristorante Da Gelsomina ein ungewöhnlicher Garten zur Betrachtung ein. Der schwedische Wirtschaftswissenschaftler und scharfsinnige politische Beobachter Gunnar Adler-Karlson hat im Jahr 2000 diesen jederzeit frei zugänglichen philosophischen Park geschaffen. Mit dem delphischen Spruch »Erkenne dich selbst« beginnt ein Parcours durch mehrere Jahrtausende westlicher und östlicher Geistesgeschichte. Philosophische Zitate auf hübschen Majolikatafeln regen auf dem Spaziergang durch duftende Macchia zum Nachdenken an. Am chronologischen Ende der Weisheitswanderung steht Ludwig Wittgensteins Ausspruch »Wovon man nicht sprechen kann, darüber muss man schweigen.«

Casa Rossa

Folgt man von der Piazza Vittoria der Via Orlandi in das historische Ortszentrum, fällt rechts die Casa Rossa ins Auge. John Clay MacKowen, ein amerikanischer Südstaatenoberst, ging 1877 nach Capri ins freiwillige Exil. Der Hobbyarchäologe und Verfasser eines der ersten Capri-Führer baute sich den mittelalterlichen Turm mit vielen antiken Fundstücken zu einem maurischen Märchenschloss aus. Die ausgestellten Veduten des

19. Jahrhunderts zeigen die Insel in einem romantischen Licht. Sehenswert sind die römischen Marmorstatuen, die 1964 aus der Blauen Grotte gefischt wurden. Ursprünglich standen die verkrusteten Tritonen und Nereiden mit halbem Körper im Wasser. Eine späte Bestätigung für MacKowens Annahmen, der in der Grotta Azzurra ein Nymphäum des Kaiser Tiberius vermutet hatte.

Eine Augenweide ist der Majolika-Fußboden in der nahen Kirche San Michele Arcangelo. Dargestellt ist in eigenwilliger Manier das Paradies. Die Vertreibung von Adam und Eva wirkt wenig dramatisch, nur die exotischen Tiere schauen etwas betrübt. Der abruzzesische Keramikkünstler Leonardo Chiajese fertigte das farbenfrohe Kunstwerk 1761 nach einem Entwurf des neapolitanischen Barockmalers Francesco Solimena (1657–1747).

Sehnsuchtsziel Blaue Grotte

Die Piazza Armando Diaz ist das stillere Pendant zu Capris Piazzetta. Vor der barocken Kulisse der Pfarrkirche Santa Sofia laden schön gekachelte Sitzbänke, ein Werk des lokalen Keramikkünstlers Sergio Rubino, zum Verweilen ein. Südöstlich der Kirchenpiazza schließt sich Anacapris ältestes Wohnviertel Le Boffe an. Nur selten verirren sich Besucher zwischen die weiß gekalkten Häuser. Fast fühlt man sich auf eine ägäische Insel versetzt.

Richtung Blaue Grotte und zu den Ruinen der Villa Damecuta kann man mit dem Linienbus fahren, oder schlendert durch den Ortsteil Il Pozzo dorthin. Je weiter das Zentrum zurückbleibt, umso lockerer wird die Bebauung. Liebevoll gepflegte Zitronen-, Gemüse- und Weingärten säumen den Weg. Die Reste der Villa Damecuta, eine der zwölf Tiberiusvillen, gebieten über einen unverbauten

AUTORENTIPP!

ERLESENES CAPRI

Sich auf Capri ein paar Tage einmieten und nach Herzenslust schmökern: Bücher aus und über die Insel füllen ganze Bibliotheken. Eine Vielzahl der Schriften stammt vom Ende des 19. und frühen 20. Jahrhunderts, der Hochzeit des kultivierten Tourismus. Darunter befinden sich historische Notizen, geologische oder botanische Abhandlungen, poetische Ergüsse und liebevolle Skizzen von Menschen, Besuchern wie Einheimischen. Zur Einstimmung, zum Nachlesen oder als Urlaubslektüre kann man unter so unterschiedlichen Titeln wie *Mein Capri* von Claretta Cerio, Axel Munthes *Das Buch von San Michele* und dazu als Korrektiv Thomas Steinfelds *Der Arzt von San Michele*, Curzio Mapalartes sprachgewaltiger *Haut* oder der von Dieter Richter vorzüglich edierten und um kluge Essays bereicherten Ausgabe von August Kopisch *Entdeckung der Blauen Grotte* wählen.

Ausflugsboote am Eingang der Blauen Grotte

Oben: Leuchtturm an der Punta Carena
Mitte: Auf dem Weg zum Belvedere di Migliera lädt ein Park zum Denken ein.
Unten: Magisch blaues Licht in der berühmten Grotte

Golfblick. Sie diente Tiberius als Sommerresidenz, während der Kaiser die Wintermonate lieber in der Villa Jovis verbrachte. Beim Vesuvausbruch 79 n. Chr. wurde die Villa zerstört und nie wieder aufgebaut. In späteren Zeiten diente sie als Steinbruch.

Zur Zeit des Tiberius bildeten die Villa Damecuta, eine weitere *villa marittima*, heute unter dem Namen Villa Gradola bekannt, und die sogenannte Blaue Grotte einen zusammenhängenden Komplex, wobei die Blaue Grotte ersteren als Nymphäum diente und möglicherweise auch über einen Tunnel zugänglich war. Es ist der bleibende Verdienst des deutschen Malers August Kopisch, die von Einheimischen als Teufelsort gefürchtete Meereshöhle am 17. August 1826 »entdeckt«, ihr den werbewirksamen Namen Grotta Azzurra (»Blaue Grotte«) verliehen und Capri damit dem Fremdenverkehr erschlossen zu haben. Die touristische Vermarktung des Naturwunders wurde früh perfektioniert. Von der Marina Grande bringen auch heute Schiffe ihre zahlenden Gäste bis vor die Grotte. Hier wird umgeladen, an einem Kassenboot erneut kassiert – für die kleinen Ruderboote (aggressiven Trinkgeldforderungen der Bootsleute darf man mit Lächeln widerstehen) und den Eintritt in die Grotte – und dann passiert alles sehr schnell. Ducken, durch das niedrige Felstor in die Grotte, spitze Begeisterungsschreie, Blitzlichtgewitter, die Rudermänner kreischen »*O sole mio*« oder »*Volare*« – die Zeit reicht nicht einmal für eine Strophe – und schon ist man wieder draußen, wo bereits die nächsten Boote warten. Der kurze Eindruck kann dessen ungeachtet zauberhaft gewesen sein. Am schönsten fällt das Licht übrigens am späten Vormittag (wenn die Sonne scheint!). Dem Bootsspektakel kann man auch aus Distanz von der Treppe beiwohnen, die ans Wasser führt.

Infos und Adressen

SEHENSWÜRDIGKEITEN

Casa Rossa. April–Mai 10–17 Uhr, Juni–Sept. 10–13.30 und 17.30–20 Uhr, Okt. 10–16 Uhr, Mo geschl. Via G. Orlandi 78, 80071 Anacapri, Tel. 08 18 38 21 93.

Grotta Azzurra. Bei ruhiger See tgl. 9 Uhr bis 1 Std. vor Sonnenuntergang. Eintritt 4 €, Ruderboot in die Blaue Grotte 8,50 € pro Person.

San Michele Arcangelo. April–Sept. tgl. 9–19 Uhr, Okt.–März tgl. 10–14 Uhr. Piazza San Nicola, 80071 Anacapri, Tel. 08 18 37 23 96, www.chiesa-san-michele.com

Philosophical Park. Via Migliera, 80071 Anacapri, www.philosophicalpark.org

Villa Damecuta. Tgl. 9 Uhr bis 1 Std. vor Sonnenuntergang. Via Damecuta, 80071 Anacapri.

ESSEN UND TRINKEN

Canzone del Cielo. Nette Gipfel-Bar mit Liegestühlen. Monte Solaro, 80071 Anacapri, Tel. 08 18 37 18 77.

Da Gelsomina. Von Weinbergen umgeben beste Bauern- und Meeresküche. Komfortable Gästezimmer und Pool. Shuttle-Service. März–Anfang Jan. Di geschl. Via Migliera 72, 80071 Anacapri, Tel. 08 18 37 14 99, www.dagelsomina.com

Giorgio Al Cucciolo. Fantastischer Fisch und als Beilage Golfblick. Teuer! April–Nov. Via La Fabbrica 52, 80071 Anacapri, Tel. 08 18 37 19 17.

Hier isst man einfach gut!

Antipasti – frisch und köstlich

Grotta Azzurra. Beliebte Bar. Der Vater machte Wein, die drei Brunetti-Brüder brauen Bier. Via G. Orlandi 208, 80071 Anacapri, Tel. 08 18 37 37 83, www.birracapri.com

Mamma Giovanna. Beste Bauern-Küche im Grünen. März–Mitte Nov. Via Chiusarano 6, 80071 Anacapri, Tel. 08 18 37 20 57 oder 34 75 44 09 54.

ÜBERNACHTEN

Villa Eva. Pension in verwunschenem Garten mit Pool. April–Okt. Via La Fabbrica 8, 80071 Anacapri, Tel. 08 18 37 15 49, www.villaeva.com

EINKAUFEN

Pop Gallery. Keramikkunst frei vom Zitronenklischee. Via Capodimonte 24, 80071 Anacapri, Tel. 08 19 78 05 13.

INFORMATION

AAST Capri. Via G. Orlandi 19A, 80071 Anacapri, Tel. 08 18 37 53 08, www.capritourism.it

Transport mit Seggiovia. März–Okt 9.30–17.30 Uhr, Nov.–Feb. 10.30–15 Uhr. Via Caposcuro 10, Tel. 08 18 37 14 38, www.capriseggiovia.it

14 Sentiero dei Fortini

Wandern im Wilden Westen

Militärische Einrichtungen verraten ihre frühere strategische Bedeutung oft durch ihre exponierte Lage, in friedlichen Zeiten dann als Belvedere wahrgenommen. Der Wanderweg entlang Capris Westküste verbindet Geschützstellungen des 19. Jahrhunderts und bietet einzigartige Landschaftseindrücke – nachmittags gekrönt vom Sonnenuntergang. Das setzt dann allerdings eine Übernachtung voraus. Am besten in Anacapri.

Oben: Kaum zu glauben, dass hier ein wunderbarer Wanderweg entlangführt.
Unten: Unterwegs kann man einiges zur Natur und Geschichte in Erfahrung bringen.

Der chilenische Dichter Pablo Neruda hielt sich 1953 auf Capri auf. Von ihm stammt der Satz: »Dieses verborgene Capri, das man erst nach langem Wandern betritt, wenn das Etikett des Touristen von einem abgefallen ist ...«. Nicht die schlechteste Einladung, sich auf den Weg in Capris »Wilden Westen« zu machen, in einen der Teil der Insel, der immer noch vielen unbekannt ist.

Naturkundemuseum an frischer Luft

Um der Gefahr von Piratenüberfällen zu begegnen, wurden im neunten Jahrhundert die ersten Wachtürme entlang der Westküste errichtet. Die Bevölkerung sollte rechtzeitig gewarnt werden, um in das felsige Landesinnere oder hinter starke Mauern flüchten zu können. Als Napoleon 1806 Neapel eroberte, versuchten die Engländer Capri als Bollwerk gegen die Franzosen zu halten. Vergeblich. Nach Scheinangriffen auf die Marina Grande und Marina Piccola landeten französische Truppen im Oktober 1809 an der Westküste, überwältigten die britische Garnison

Wanderung durch Sentiero dei Fortini

Liebevoll bemalte Keramiktafeln begleiten den mustergültig angelegten Wanderweg mit Informationen zu Flora, Fauna, Geologie und Geschichte.

An- und Abfahrt: Vom Cimitero in Anacapri beinah stündl. Linienbusse zur Grotta Azzurra bzw. zum Faro. www.staianotourcapri.com

Start: Endhaltestelle Grotta Azzurra (die Wanderung lässt sich auch in Gegenrichtung gehen).

Länge und Dauer: 5,5 km, 3 bis 4 Std.

Karten: Gratis-Download auf www.giovis.com. Tullia Rizzotti beschreibt in ihrem auf Capri erhältlichen Buch *Capri in Blüte* diese und eine Reihe weiterer schöner Insel-Wanderungen.

Weg: Gut angelegter Weg, kurzzeitig ausgesetzt (Schwindelfreiheit!). Keramiktafeln und rote Farbzeichen markieren die Route.

Ausrüstung: Feste Schuhe, Sonnenschutz und Badesachen.

Verpflegung: Getränke und evtl. Picknick. Am Anfang bzw. Ende der Tour nette Lokale.

A Grotta Azzurra – Staiano-Busse halten am Ende der Via Grotta Azzurra, auf Wunsch auch ca. 300 m vorher oberhalb der Punta dell'Arcera.

B Punta del Miglio – Vom halbkreisförmigen Fortino di Orrico kann man in Richtung Süden bereits das Fortino Mesola erkennen.

C Cala del Lupinaro – Der Weg umläuft die Bucht. Achtung, bergauf abzweigende Pfade links liegen lassen.

Endhaltestelle – von hier geht es los!

D Punta Campetiello – Vom Fortino di Mesola überblickt man fast die gesamte Westküste.

E Rio Rosola – Eine Brücke quert den Taleinschnitt. Hinter der Cala di Mezzo zieht sich der Felspfad abschnittsweise schmal den Hang entlang.

F Punta del Pino – Das Fortino del Pino kontrollierte die Cala di Mezzo im Norden und die Cala del Limmo im Süden. Zum ersten Mal ist der Faro auf der Punta Carena zu sehen.

G Punta Carena – Kurz vor der Punta Carena mit dem Lido und Leuchtturm trifft der Weg auf die Straße. In der Nähe halten die Linienbusse.

Oben: Das Licht des Leuchtturms ist 25 Seemeilen weit zu sehen.
Mitte: Sprung ins Meer am Strandbad Gradola
Unten: Majolika-Tafeln helfen bei der Orientierung.

und übernahmen für die nächsten Jahre die militärische Kontrolle über die Insel. Die Geschützstellungen an der Westküste wurden ausgebaut, mussten sich jedoch nie wieder einer militärischen Probe unterziehen. Ende der 1990er-Jahre wurden die Forts restauriert und über einen Küstenweg miteinander verbunden. Seit 2001 führt auf gut fünf Kilometern Länge der Sentiero dei Fortini zwischen der Punta dell'Arcera nahe der Blauen Grotte und dem Leuchtturm an der Punta Carena die Felsküste entlang. Über 200 liebevoll bemalte Majolikatafeln begleiten den gut ausgeschilderten Weg mit Informationen zu Flora und Fauna. Unterwegs und am Ende der Wanderung besteht die Gelegenheit zu einem erfrischenden Sprung ins Meer.

Fortino di Orrico

Der Einstieg erfolgt von der Via Grotta Azzurra kurz vor der Endhaltestelle der Linienbusse. Die Fahrer wissen Bescheid. Eine Steintreppe erreicht mit wenigen Stufen den Küstenweg. Felsen, Wind und Meer sind ab jetzt die ständigen

Begleiter sowie eine artenreiche Macchia, die im April und Mai in voller Blüte steht. Bald ist das erste Fort, Fortino di Orrico, auf der Punta del Miglio erreicht. Über die Bucht hinweg ist im Süden bereits das Fortino di Mesola zu erkennen. Der weitere Weg dahin quert eine Serie von Taleinschnitten, umläuft die Cala del Lupinaro und führt teilweise im Schatten hoher Mastixbäume. Dann wird die Vegetation wieder niedrig und gibt erneut die Blicke frei. Unterwegs bieten sich immer wieder Möglichkeiten, links zur Straße aufzusteigen.

Fortino di Mesola

Von der Punta Campitiello aus beherrscht der Fortino di Mesola den gesamten Küstenstrich. Ausgrabungen haben Reste steinzeitlicher Besiedlung ans Tageslicht gebracht. In der Antike gab es hier einen Schiffsanleger. Auf den Felsen gedeihen aromatische Pflanzen, die sich den rauen Umweltbedingungen bestens angepasst haben. Eine Brücke führt über den Rio Rosola. Dann geht es auf schmalem Felspfad weiter. Die Versuchung, immer wieder stehen zu bleiben, ist groß. Das größte Fort, Fortino di Pino, erhebt sich auf dem gleichnamigen Landvorsprung, der zum ersten Mal den Blick freigibt auf den Faro an der Punta Carena.

Der 1867 errichtete Leuchtturm ist 25 Seemeilen weit zu sehen und nach Genua der lichtstärkste Italiens. Nach einem steilen Anstieg, der glücklicherweise im Schatten von Pinien verläuft, gelangt man auf ebenem Wegstück Richtung Süden bald zum Wendeplatz (Bushaltestelle) oberhalb des Leuchtturms und dem Lido del Faro. Zeit für ein Bad im Meer. Und geht die Sonne unter, scheint es keinen schöneren Ort auf der Welt zu geben.

Infos und Adressen

ESSEN UND TRINKEN

Gradola. Wenn bei Ischia die rote Sonne im Meer versinkt ... Lässiger Lebenskünstlertreff nahe der Blauen Grotte. Ideal für einen Sundowner, aber auch prima capresische Küche. Badeplattformen. Mitte April–Ende Sept., ab Juni auch abends. Via Gradola, 80071 Anacapri, Tel. 08 18 37 19 99.

Lido del Faro. Dolce Vita: Bar, Ristorante und Badeanstalt an der wilden Südwestspitze. Brotsalate, frischer Fisch und Drinks zum Sonnenuntergang. April–Okt. tgl. mittags, im Sommer auch abends. Punta Carena, 80071 Anacapri, Tel. 08 18 37 17 98, www.lidofaro.com

Vom Touristenrummel ist an der Gradola nichts zu spüren.

15 Villa San Michele

Bestseller aus Marmor und Stein

»Mein Haus muss offen sein für Wind und Sonne und die Stimme des Meeres, wie ein Griechentempel, und Licht, Licht, Licht überall!« Der schwedische Modearzt Axel Munthe landete mit seinen 1929 veröffentlichten Lebenserinnerungen *Das Buch von San Michele* – zugleich die Entstehungsgeschichte seiner Capri-Villa – einen Welterfolg, der die Insel endgültig zur Touristenattraktion ersten Ranges machte.

Oben: Axel Munthe war ein unersättlicher Sammler schöner Dinge.
Unten: Die Villa San Michele ist gar nicht zu verfehlen.

Der *Baedeker* von 1929 erkennt Capri als »eins der beliebtesten Ziele aller den Golf von Neapel besuchenden Fremden«, von der Villa San Michele weiß er noch nichts zu berichten. Im selben Jahr erscheint in London der Erinnerungsroman des schwedischen Modearztes Axel Munthe (1857–1949), der, bald in alle Weltsprachen übersetzt, bis heute sich in mehr als 30 Millionen Exemplaren verkauft hat. Die Doppel-Autorenschaft von literarischem Werk und Architektur teilt Munthe mit Curzio Malaparte (S. 96). Beiden attestierte der Reiseschriftsteller Bruce Chatwin einen starken Drang zur Selbstdarstellung.

Lebenskünstler am Werk

Bis heute hält die Popularität der Villa San Michele ungebrochen an und nährt bei Tausenden von Besuchern, die durch die mit archäologischen Fundstücken angereicherten Räume und überdekorierten Gartenanlagen streifen, den Traum vom Haus im Süden. Die besten Chancen, Anacapris Hauptsehenswürdigkeit frei von Besuchergruppen zu erleben, bestehen außer im Winter am frühen Vor- oder späten Nachmittag.

Axel Munthe kam 1879 als junger Medizinstudent zum ersten Mal nach Capri. 50 Jahre hält er in seinem Buch fest. Es beginnt damit, wie er zufällig in Anacapri die Ruine einer Kapelle entdeckte, daneben einen Garten, dessen Besitzer ein römisches Mosaik freigelegt hatte, und mit dem Gedanken »Warum sollte ich nicht Mastro Vincenzos Haus kaufen?« 1888 kehrt Munthe, inzwischen angesehener Gesellschaftsarzt, Paris den Rücken und beginnt auf Capri das Leben eines Aussteigers. Zwei Jahre später eröffnet er eine Praxis in Rom und avanciert zum Arzt und Vertrauten gekrönter Häupter. Mit dem verdienten Geld baut er an seinem Lebenstraum. Patienten und Fans folgen ihm in Scharen nach Capri, sein Haus galt damals als das schönste der Welt. Axel Munthe erscheint als widersprüchlicher Charakter: die Wahrheit strapazierender Selbstdarsteller und selbstloser Helfer während der Cholera-Epidemie 1884 in Neapel, früher Öko-Aktivist, der von Mussolini ein Verbot der Vogeljagd auf Capri erwirkte, und Lebemann, der unzählige uneheliche Kinder in Anacapri zeugte. Und er war von Kaiser Tiberius besessen und wollte ebenfalls zwölf Häuser auf Capri besitzen. Die Bauern der Insel konnten immer damit rechnen, ihm antike Bruchstücke zu verkaufen – *roba di Timberio* (»Zeug vom Tiberius«) – wie sie beim Ackern häufig aus dem Boden kamen.

Über die Ausgestaltung der Villa San Michele mag man geteilter Meinung sein. Die Ausblicke aus den gepflegten Terrassengärten und den skulpturengeschmückten Loggien hingegen sind eines Kaisers würdig. Tausendfach fotografiert, die Seite glatt von unzähligen Berührungen, blickt eine Sphinx auf den Golf von Neapel. Es heißt, Wünsche gingen in Erfüllung, wenn man über die Flanke des Fabelwesens streicht.

Infos und Adressen

SEHENSWÜRDIGKEITEN

Villa San Michele – Museo Axel Munthe. März tgl. 9.30–16.30 Uhr, April und Okt. tgl. 9.30–17 Uhr, Mai–Sept. tgl. 9–18 Uhr, Nov.–Feb. tgl. 9–15.30 Uhr. Viale Axel Munthe 34, 80071 Anacapri, Tel. 08 18 37 14 01, www.villasanmichele.eu

ESSEN UND TRINKEN

Café Casa Oliv. Schickes Terrassen-Café der Villa San Michele. Öffnungszeiten wie Villa San Michele.

VERANSTALTUNGEN

Konzerte. Von Juni bis Sept. finden jeden Fr in den Gärten der Villa San Michele klassische Konzerte statt.

AKTIVITÄTEN

Vogelkundlicher Ausflug. Von April bis Ende Okt. werden jeden Do eine Stunde vor Schließung der Villa botanisch-ornithologische Exkursionen auf den Monte Barbarossa angeboten. Von Mitte April bis Mitte Mai werden Zugvögel beringt. Cornelia Löwart führt auch auf Deutsch. Nur nach Voranmeldung c/o Villa San Michele.

Das Café Casa Oliv in der Villa San Michele ist nur selten überlaufen.

ISCHIA

Seite 110/111: Ischia Porto – ein Krater als Hafenbecken
Mitte: Panoramablick vom Castello Aragonese aus
Unten: Die Fischer von Ischia Ponte verkaufen ihren Fang frisch vom Boot.

16 Ischia Porto und Ischia Ponte

Vulkankrater als Hafen, Felsschloss im Meer

Der kreisrunde, zum Meer hin offene Kraterhafen ist ein würdiges Entree der Vulkaninsel. In der Saison legen die Fähren und Schnellschiffe aus Neapel und Pozzuoli im Stundentakt an. Ischia Porto ist die große Drehscheibe des Inseltourismus und Ausgehmeile für Jung und Alt. Die Festungshalbinsel im beschaulicheren Ischia Ponte zeigt sich als Geschichtskonzentrat in schönster Form.

In der Saison herrscht am Hafen süditalienisch-fröhliches Verkehrschaos. Der Rubel rollt inzwischen buchstäblich. Russen sind im Begriff, die Deutschen als Feriengäste Nummer eins auf Ischia abzulösen. Der Sommer gehört den Italienern. Für die meisten ist Ischia Porto die erste Anlaufstelle.

Von der östlichen Hafenseite lässt sich das Treiben entspannt betrachten. Die Via del Porto säumen

MAL EHRLICH

ZEIT IST IMMER GELD?

Reisende, die es eilig haben, setzen in geschlossenen Schnellbooten von Neapel nach Ischia über. Auf den langsameren Fähren kommt man dafür in den Genuss einer kleinen Kreuzfahrt, zumal, wenn man die Route via Procida wählt. Die Ausfahrt von Neapel ist bereits eine Schau, dann vorbei am Golf von Pozzuoli mit Blick aufs Kap Miseno, einen Zwischenstopp in Procida und zum Schluss die Einfahrt in das Kraterrund von Ischia Porto. Sehenswert, und man spart dabei auch noch bares Geld.

Restaurants, Pizzerien und angesagte Wein-Bars, weltläufig firmiert sie als Rive Droite. Abends, wenn die Lichter angehen, die Jachten sanft im Wasser schaukeln und Mandolinenklänge sich mit dem Duft gebratener Fische mischen, ist der Ferientraum vom Süden perfekt.

Ischia Porto

Bis Mitte des 19. Jahrhunderts trug Ischia Porto den Namen Villa de'Bagni und war eine beliebte Sommerfrische des bourbonischen Königshauses. Dann gab Ferdinand II. den Anstoß für künftige Entwicklungen, ließ den flachen Kratersee vertiefen und mit einem Durchstich zum Meer hin öffnen. Das Projekt bescherte der Insel nicht nur einen sicheren Hafen, es half den Ischitanern aus ihrer schlimmsten Wirtschaftsmisere. 1851 waren die Weinreben der Reblaus zum Opfer gefallen. Die wirtschaftliche Zukunft lag im Fremdenverkehr.

Das belebte Ischia Porto ist für die einen Ferienparadies, für die anderen etwas zu viel des Guten. Eine Institution ist die Bar Calise an der Piazza degli Eroi – egal, ob als Bar, Pizzeria, zum Cocktail oder Caffè Concerto. Als Flanier- und Einkaufsmeile ziehen sich Via Roma und Corso Vittoria Colonna durch den Ort, Querstraßen führen hotelgesäumt ans Meer. Mit Castello-Blick trifft die Via Pontano auf die feinsandige Spiaggia dei Pescatori.

Ischia Ponte

Die beiden Ortsteile Ischia Porto und Ischia Ponte könnten gegensätzlicher nicht sein. Borgo di Celsa, so der ursprüngliche Name von Ponte, entstand Ende des 16. Jahrhunderts, als die Gefahr der Piratenüberfälle abnahm und die Bevölkerung die schützenden, aber auch engen Mauern des Castello Aragonese verlassen konnte. Die Fischer

AUTORENTIPP!

HERRLICHE ABGESCHIEDENHEIT

Im Albergo Il Monastero erlebt man, dass wahrer Luxus einfach ist. Zum Übernachten laden ebenso simpel wie geschmackvoll gestaltete »Klosterzellen« des ehemaligen Klarissinnenkonvents. Statt TV in den Zimmern gibt es von der Sonnenterrasse Traumblicke auf Ischia. Die Zimmer 8, 9, 22 und die Suite bieten private Terrassen und Balkone mit dem wunderbaren Panorama. Auf Wunsch kann man im intimen Hotelrestaurant ausgezeichnet speisen, Bio-Gemüse und Wein liefert der Burggarten. Die lauschige Cafeteria lädt zu Tee und Drinks ein und serviert frische Salate. Gäste des mit großer Aufmerksamkeit geführten Hauses können den Burgfahrstuhl gratis benutzen und das Kastell bei freiem Eintritt besichtigen – auch lange nachdem die Tagestouristen abgezogen sind. Auch zu den Kunstausstellungen, die regelmäßig im Castello stattfinden, hat man es nicht weit. Nur während des Filmfestivals wird es schwierig, einen Platz zu kriegen.

Il Monastero. April–Okt. Castello Aragonese 3, 80077 Ischia Ponte, Tel. 081 99 24 35, www.albergoilmonastero.it

Oben: Castello-Blick von der Spiaggia dei Pescatori
Mitte: Der Burggarten beliefert die Küche des Albergo Il Monastero.
Unten: Der Himmel ist die Kuppel der ehemaligen Cattedrale dell'Assunta.

bauten ihre pastellfarbenen Häuser an den Strand, niedriger als die dahinter sich erhebenden Palazzi. So boten sie den Adelshäusern Schutz vor Seewind, ohne ihnen die Aussicht zu versperren. Trotz Tourismus und Filmruhm gehört der hübsche Ort nach wie vor den Einheimischen. Einblicke in den vergangenen Alltag der Fischer und ischitanischen Seefahrer bietet das Meeresmuseum im Palazzo dell'Orologio am Ende der Via Luigi Mazzella. Dazu sind Setfotos des Kolossalfilms *Cleopatra* ausgestellt.

Wasserburg

Im fünften Jahrhundert v. Chr. befestigte der Tyrann Hieron I. von Syrakus als Erster den mächtigen Trachytfels im Meer. Römer nannten das Ischia vorgelagerte Eiland *insula minor*. Seine heutige Gestalt und den Namen verdankt das Kastell König Alfons V. von Aragon. Nach Vertreibung der französischen Anjous ließ er die Festung ab 1439 ausbauen. Seither verbindet auch die niedrige Brücke die Insel mit dem festen Land. Im 16. Jahrhundert war das Castello di Ischia einer der wichtigsten Musenhöfe der italienischen Renaissance. Zeitweise fanden der Bischofssitz, ein Priesterseminar, zwei Klöster, 13 Kirchen, die Residenz, eine Militärgarnison und über 1800 Familien Platz auf dem Burgberg. Mit dem Fahrstuhl geht es hoch, interessanter ist der Aufstieg durch die labyrinthischen, in den Fels geschlagenen Treppengänge. Unterwegs öffnen sich großartige Blicke auf Ponte, die Cartaromana-Bucht und die grünen Hügel von Campagnano. Auf der Ostseite des Burgbergs lädt ein nettes Café zur Rast ein und wartet mit noch mehr Belvedere auf. Am Fuß des Castello bieten Bootsfahrer ihre Dienste an. Ein lohnender Ausflug führt in die Cartaromana-Bucht mit sprudelnden Thermalquellen am Meeresgrund und römischen Ruinen unter Wasser.

Infos und Adressen

SEHENSWÜRDIGKEITEN

Castello Aragonese. Tgl. 9 Uhr bis Sonnenuntergang. Piazzale Aragonese, 80077 Ischia Ponte, Tel. 081 99 28 34, 081 99 19 59, www.castelloaragoneseischia.com

Museo del Mare. Nov.–März Di–So 10.30–12.30 Uhr, im Sommer auch 15–19 (22) Uhr. Feb. geschl. Via Giovanni da Procida 2, 80077 Ischia Ponte, Tel. 081 98 11 24, www.museodelmareischia.it

ESSEN UND TRINKEN

Al Pontile. Fisch frisch aus dem Netz auf die Teller, offener Inselwein. März–Dez., Mi geschl. Via Luigi Mazzella 15, 80077 Ischia Ponte, Tel. 081 19 51 76 57.

Bar Calise. Vereint Pizzeria, Cocktailbar, Caffè Concerto. Piazza degli Eroi. 80077 Ischia, www.barcalise.com

Da Ciccio. Beste Fischküche zu fairen Preisen. Di geschl. Via Luigi Mazzella 32, 80077 Ischia Ponte, Tel. 081 99 16 86.

Emidio. Unprätentiöse Fisch-Trattoria an der Rive Droite, gute Holzofenpizza. Via Porto, 80077 Ischia Porto, Tel. 081 99 24 32 oder 34 77 75 16 52.

Raimondo Triolo bedient im »Un attimo diVino«.

Die Bar Calise ist jedem Ansturm gewachsen.

Un attimo diVino. Vorzüglicher Wein, prima Fisch. Manchmal setzen sich Freunde ans Piano. Via Porto 103, 80077 Ischia Porto, Tel. 081 19 52 84 11.

ÜBERNACHTEN

Macrì. Nette Pension direkt über dem Hafen. Via Jasolino 96, 80077 Ischia Porto, Tel. 081 99 26 03, www.albergomacri.it

Villa Antonio. Einfacheres Hotel mit unvergleichlichem Castello-Blick. April–Okt. Via S. G. Giuseppe della Croce 77, 80077 Ischia Ponte, Tel. 081 98 26 60, www.villantonio.it

EINKAUFEN

Imaginaria. Ambitionierte Buchhandlung. Tgl. 9–21.30 Uhr, im Sommer bis 24 Uhr. Via Luigi Mazzella 46–50, 80077 Ischia Ponte, Tel. 081 98 56 32, www.imaginaria.com

VERANSTALTUNGEN

Ischia Film Festival. Juni bis Anfang Juli. www.ischiafilmfestival.it

AKTIVITÄTEN

Ischia Barche. Bootsausflüge und -verleih. Via Pontano 3, 80077 Ischia Ponte, Tel. 081 98 48 54, www.ischiabarche.it

INFORMATION

AACST. Via Iasolino 3, 80077 Ischia Porto, Tel. 08 15 07 42 31, www.infoischiaprocida.it

17 Casamicciola und Lacco Ameno

Wellnessoasen und griechische Vergangenheit

Casamicciola entdeckte als erster Ort der Insel das flüssige Gold der heißen Quellen. Das Erdbeben 1883 sorgte nur für eine kurze Unterbrechung des Thermaltourismus. Sterne-Glanz umweht die Terme Manzi mit dem Ristorante Mosaico. Das liebliche Lacco Ameno an der San-Montano-Bucht hatten die Griechen vor 2800 Jahren für sich entdeckt, in den 1950er-Jahren landete dann der internationale Jetset.

Oben: Im Hafen von Casamicciola legen auch Fähren vom Festland an. **Unten:** Der Tuffstein-Fungo im Meer ist das Wahrzeichen von Lacco Ameno.

Am 28. Juli 1883 schien alles vorbei. Ein verheerendes Erdbeben mit Casamicciola im Epizentrum legte innerhalb weniger Sekunden den Ort in Schutt und Asche, Hunderte Tote und unzählige Verletzte waren zu beklagen. Doch schon 1892 verkündete der *Baedeker*: »Der Fremdenverkehr, welcher nach dem Erdbeben 1883 fast ganz aufgehört hatte, beginnt sich wieder zu beleben, da auch die Heilquellen der Insel ihre Kraft bewahrt haben.«

Das älteste Kurbad Ischias trägt seinen Namenszusatz »Terme« mit Stolz. Schon die Römer nutzten die berühmte Gurgitello-Quelle. Vom 16. Jahrhundert an ermöglichte der Pio Monte della Misericordia, die älteste heute noch bestehende Wohlfahrtseinrichtung Neapels, den Armen einen Kuraufenthalt auf Ischia. Im 18. und 19. Jahrhundert vergnügte sich die europäische Aristokratie in Casamicciola, Risorgimento-Held Giuseppe Garibaldi kurierte 1864 in den Manzi-Thermen eine Schussverletzung aus.

Casamicciola und Lacco Ameno

Durch das Erdbeben fast seiner gesamten Bausubstanz beraubt, wurde der Ort – diesmal in der Küstenebene – rasch wieder aufgebaut und ist bis heute der wichtigste Thermalkurort der Insel. Neben Ischia Porto ist der Hafen von Casamicciola heute die wichtigste Anlegestelle für Fähren vom Festland. Zur Sicherheit war 1885 auf dem 126 Meter hohen Hügel Gran Sentinella eine geophysikalische Beobachtungsstation eingerichtet worden. Der Besuch lohnt des Ausblicks wegen. In lockerer Bebauung zieht sich der Ort die bewaldeten Nordhänge des Monte Epomeo hinauf. Im Südosten erhebt sich der bewaldete Vulkankrater des Monte Rotaro, ein beliebtes Wanderziel.

Lacco Ameno

Lacco Ameno, westlich von Casamicciola gelegen, wurde zweimal entdeckt. Mit sicherem Gespür gingen Euböer vor beinahe 2800 Jahren in der San-Montano-Bucht an Land. Ihre Siedlung Pithekoussai auf dem Monte Vico war die erste griechische Niederlassung im westlichen Mittelmeerraum. Ausgrabungen, ab den 1950er-Jahren unter teils erschwerten Bedingungen durchgeführt – der Boden wird in der Tiefe zunehmend heißer – brachten Belege für mittelmeerweite Handelsaktivitäten und die Existenz einer auf Metallverarbeitung spezialisierten Industrie zum Vorschein.

In den 1950er-Jahren landete der Verleger und Filmproduzent Angelo Rizzoli (1889–1970) in Lacco Ameno. Mit dem Bau von Luxus-Herbergen lockte er Hollywoodgrößen wie Charlie Chaplin oder Liz Taylor hierher, in Filmen verbreitete er weltweit ein romantisches Bild von Ischia, mit dem Ospedale Anna Rizzoli stiftete er das erste Insel-Krankenhaus. Der Jetset ist längst weitergeflogen, geblieben sind exklusive Hotels und die belebte Uferpromenade.

AUTORENTIPP!

KANINCHEN AUS DER GRUBE

In den grünen Hügeln oberhalb von Casamicciola (Linienbusse halten hier, von Taxis ist abzuraten) betreibt die Familie D'Ambra ihr kulinarisches Gesamtkunstwerk. Kein Fisch, sondern nur feinste Landprodukte werden nach alter Tradition exquisit zubereitet. Die Kaninchen (Slow Food) stammen aus eigener Aufzucht, im Frühjahr kann man Silvia auf küchenbotanischen Wanderungen begleiten und sich mit Agostino in die Küche stellen. Frische Steinpilze gibt es im Spätsommer und Herbst. Hier speist es sich nicht nur vorzüglich, der Besuch ist zugleich ein sinnenfrohes Eintauchen in Geschichte und Identität der Insel. Beste Weinauswahl, die älteste Inselkellerei – Casa D'Ambra aus Panza – gehört zur Familie (S. 121, 125).

Il Focolare. Bis auf Sa, So nur abends. Mi geschl. Via Cretaio al Crocefisso 3, 80070 Barano d'Ischia, Tel. 081 90 29 44, www.trattoriailfocolare.it

Oben: Paradiesische Pools in den Negombo-Thermen
Mitte: Antike Votiv-Gabe von der Nitrodi-Quelle
Unten: Allein der schöne Garten der Museumsvilla lohnt bereits den Besuch.

Museo Archeologico

In der Villa Arbusto, bis zu dessen Tod im Besitz Rizzolis, hat das Museo Archeologico eine standesgemäße Bleibe gefunden. Damit wurde auch dem Lebenswerk des Archäologen und Wahlitalieners Giorgio Buchner (1914–2005) ein verdientes Denkmal gesetzt. Als Glanzstück der Sammlung gilt der Nestorbecher, eine Trinkschale aus dem achten Jahrhundert v. Chr. Das eingeritzte Epigramm zitieren die ischitanischen Winzer gern als Beleg für die lange Weinbautradition auf Ischia. Ein anderes Tongefäß schildert in dramatischen Szenen einen Schiffbruch. Aus dem gepflegten Garten genießt man herrliche Blicke aufs Meer und den Ort mit der Chiesa Santa Maria delle Grazie, die mit ihrem maurischen Campanile beinahe an eine Moschee erinnert. Weitere archäologische Funde werden in der barocken, der Stadtpatronin geweihten Chiesa Santa Restituta präsentiert.

Am Osthang des Monte Vico treten heiße, radonhaltige Quellen zutage, im Bergdorf Fango wird der unter diesem Namen weltberühmte Heilschlamm gewonnen. Ischias schönster Thermalpark, die Negombo-Therme, liegt inmitten eines exotischen Gartens oberhalb der paradiesischen San-Montano-Bucht.

Infos und Adressen

SEHENSWÜRDIGKEITEN

Museo Archeologico di Pithecusae. Di–So 9.30–13 und 15–19 Uhr. Corso A. Rizzoli 210, 80076 Lacco Ameno, Tel. 081 99 61 03, www.pithecusae.it

Museo Archeologico e Scavi Santa Restituta. Mo–Sa 9.30–12.30 und 16.30–18 Uhr, So 9.30–12.30 Uhr. Piazza Santa Restituta, 80076 Lacco Ameno, Tel. 081 98 05 38.

ESSEN UND TRINKEN

Il Mosaico. Der junge Sterne-Koch Nino Di Costanzo verleugnet bei aller Artistik nie seine Inselwurzeln. Reservieren, am besten einen Tisch in der Küche! Nur abends. Di geschl. Piazza Bagni 4, 80074 Casamicciola Terme, Tel. 081 99 47 22, www.termemanzihotel.com

Le Ventarole. Urige Trattoria in alter Weinkelter im Ortsteil Fango. Mai–Okt. Via Borbonica 120, 80076 Lacco Ameno, Tel. 081 90 02 21, www.ristorantelatinaia.it/ventarole/

Frisches Inselgemüse

Auf Delfin-Safari mit dem Ischia Dolphin Project

ÜBERNACHTEN

Villa Angelica. Freundliches Haus mit Thermalpool und feinem Ristorante. März–Nov. Via IV Novembre 28, 80076 Lacco Ameno, Tel. 081 99 45 24, www.villaangelica.it

EINKAUFEN

Kèramos. Kreative Keramiker. Via D'Aloisio 89, 80074 Casamicciola Terme, Tel. 08 13 33 01 42.

VERANSTALTUNGEN

Santa Resituta. Am 17. Mai feiert Lacco Ameno seine Patronin mit einer Bootsprozession.

AKTIVITÄTEN

Ischia Dolphin Project. Delfin- und Walbeobachtungen, Wochen- und Tagestörns ab Casamicciola. Mitte Juni–Mitte Okt. www.oceanomaredelphis.org

Negombo. Therme. April–Okt. tgl. 8.30–19 Uhr, im Winter Di–Sa 10–17 Uhr. Via di San Montano, 80076 Lacco Ameno, Tel. 081 98 61 52, www.negombo.it

INFORMATION

Pro Casamicciola. Piazza Marina 62, 80074 Casamicciola Terme, Tel. 08 15 07 25 21, www.procasamicciola.it

Oben: Über dem Ort erhebt sich der 787 Meter hohe Monte Epomeo.
Unten: Das Stadtwappen Forios zeigt eine Rose auf dem Berg.

18 Forio und die Westküste

Gartenparadiese und grüne Sonnenuntergänge

In den 1950er-Jahren war Forio eine internationale Künstlerkolonie, ein fröhliches »Worpswede unter der Sonne«. Auch wenn es die Bar Internazionale, damals weltläufiger Treff gesellschaftlichen Lebens auf Ischia, in alter Form nicht mehr gibt, hat sich das hübsche Hafenstädtchen trotz Massentourismus noch viel von seinem Charme bewahrt – und zum Künstlergeist hat sich erneut der Weingeist gesellt.

Forio ist ein guter Standort, nicht nur was Sonnenuntergänge betrifft. Vielleicht lässt sich hier am besten erleben, wie Ischia sich touristisch gerade neu erfindet. Der Bädertourismus der Wirtschaftswunderzeit, dem immer auch ein bisschen Krankenkassenmief anhing, ist out. Die Thermen sprudeln fröhlich weiter. Beauty und Wellness lauten die neuen Formeln, und aus ambitioniertem

MAL EHRLICH

MIT DEM TAXI AUF DEN MOND

Die nostalgischen Taxi-Dreiräder im 50er-Jahre-Stil sind ein beliebtes Fotomotiv. Die Ape (»Biene«) ist übrigens die fleißige Schwester der flotten Vespa (»Wespe«). Leider verlangen manche Fahrer Mondpreise. Besser vorab verhandeln! Linienbusse sind auf jeden Fall eine preiswerte Alternative. Mit einer Tageskarte kann man beliebig oft ein-, aus- und umsteigen und dabei die gesamte Insel umrunden – mit dem oder gegen den Uhrzeigersinn.

Weinbau zieht Ischia neuerdings beträchtlichen Imagegewinn. Immer mehr ehemalige, in den 1950er-Jahren aufgelassene Rebflächen werden frisch terrassiert und erneut kultiviert.

Die Gemeinde

Das Gemeindegebiet von Forio, zu dem auch das Winzerdorf Panza gehört, erstreckt sich über die gesamte Westküste von der Punta Caruso im Norden bis zur Punta Chiarito im Süden. Im Rücken von Forio erhebt sich 787 Meter hoch der Monte Epomeo. Die unteren Hänge sind als Gartenland terrassiert, weiter oben ragen die kahlen Felsflanken der Pietra dell'Acqua und des Inselgipfels aus den Kastanienwäldern empor. Mineralreiche Vulkanböden und günstige Sonneneinstrahlung erlauben Weinanbau bis in 600 Meter Höhe.

Forio ist das älteste und bedeutendste Weinanbaugebiet auf Ischia, die Kastanien des Bosco della Falanga liefern seit alters her Rebstangen. Die Herleitung des Namens Forio vom griechischen *phoros* bzw. vom lateinischen *ferax* – beides bedeutet »fruchtbar« – erscheint plausibel. Die Kellerei Casa D'Ambra in Panza produziert seit 1888, als Erste erhielt sie 1966 die DOC-Bezeichnung. 150 Kleinwinzer sind in das Projekt involviert, die Pflege der Rebflächen ist ein wichtiger Beitrag zum Landschaftsschutz im erosionsgefährdeten Gebiet. Neben den traditionellen Inselgewächsen Biancolella und Frassitelli (weiß) und Piedirosso und Guarnaccia (rot), werden auf Versuchsfeldern auch die vom Verschwinden bedrohten alten Rebsorten Guarnacello, Coda Cavallo, Rillottola oder Coglionara gezogen. Sehenswert ist das angeschlossene Bauernmuseum, das die Geschichte des Weinanbaus auf Ischia thematisiert. Es werden Führungen im Weinberg und Degustationen angeboten.

AUTORENTIPP!

FERIENGLÜCK

Eine nette Pension, ein feines Fisch-Ristorante – und beides direkt über dem Meer. So sehen Urlaubswünsche aus. Direkt unterhalb der Wallfahrtskirche Santa Maria del Soccorso werden sie wahr. Marco und Umberto Regine führen das von ihrem Großvater gegründete Fischlokal mit Elan fort (eine langjährige Kooperation verbindet sie auch mit Nicola Mattera vom Albergo Il Monastero am Castello Aragonese). Das Magazin *Panorama* kürte ihr Restaurant zu einem der zehn Lokale Italiens mit der besten Aussicht! Einfallsreiche Nudelgerichte und raffiniert zubereitete f*rutti di mare*. Zu zweit sollte man die *cassuola di mare*, einen Fischeintopf, probieren. Glücklich, wer zur Siesta in der charmanten Pension nebenan sein Zimmer beziehen kann.

Umberto a Mare. Restaurant: April–Okt., Hotel: April–Dez. Via Soccorso 2, 80075 Forio, Tel. 081 99 71 71, www.umbertoamare.it

Oben: Felsenhäuser befinden sich im Westen der Insel.
Mitte: Truman Capote hat sich im Gästebuch der Pensione Di Lustro verewigt.
Unten: Touristenshops können auch ganz urig aussehen.

Künstlerturm

Forio verbreitet als Hafenstädtchen mediterranes Flair. Zahlreiche Türme und Kirchen fallen ins Auge. Anders als im Fall des Castello Aragonese auf der östlichen Inselseite, bot die Topografie den Bewohnern hier wenig natürlichen Schutz. Bei dem Überfall durch Khair-ad-Din Barbarossa im Jahr 1544 wurde Forio zerstört und fast komplett entvölkert. In der Folge wurde das System der Wachtürme weiter ausgebaut. Vom imposanten Torrione in Hafennähe genießt man einen grandiosen Blick. In den restaurierten Räumen sind Werke des lokalen Künstlers Giovanni Maltese (1852–1913) ausgestellt. Den Turm umstehen schöne Patrizierhäuser aus dem 17., 18. und 19. Jahrhundert. Damals schon war Wein eine Quelle des Wohlstands.

Santa Maria del Soccorso

Die schneeweiß getünchte Seefahrer- und Fischerkirche Santa Maria del Soccorso erhebt sich auf einem Felsvorsprung direkt über dem Meer und ist das Wahrzeichen der Stadt. Im Inneren sind hübsche Schiffsmodelle ausgestellt, als Dank für Rettung aus Seenot gestiftet. Die Terrasse bietet einen umwerfenden Ausblick und ist die Bühne wunderschöner Sonnenuntergänge. Vielleicht hat man Glück und man wird Zeuge, wie sekundenlang der berühmte grüne Strahl aufleuchtet, wenn gerade die Sonne sich anschickt, im Meer zu verschwinden – ein Phänomen, dass sich nur bei klarster Sicht einstellt.

Chiesa dell'Arciconfraternita di Santa Maria Visitapoveri

Wenige Schritte weiter steht am Rathausplatz die Kirche der Erzbruderschaft der Barmherzigen Maria, die Chiesa dell'Arciconfraternita di Santa Maria Visitapoveri. In der Sakristei werden goldgefasste Holzstatuen verwahrt, Hauptakteure an Forios schönstem Kirchenfest, der Corsa dell'Angelo. Bei der Ostersonntagsprozession wird die Figur des Engels im Laufschritt zwischen den Figuren der Madonna, des Johannes und des auferstandenen Christus hin und her getragen. Die Basilica di Santa Maria di Loreto am Corso Umberto stammt ursprünglich aus dem 14. Jahrhundert, zahlreichen Umbauten hat sie ihre barocke Gestalt zu verdanken. Das Fassadenmosaik ist ein Werk des deutschen Künstlers und Wahlischitaners Eduard Bargheer (1901–1979).

In den 1950er-Jahren war Forio eine blühende Künstlerkolonie. In der Bar Internazionale trafen bei Maria Senese deutsche Maler, Literaten wie Truman Capote, W. H. Auden, Elsa Morante, Ingeborg Bachmann oder Alberto Moravia und Filmleute wie Pier Paolo Pasolini, Elizabeth Taylor oder Luchino Visconti zusammen. Visconti besaß auf der windumtosten Zaro-Halbinsel die Villa La Colombaia. Verkehrsberuhigte Straßen laden dort zu Panoramaspaziergängen ein.

La Mortella

Im Jahr 1949 kamen der britische Komponist Sir William Walton und seine junge argentinische Frau Susanna nach Ischia. Nördlich von Forio erwarben sie einen aufgelassenen Steinbruch, den sie anfänglich mithilfe des Gartenarchitekten Russell Page in jahrzehntelanger Arbeit in ein exotisches Pflanzenparadies verwandelten, komplett mit Teichen, Wasserläufen, Teehaus und einem thailändischen Tempel. Walton schöpfte aus seinem Garten Kraft und Inspiration, er komponierte u. a. die Krönungshymne für Königin Elisabeth II. La Mortella – der Garten trägt den Dialektnamen der Myrte – bietet herrliche Ausblicke auf die

AUTORENTIPP!

BESUCH BEI INSELWINZERN

Eine Gruppe engagierter Jungwinzer hat sich vor Jahren zusammengetan, um mehrere Hektar terrassierter Weinberge mit autochthonen Reben neu zu bepflanzen. Die Wiederbelebung alter Winzertraditionen der Familien Iacono, Regine und Verde und moderne Kellertechnik führen zu Ergebnissen, die sich sehen und trinken lassen können. Die guten Tropfen reifen in alten Tuffsteinkellern heran, und eine Pergola mit Blick aufs Meer lädt zur Degustation der eleganten Weißen und Roten ein. Auf Wunsch werden die Weine von einer Käseplatte und einem Teller *salumi* begleitet, oder auch von einem kompletten Fischmenü. Führungen in Weinberg und -keller. Die Antica Libreria Mattera in Forio (Via Marina 11) hat Pietratorcia als Kulturtreff wieder belebt.

Pietratorcia. April–Okt. Via Provinciale Panza 267, 80075 Forio, Tel. 081 90 72 32, www.pietratorcia.it, www.ristorantepietratorcia.it

Oben: Baia di San Montano
Unten: Tropisches Pflanzenparadies Giardino La Mortella

Westküste von Ischia. Eine Stiftung im Namen des 1983 verstorbenen Komponisten fördert junge Musiker, und im Frühjahr und Hebst finden Kammerkonzerte statt.

La Mortella hat Gesellschaft bekommen. Über Jahre hinweg hatte Giuseppe D'Ambra als Kapitän die Weltmeere befahren und nebenbei eine beeindruckende Sammlung von Sukkulenten zusammengetragen. Seit 2005 stehen die an der Landstraße nach Panza gelegenen Giardini Ravino botanisch interessierten Besuchern offen. Der Garten bietet häufig kulturellen Begegnungen den Rahmen, eine Lounge-Bar lädt zum Sundowner ein. Oberhalb des Gartens betreibt die Familie D'Ambra eine freundliche Ferienanlage mit angeschlossenen Thermen.

Badestrände en masse

Forio ist mit Badestränden reich gesegnet. Der kiesigen Spiaggia di Chiaia folgt nach Norden hin die lang gezogene Spiaggia San Francesco, bei Einheimischen beliebt. Am schönen gelben Sandstrand gibt es lange freie Abschnitte und vergleichsweise wenige Strandbars mit Liegestuhlverleih. Kenner schwimmen zu den Thermalquellen ins Meer hinaus. Nur die Aussicht aufs Meer wird durch die Wellenbrecher etwas getrübt.

Im Süden von Forio ist die Cala dell'Isola ein beliebter Treff der lokalen Jugend. Im Hochsommer geht es an der sich südlich anschließenden Spiaggia di Citara hoch her, dann stehen die Sonnenschirme dicht an dicht. Zwischen Beach-Bars und Beach-Volleyball-Feldern bleibt auf dem goldgelben Sand nicht viel freier Platz. In bester Lage finde man hier die Giardini Poseidon, Ischias größter Thermalpark – eine gepflegte Wellnesswelt fest in deutscher Hand.

Infos und Adressen

SEHENSWÜRDIGKEITEN

Casa D'Ambra – Museo Contadino d'Ischia. Mo–Fr 9–12.30 und 14–16 Uhr, im Sommer bis 20 Uhr. Via Mario D'Ambra 16 (Ortsteil Panza), 80075 Forio, Tel. 081 90 72 46, www.dambravini.it

Giardini Ravino. Mo, Mi, Fr–So 9 Uhr bis Sonnenuntergang. Via Provinciale Panza 140b, Tel. 081 99 77 83 oder 32 94 98 39 23, www.ravino.it

La Mortella. April–Okt. Di, Do, Sa und So 9–19 Uhr. Via F. Calise 39, 80075 Forio, Tel. 081 98 62 20, www.lamortella.org

Museo Civico del Torrione. I.d.R. April–Sept. Di–So 9.30–12.30 und 16–19 Uhr. Via del Torrione, 80075 Forio, Tel. 08 13 33 29 35.

ESSEN UND TRINKEN

Il Limoncto. Lokal im Zitronengarten, zu empfehlen ist die Pizza. April–Nov. Via Baiola II. Traversa 94, Tel. 08 13 33 20 09, www.ristorantelimoneto.com

Il Saturnino. Eines der ältesten Hafenlokale unter junger, engagierter Führung. Michelin-Stern! Di geschl., im Winter nur Fr–So. Via Marina 17, 80075 Forio, Tel. 081 99 82 96.

Pottwal ahoi!

Zu den Giardini Ravino gehört auch diese nette Bar.

La Strambata. Leckere Pizza auf der Piazza. Piazza Luca Balsofiore 7, 80075 Forio, Tel. 081 99 82 50.

La Tinaia. Touristisch, trotzdem gut. Pizza und Pasta. Via Matteo Verde 39, Tel. 081 99 84 48.

ÜBERNACHTEN

Poggio del Sole. Familienpension in den Weinbergen oberhalb von Forio. Das hauseigene Ristorante La Casareccia serviert erdverbundene Inselküche, Fisch und Pizza. Kochkurse. April–Nov. Via Baiola 193, 80075 Forio, Tel. 081 98 77 56, www.hotelpoggiodelsole.com

Punta Chiarito. Komfortables Hotel einsam auf dem gleichnamigen Kap. April–Okt. Via Sorgeto 51, 80075 Forio, Tel. 081 90 81 02, www.puntachiarito.it

Ring Hostel. Im alten Ortsteil von Forio führt die Familie Colella das Ring Hostel als fröhliche Low-Budget-Bleibe. Tel. 081 98 75 46, www.ringhostel.it

EINKAUFEN

Serpico. Feinkost und Bio-Kosmetik. Piazza Matteotti 14, 80075 Forio, Tel. 081 99 71 62, www.serpico.it

AKTIVITÄTEN

Giardini Poseidon. Mitte April–Ende Okt. tgl. 9–19 Uhr. Spiaggia di Citara, 80075 Forio, Tel. 08 19 08 71 11, www.giardiniposeidonterme.com

Oben: Östlich von Sant'Angelo zieht sich die kilometerlange Spiaggia dei Maronti hin.
Unten: Mit den Bustickets kann man beliebig oft umsteigen.

19 Sant'Angelo und die Südküste

Vom Fischerdorf zum Hideaway

Sant'Angelo hat sein Gesicht nicht verloren. Das ehemalige Fischerdorf, direkt unterhalb von Serrara gelegen, ist ein Urlaubsort wie aus dem Bilderbuch. Die Zufahrtsstraße endet oberhalb des Ortes. Weiter geht es nur zu Fuß, Gepäck und Lasten werden mit Elektrokarren transportiert. Hinter einem Felssporn zieht sich kilometerlang die Spiaggia dei Maronti hin, für viele der schönste Strand der Insel.

Die pastellfarbenen Häuser von Sant'Angelo kleben förmlich am Hang, und auch die zahlreich neu errichteten Hotels fügen sich harmonisch ins Ortsbild ein. Alle Treppengassen und Wege enden früher oder später an der romantischen Hafenpiazza, die bis in die späten Abendstunden ein beliebter Treff ist. Sant'Angelo hat immer schon die Großen aus Kunst und Politik angezogen: Gabriele D'Annunzio, Vittorio De Sica, Pier Paolo Pasolini, Pablo Neruda, Sophia Loren, Giulio Andreotti und Romano Prodi, um nur einige zu nennen. All das ohne Starrummel. Ein Stammgast ist auch die deutsche Bundeskanzlerin Angela Merkel. Viele Menschen am Ort sprechen Deutsch.

Eine befestigte Sandzunge verbindet Sant'Angelo mit der vorgelagerten Halbinsel La Roia. Wendet man sich um, ist der Postkartenblick perfekt. Rechts schaukeln bunte Fischer- und Taxi-Boote im Hafen, links liegt der Badestrand, den Hang hinauf stapeln sich die pittoresken Häuserkuben, überragt von der schneeweißen Chiesa San Michele. Die grünen Oasen von zwei Thermalgärten flankieren das exklusive Urlaubsidyll. Am schönsten ist Sant'Angelo am Abend, wenn die Tagesausflügler wieder abgereist sind. Fast fühlt man sich dann wie auf einer Insel. Außer den Thermalgärten sorgt der nahe Maronti-Strand für ausgedehnte Badefreuden.

Mit dem Taxi aufs Meer

Hat man Sant'Angelo glücklich erreicht, geht es zu Fuß weiter. Kreislaufstärkend wirkt z. B. der Aufstieg zur Belvedere-Piazza von Serrara. Sant'Angelo gehört übrigens zur Doppelkommune Serrara-Fontana. Ansonsten sind Boote das Verkehrsmittel der Wahl. Von der Landzunge pendeln regelmäßig Taxi-Boote, z. B. in die nahe Baia di Sorgeto – darüber sind nicht alle froh. Die Bucht zu Füßen der Punta Chiarito, früher nur über einen Treppenweg zu erreichen, ist eine der wenigen Stellen auf Ischia, an denen man Thermalfreuden noch im Naturzustand genießen kann. Einheimische suchen die saubere Bucht – in der sich zwischen algenbewachsenen Felsen Meerwasser mit der heißen Sorgeto-Quelle mischt – seit jeher auf, um ihre Zipperlein zu kurieren. Die jungen Ischitaner kommen gerne auf ein romantisches Nachtbad vorbei. Im Sommer öffnet auf dem Bootssteg ein Bar- und Restaurantbetrieb.

Weitere Strände

Östlich Sant'Angelo öffnet sich eine weit gespannte Bucht. Die noch zu Sant'Angelo gehörende Spiaggia del Grado ist für ihre Fumarolen bekannt. Dampfaustritte erhitzen stellenweise den Strand. Mit großer Vorsicht (!) kann man sich in den heißen Sand einbuddeln und dann zur Abkühlung ins Meer springen. Andere machen sich den bis zu 100 °C heißen Dampf zunutze, um in

AUTORENTIPP!

URALTER JUNGBRUNNEN

Als Cicero, Strabon und Plinius d. Ä. die verjüngende Wirkung der Quelle lobten, war der Ort schon lange als heilig verehrt. Der Name Cavascura, eine Verballhornung altgriechischer Begriffe, umschreibt die hohe Wassertemperatur. Die Quelle blieb durch alle Zeiten hinweg populär, ein heißer Tipp vor allem für Frauen, die an Unfruchtbarkeit litten. Aus Sant'Angelo führt eine gut halbstündige Wanderung hoch zur schattigen Schlucht, vorbei an einladenden Bauernlokalen. Das Badevergnügen ist archaisch: In die hellen Tuffwände sind Höhlen geschlagen, darin werden Steinwannen mit heißem Wasser gefüllt. Auf Wunsch und gegen Aufpreis werden auch Fangopackungen appliziert. Ein friedlicher, wohltuender Ort, fern von jedem Rummel.

Terme di Cavascura. Ende April–Ende Okt. tgl. 8.30–18 Uhr. Via Cavascura, 80070 Sant'Angelo, Tel. 081 99 92 42, www.cavascura.it/terme/

Oben: Kurz vor Sant'Angelo ist für Autos Schluss. Weiter geht es nur zu Fuß.
Unten: Die Strandbreite der Spiaggia dei Maronti ist strömungsabhängig.

Alufolie gewickelte Kaninchenkeulen, Zucchini oder Kartoffeln darin zu garen.

Seit holländische Spezialschiffe Sand vom Meeresboden aufgespült haben, ist der lange wegen Steinschlag gesperrte Uferweg zur Spaggia dei Maronti wieder frei. Der schönste, längste und breiteste (erst wieder seit der Sandaufspülung!) Strand Ischias gehört zur Gemeinde Barano d'Ischia, das hoch oben auf den grünen Hängen des Monte Epomeo thront. Man erreicht ihn am besten per Taxi-Boot oder auf der Straße, die von Barano in abenteuerlichen Serpentinen den Hang hinunterführt. Dank Südlage und Thermalquellen im Meer dauert die Badesaison besonders lange. Hohe Tuffklippen schirmen den dunklen Sandstrand vor Nordwinden ab. Im Sommer beleben sich die charakteristischen Stelzen-Restaurants, einzelne Strandabschnitte sind an Lidi verpachtet, es bleiben an der langen Spiaggia immer noch genügend freie Stellen.

Infos und Adressen

ESSEN UND TRINKEN

Enoteca la Stadera. Weinbar, kulinarisch verführerisch. April–Nov. Di geschl. Via Maddalena 15, 80070 Sant'Angelo, Tel. 081 99 98 93.

La Dolce Siesta. Rustikale Einkehr am Eingang zur Cavascura-Schlucht, nur zu Fuß zu erreichen. Auch Zimmer. April–Okt. Via Cavascura, 80070 Sant'Angelo, Tel. 081 99 03 65.

Oasi La Vigna. Von Wein und Zitronen umgeben, oberhalb des Maronti-Strandes und nahe der Olmitello-Quelle gelegenes B&B mit feinem Ristorante. Apr.–Okt. Spiaggia dei Maronti, 80070 Barano d'Ischia, Tel. 081 99 09 96, www.oasilavigna.it

Ottomano. Stelzenlokal über dem Strand, den Fisch fängt der Padrone selbst. Die leckere Pizza gibt es auch mittags. Liegen laden zur Strandsiesta. März–Okt. Spiaggia dei Maronti, 80070 Barano d'Ischia, Tel. 32 89 02 07 73.

ÜBERNACHTEN

Casa Rosa. Schmuckes, familiengeführtes Hotel über dem Fumarolen-Strand. Thermalpool. April–Okt. Via Fondollilo 14, 80070 Sant'Angelo, Tel. 08 15 07 61 11, www.hotelcasarosaterme.it

La Gondola. Familienfreundliches Strandhotel. Grottensauna. April–Okt. Via Maronti 57, Tel. 081 99 00 76, www.hotellagondola.it

San Michele. Feines Hotel mit Meerblick und Spa. April–Okt. Via Sant'Angelo 60, 80070 Sant'Angelo, Tel. 081 99 92 76, www.hoteltermesanmichele.com

VERANSTALTUNGEN

San Michele Arcangelo. Am 8. Mai und 19. Sept. feiert Sant'Angelo seinen Patron, im Herbst mit Bootsprozession.

AKTIVITÄTEN

Parco Termale Aphrodite-Apollon. April–Anfang Nov. tgl. 8–18 Uhr. Via Petrelle, 80070 Sant'Angelo, Tel. 081 99 92 19, www.miramareasearesort.it

Parco Termale Tropical. Anfang April–Ende Okt. tgl. 8.30–18 Uhr. Via Ruffano 26, 80070 Sant'Angelo, Tel. 081 99 92 42, www.parco-tropical.com

INFORMATION

Taxi-Boat Sant'Angelo. Via Sant'Angelo 87, 80070 Sant'Angelo, Tel. 33 15 22 85 32, www.barcaioli.it

In der Nachsaison finden Taxi-Fahrer Zeit zum Lesen.

Wolkenfetzen am Gipfel des Monte Epomeo

20 Monte Epomeo

Zu Fuß zum höchsten Inselglück

Wer nicht auf dem höchsten Inselgipfel stand, wer sich nicht in den Kastanienwäldern des Bosco della Falanga auf die Suche nach Schneegruben gemacht hat oder im Weinbauerndorf Ciglio in einem Höhlenhaus-Ristorante *coniglio all'ischitana* (»Kaninchen«) verspeist hat, hat Ischia noch nicht von seiner wahren Seite erlebt. Denn Ischia ist eine Insel der Winzer und Bauern, nicht der Fischer.

Der Monte Epomeo ist kein Vulkan. Der Monte Epomeo ist ein Horst. So weit, so geologisch. Wo sich heute die Insel Ischia über das Meer erhebt, lag vor 55 000 Jahren eine von pyroklastischen Strömen bedeckte Caldera 150 bis 200 Meter unter dem damaligen Meeresspiegel, zugehörig der Vulkanlandschaft der Phlegräischen Felder. Durch das Eindringen frischer Magma hoben sich vor 28 000 Jahren die Schichten erneut und zerbrachen dabei in mehrere Schollen. Mit 787 Metern ist der Monte Epomeo heute die höchste Erhebung und nimmt ein Drittel der 46 Quadratkilometer großen Insel ein. Der grüne Tuff, das charakteristische »Baumaterial« des Inselmassivs, bildete sich durch untermeerische Umformungsprozesse der älteren Vulkanablagerungen. An den Spaltenrändern des Epomeo wurden mehrere Krater aktiv. Während der bislang jüngsten Ausbruchsperiode 1300 bis 1303 formte sich der Monte Arso oberhalb von Ischia Porto und Ischia Ponte.

Epomeo-Tuff – das Grün der Insel

Ein griechischer Mythos erzählt von Zeus, der den Drachen Typhon im Kampf besiegt, indem er ihn

Belvedere-Piazza in Serrara

unter einem riesigen Fels begräbt. Typhon konnte sich nicht befreien, schnaubte vor Wut und spie Feuer. Aus Mitleid verwandelte Aphrodite seine wütenden Tränen in heilbringende Quellen. Die Herleitung des Namens Epomeo aus dem Altgriechischen beschreibt einen »Ort, von dem aus man einen weiten Rundblick« genießt.

Der grüne Epomeo-Tuff findet sich als Baumaterial in Trockensteinmauern, Häusern, Kirchen und Küstenwachtürmen wieder. Die fruchtbaren, kaliumreichen Verwitterungsböden begünstigten schon in der Antike den Weinanbau. Mit dem Weinbau ist auch die charakteristische Kaninchenhaltung verknüpft. Um immer wieder frische Erde für die Rebstöcke zu gewinnen, wurden Gruben nahe der Weingärten ausgehoben. In den 3 bis 4 Meter tiefen Löchern werden Kaninchen auf artgerechte Weise gehalten. Die Tiere graben sich hier ihre Höhlen, als ob sie in Freiheit lebten und werden mit besten Kräutern gefüttert. Riccardo D'Ambra, Padrone der Slow-Food-Trattoria Il Focolare, setzt sich mit Gleichgesinnten dafür ein, diese bäuerlich-kulinarische Inseltradition am Leben zu erhalten (S. 117).

AUTORENTIPP!

HORSTE, MAGMAKAMMERN, FUMAROLEN

Wer mit Aniello Di Iorio unterwegs ist, sieht Ischia mit anderen Augen. Gewaltige Erdkräfte im Untergrund formen die Insel seit 150 000 Jahren, Wind und Wetter geben ihr den letzten Schliff. Vulkanische Energie heizt die Thermalquellen an, und mittels Fumarolen lässt die in nur drei Kilometern Tiefe gelegene Magmakammer Dampf ab. Aniello, der in Mainz Geologie studiert hat, begleitet fachkundig und niemals langweilig auf seiner Insel. Die Wanderungen und Minibustouren führen zu den interessantesten Geo-Spots und finden bei gutem Wetter das ganze Jahr über statt. Zu den Wanderungen muss man sich nicht unbedingt anmelden, Wochenprogramm und Treffpunkte findet man online, und auf den gut verteilten Prospekten zugleich eine nützliche Inselkarte.

Aniello Di Iorio. Tel. 081 90 30 58 oder 34 87 66 92 01, www.eurogeopark.com, www.wandern-auf-ischia.com

Oben: Große Tuffsteinbrocken wurden früher zu Häusern ausgehöhlt. **Unten:** Viele Wanderwege führen auf den Monte Epomeo.

Schneegruben und Höhlenhäuser

An den Hängen des Monte Epomeo kann man auf merkwürdige Gebilde stoßen. Aus großen Tuffsteinblöcken, die wie vergessenes Riesenspielzeug in der Landschaft liegen, ragen plötzlich Ofenrohre heraus. Die Felsblöcke sind vor langer Zeit vom Berg heruntergerollt und blieben auf den flacher werdenden Hängen liegen. Einer hat es sogar bis Lacco Ameno ins Meer geschafft. Als Fungo machte er als Markenzeichen des Ortes Karriere. Im 15. und 16. Jahrhundert, als die Küstenbewohner vor den Piraten ins Landesinnere flüchteten, wurden viele dieser Tuffsteinbrocken zu Wohnungen ausgehöhlt, komplett mit Tür- und Fensteröffnungen, Schlafbänken, dem Kreuz an der Wand, Futtertrögen für das Vieh und Kelterwannen. In Ciglio, einem kleinen Weinbauerndorf zwischen Panza und Serrara, stehen die schönsten dieser Troglodytenhäuser. Eine Zeit lang nahm man wohl an, Troglodyten, also eiszeitliche Höhlenbewohner, hätten sie errichtet. Schöne Beispiele dieser originellen Architektur kann man auf einer Wanderung durch den Bosco della Falanga entdecken.

Wanderung(en) auf den Monte Epomeo

Start: Serrara, Bushaltestelle.

Ende: Fontana bzw. Serrara.

Länge/Dauer: 5 km/3 Std.

Karten: Kompass 680 *Isole d'Ischia e Procida* 1:15.000. GlobalMap *Isole d'Ischia e Procida* 1:14.000.

Markierung: Abschnittsweise rot-weiße CAI-Markierungen. Die Orientierung ist nicht immer leicht, da viele Wege kreuzen.

Ausrüstung: feste Schuhe, evtl. Regenkleidung

Verpflegung: Getränk, evtl. Picknick. Gute Lokale am Anfang und Ende der Tour bzw. auf dem Gipfel.

Ⓐ **Serrara –** Belvedere-Piazza an der S.S. 270, Blicke auf die Südküste und Sant'Angelo, direkt darüber die Bar-Trattoria La Floreana. Die steil ansteigende Via Falanga ist als CAI-Weg 501a markiert.

Ⓑ **Il Bracconiere –** »Der Wilderer« (Di geschl. Via Falanga 1, 80070 Serrara, Tel. 081 99 94 36), ein gut ausgeschildertes Ausflugsrestaurant, liegt am oberen Ende der Via Falanga. Geradeaus in Richtung Norden setzt sich die Via Panoramica fort, rechts zweigt ein alternativer Aufstieg (CAI-Weg 501) zum Monte Epomeo ab.

Aniello Di Iorio erklärt den Weg.

Ⓒ **Via Panoramica –** Dieses Wegstück zwischen Serra und Pietra Martone bietet weite Blicke über den gesamten Küstenverlauf im Westen.

Ⓓ **Belvedere dei Fratelli –** Unterhalb des Weges Aussichtspunkt im Robinienwald. Gegenüber öffnet sich am Hauptweg in einer alten Steinmauer ein Torbogen. Hier im Pinienhain in der Talmulde zwischen Serra und Pietra dell'Acqua bergauf. Auf der Höhe kreuzt ein Weg, links weiter (Auf-/Abstiegsvariante rechts).

Ⓔ **Pietra dell'Aqua –** Der auffällige Fels links vom Weg hat die Gestalt eines Kamels. Wasserrinnen im Stein münden in eine Zisterne auf der Rückseite. Im Nordosten erhebt sich der Monte Epomeo. Von Norden brandet der Bosco della Falanga gegen die Tuffsteilwände.

Ⓕ **Monte Epomeo –** Grandiose Aussicht! Eremitenklause aus dem 15. Jh., urige Gipfeltrattoria La Grotta da Fiore (März–Nov. Via Epomeo 21, 80070 Serrara-Fontana, www.epomeolagrotta.it). Abstieg auf der *direttissima* nach Fontana (= CAI-Weg 501), oder vorbei an der Pietra dell'Acqua auf der Wegvariante zurück nach Serrara.

AUTORENTIPP!

CONIGLIO ALL'ISCHITANA
Geschmortes Kaninchen ist das Nationalgericht Ischias. Auch wenn man zu Hause keinen *coniglio di fossa* bekommt, lässt sich das kulinarische Urlaubserlebnis reproduzieren. Um 4–6 Personen satt zu bekommen, braucht man ein in kleine Stücke zerteiltes Tier – mit einem feuchten Tuch abreiben, damit keine Knochensplitter anhaften – eine große Zwiebel, reichlich Thymian, Oregano, Petersilie und etwas Salbei, ein paar Flaschen Biancolella (200 ml zum Kochen, den Rest zum Trinken), Olivenöl, Salz, Pfeffer und eventuell Tomaten. Kaninchenstücke im Schmortopf anbraten, 100 ml Weißwein, Kräuterstiele, feine Zwiebelstreifen dazugeben und zugedeckt 25 Minuten schmoren lassen. Dann Kräuter, den restlichen Wein dazugeben, mit Salz und Pfeffer würzen und noch einmal 25 Minuten schmoren, eventuell die letzten 10 bis 15 Minuten Tomaten zugeben. Dazu Weißbrot und Weißwein servieren. Ein Genuss!

In den Kastanienwäldern der Falanga gibt es eine weitere Besonderheit, die *fosse della neve*, metertiefe Gruben, die seitlich durch Trockenmauerwerk befestigt sind. Mit dem massenhaften Aufkommen von Kühlschränken in der Nachkriegszeit verloren die ischitanischen Schneemänner ihre Arbeit. Früher hatten die *nevaioli* im Winter den spärlich gefallenen Schnee in Körben herangeschafft und stampften ihn in den Gruben mit langen Stangen zu Eis. Mit Kastanienlaub bedeckt konnte das Eis sich bis über den Sommer halten. Auf Maultieren wurde es in die Orte gebracht, unentbehrlich zur Kühlung verderblicher Lebensmittel. Bereits die Römer tranken im Sommer ihren Wein gerne eisgekühlt und verspeisten als Dessert gestoßenes Eis mit Früchten. Mit Zusatz von Zucker machten die Araber daraus ihr *sherbet*, Vorläufer der Sorbets oder eben der typisch süditalienischen *granità*.

Bauernland

Im Süden, der weitaus urwüchsiger und wilder als die Nordküste ist, zeigt sich Ischia noch von seiner bäuerlichen Seite. Die Hänge fallen steil zum Meer hin ab, und bis auf Sant'Angelo und ein paar Hotels und Restaurants an der Spiaggia dei Maronti bleibt die Küste unbesiedelt. In Höhenlagen zwischen 250 und 400 Meter liegen Winzerdörfer und Bauernsiedlungen wie Cuotto, Panza, Ciglio, Serrara, Fontana, Buonopane oder Barano d'Ischia, verbunden durch die Ringstraße S.S. 270, die sich hier zu einigen Kurvenkunststücken hinreißen lässt. Linienbusse sind das ideale Fortbewegungsmittel, vor allem mit einem Tagesticket in der Tasche. So kann man beliebig oft aus- und einsteigen, oder auch unterwegs zu einer Wanderung aufbrechen. Im stillen Abseits liegen die Dörfer Campagnano und Piano Liguori, die mit den besten Blicken auf den Golf von Neapel aufwarten. Fiaiano bietet vor allem an heißen Sommertagen herrliche Kühlung.

Infos und Adressen

ESSEN UND TRINKEN

Al Comignolo. Das Essen übertrifft das Ambiente weit. Via Ciglio 21, 80070 Serrara, Tel. 081 99 94 22, www.ristorantealcomignolo.it

La Cantina del Sargente. Uriges Weinlokal, köstliche Antipasti, Kaninchen. Via Fondo Ferraio 3, 80070 Fiaiano, Tel. 34 06 15 73 62.

La Floreana. Bar-Familientrattoria am Belvedere. Deftiges vom Holzkohlengrill. Via Ciglio 4, 80070 Fontana, Tel. 081 99 95 70.

La Vigna di Alberto. Romantisch, verfeinerte Bauernküche, eigener Wein und Golfblick. Nur abends. Via Garibaldi 57, 80070 Fiaiano, Tel. 081 90 11 93 und 33 39 68 09 70.

Montecorvo. Gehobene Landküche am Hang des Monte Corvo. Gemütliches Kaminzimmer, lauschige Veranda. Via Montecorvo 65, 80075 Panza, Tel. 081 99 80 29, www.montecorvo.it

VERANSTALTUNGEN

'Ndrezzata. Am Vorabend des 24. Juni wird in Buonopane ein wilder Stocktanz aufgeführt, Relikt archaischer Riten.

Fontana – Start- oder Endpunkt von Wanderungen.

Trattoria La Floreana bietet hausgemachte Würste.

Santa Maria al Monte. Am 12. September führt eine stimmungsvolle Prozession von Forio zur 400 m hoch gelegenen Pilgerkirche am Fuße des Monte Epomeo.

AKTIVITÄTEN

Epomeo in Sella. Im Pferdesattel auf den Epomeo. Via Epomeo 22/B, 80070 Fontana, Tel. 33 32 52 18 82, www.epomeoinsella.it

Sorgente Nitrodi. Das sodahaltige Wasser der Nymphenquelle wirkt wahre (Schönheits-)Wunder. Frische Fruchtsäfte. Mai–Okt. Via Pendio Nitrodi, 80070 Buonopane, Tel. 081 99 03 35, www.fonteninfenitrodi.com

Wandern. Assunta Calise, Mitglied des italienischen Alpenvereins, begleitet deutsche Reisegruppen und Individualisten auf botanischen Inseltouren. Tel. 081 90 80 18 und 32 95 35 57 23, assuntacalise@alice.it

PROCIDA

Seite 136/137: Pastellfarbene Fischerhäuser in der Corricella
Mitte: Über dem Hafen thront das »gemauerte Land«.
Unten: Warten auf die Fähre

21 Sancio Cattolico und Terra Murata

Mini-Neapel im Meer

Reisende, die sich in Neapel oder Pozzuoli nach Ischia einschiffen, erhalten im Vorbeifahren einen Vorgeschmack auf Procida. Von der Höhe grüßen das »gemauerte Land« mit dem Castello d'Avalos und der himmelsstürmenden Michaelskirche. Die Fähren machen unterwegs mit elegantem Rückwärtsschwung im Hafen Sancio Cattolico mit seinen zinnenbewährten, farbenfrohen Uferpalazzi fest. Nichts wie ans Land!

Die vier Quadratkilometer große Insel ließe sich auf einem Tagesausflug erkunden, wer sie kennenlernen möchte, bleibt über Nacht. Procidas geologische Verwandtschaft mit den Phlegräischen Feldern wird bei der Überfahrt augenfällig. Die gleichen vulkanischen Tuffe, die auf dem Festland das Capo Miseno und den Monte di Procida aufbauen, formen auch die Insel, deren antiker griechischer Name Procyda »aus dem Meer gestiegen« bedeutet. Aus der Luft betrachtet, lassen sich im Küstenverlauf fünf Krater anhand ihrer kreisrunden Einbuchtungen ausmachen. Die Vulkane sind längst erloschen, und sprudelnde Thermalquellen wie auf Ischia gibt es nicht, einer der Gründe für die späte touristische Erschließung.

Pirateninsel Procida

Procida hatte es lange Zeit nicht nötig, sich dem Tourismus zu öffnen. Das Meer ernährte die Insulaner. Piraterie blieb über Jahrhunderte ein einträgliches Geschäft. Zum Schutz der eigenen Seeleute wurde der Monte dei Marinai ins Leben gerufen, eine Art Versicherung, um in Sklaverei geratene Landsleute auszulösen. Landwirtschaft spielte eine geringe Rolle. Im 18. Jahrhundert florierte die Werftindustrie und das Istituto Nautico entstand, aus dem heute noch einige der besten Marineoffiziere Italiens hervorgehen. In den 1950er-Jahren brach eine neue Zeit an, als viele auf Öltankern anheuerten. Die sauer verdiente Heuer löste leider einen unkontrollierten Bauboom auf der Insel aus. Gegenwärtig leben hier 11 000 Menschen, im August sind es dank der Besucher deutlich mehr.

Farbenfroher Empfang

Sancio Cattolico oder Sent'Co nennen die Insulaner ihren Hafen. Wo noch im 19. Jahrhundert große Segler vor Anker lagen, machen heute Fähren und Kutter fest. Vor den verwitterten, in Pastelltönen leuchtenden Fassaden der Hafenpalazzi herrscht buntes Treiben. Fähren werden be- und entladen, dreirädrige Taxi-Ape knattern durch die Gegend, und am Nachmittag landen Fischer ihren Fang an, der sofort frisch verkauft wird.

Das gemauerte Land

Auf Höhe der Chiesa Santa Maria della Pietà biegt vom Hafen die Via Principe Umberto ab, um in den höchstgelegenen, ältesten Stadtteil aufzusteigen. Östlich der Piazza dei Martiri befindet sich ein Wohnquartier mit Orientflair. Um Innenhöfe gruppieren sich Häuser mit markanten Torbögen und Freitreppen – die Casali, entstanden ab dem 16. Jahrhundert, als die Bevölkerung anfing, die schützenden Burgmauern weiter oben zu verlassen. Der kurze steile Anstieg zur Terra Murata setzt sich fort, vorbei an der Kirche Santa Maria delle Grazie und mit Blick auf den darunterliegenden Fischerborgo Corricella.

AUTORENTIPP!

AUSFLUG ANS ENDE DER WELT
Im Südwesten Procidas liegt die Marina Chiaiolella. Im hübschen Hafenrund, einem der fünf Vulkankrater, ankern Fischerboote neben Jachten. Der lange Sandstrand im Westen, freundliche Hotels und feine Fischrestaurants ziehen im Sommer die Scharen an. Still ist es auf dem heute unbewohnten Eiland Vivara, das im Westen der Insel vorgelagert und über einem schmalen Steg mit Procida verbunden ist. Auf dem nur 0,4 Quadratmeter großen Vivara fanden sich die ältesten Siedlungsspuren aus der Jungsteinzeit. In der Bronzezeit betrieben Mykener und Minoer von hier aus einen schwunghaften Überseehandel. Im 18. Jahrhundert diente die von dichtem Macchiawald überzogene Insel den Bourbonen als exklusives Jagdrevier, heute steht Vivara als Raststation von Zugvögeln unter Naturschutz und ist ein Wanderparadies. Die schönsten Ausblicke gewährt die Punta del Mezzogiorno im Süden.

Oben: Arturos Insel
Unten: Casale del Vascello

Das »gemauerte Land« auf dem 91 Meter hohen Berg, dessen Tuffwände zum Meer hin senkrecht abfallen, entstand ab dem neunten Jahrhundert zum Schutz der Bevölkerung vor Sarazenenüberfällen. Im 16. Jahrhundert errichteten die d'Avalos das trutzige Kastell, das zeitweise den Bourbonen als Schloss und von 1818 bis 1986 als Gefängnis diente. Heute steht es leer und wartet auf eine neue Bestimmung. Durch die Porta di Mezz'omo betritt man den ummauerten, mittelalterlichen Stadtteil. Anstelle des römischen Neptuntempels erhebt sich auf höchster Stelle die Abteikirche San Michele Arcangelo. Ihre heutige Gestalt und reiche Ausstattung erhielt sie im Barock. Das Apsisgemälde zeigt den Erzengel als Beschützer der Insel. Zahlreiche Votivbilder bezeugen die starke Verbundenheit der procidanischen Seeleute mit ihrem Schutzpatron. Seine silberne Statue wird am 8. Mai und 28. September in feierlichen Prozessionen durch den Ort getragen.

Filmreifer Strand

Die Spiaggia del Pozzo Vecchio hat Filmkarriere gemacht. Im Streifen *Il Postino* findet der Postbote, verkörpert vom unvergessenen Massimo Troisi (1953–1994) hier seine erste Metapher, einer der poetischsten Momente der Filmgeschichte. Am schönsten ist ein Bad am späten Nachmittag.

Infos und Adressen

SEHENSWÜRDIGKEITEN

Abbazia di San Michele Arcangelo. Mo 10–12.45 Uhr, Di –Sa 10–12.45 und 15–17.30 Uhr. Messen werktags 8.45 Uhr, So 9.30 Uhr. Via San Michele 1, 80079 Procida, Tel. 08 18 96 76 12.

ESSEN UND TRINKEN

A un passo dal mare. Beste traditionelle Fischküche am Hafen. Via Roma 82, 80079 Procida, Tel. 08 18 96 70 69.

Da Mariano. Offene Veranda, stupender Fisch. Piazza Marina Chiaiolella, 80079 Procida, Tel. 08 18 96 73 50.

ÜBERNACHTEN

La Rosa dei Venti. Kinderfreundliche Apartmentanlage. Via Vincenzo Rinaldi 32, 80079 Procida, Tcl. 08 18 96 83 85.

La Vigna. Adelsvilla im Weinberg, still und stilvoll. Via Principessa Margherita 46, 80079 Procida, Tel. 08 18 96 04 69, www.albergolavigna.it

Le Grand Bleu. Gepflegte Apartments im Westen der Insel. Selbstbedienung im Bio-Gemüsegarten, Kochkurse im Zitronenhain, Fahrräder gratis. Via Flavio Gioia 37, 80079 Procida, Tel. 081 96 95 94 und 33 58 02 73 73, www.procidaresidence.com

Das Hotel La Vigna hat einen zauberhaften Garten.

Gianni Scottos Esel lassen Herzen höherschlagen.

Solcalante. Altes Gutshaus in zauberhaftem Garten in Nähe der Spiaggia del Pozzo Vecchio. Beste Küche und Kochkurse. Via Serra 1, 80079 Procida, Tel. 08 18 10 18 56, www.solcalante.It

VERANSTALTUNGEN

Processione dei Misteri. Die eindrucksvollste Karfreitagsprozession Kampaniens startet in aller Herrgottsfrüh an der Abbazia di San Michele.

San Michele Arcangelo. Procida feiert seinen Patron am 8. Mai und am 29. Sept. mit Pomp und Feuerwerk.

AKTIVITÄTEN

Procida Diving. Gianni Scotto di Carlo, Besitzer der Apartmentanlage La Rosa dei Venti, betreibt auch eine professionelle Tauchschule. Via Rinaldi 32, 80079 Procida, Tel. 08 18 96 83 85, www.vacanzeaprocida.it

Strände. Procidas beste Strände liegen im Westen. Am romantischsten ist die Spiaggia del Pozzo Vecchio unterhalb des sehenswerten alten Friedhofs. Jenseits der Punta Serra schließen sich endlose Sandstrände an, im Sommer von Badeanstalten belegt.

Oben: Die Corricella ist fast zu schön, um wahr zu sein.
Unten: Der Padrone des Caracalè wartet auf frischen Fisch (oder Gäste?).

22 Corricella

Fischerborgo als Filmkulisse

Kora kalè, »schöner Ort«, nannten die Griechen den Naturhafen im Süden des Akropolishügels. Dieser Inbegriff eines romantischen Fischerborgos hat die Zeiten unbeschadet überstanden, und kein Kulissenbauer hätte das Italo-Flair der 1950er-Jahre besser nachahmen können, also entschieden sich die Regisseure von *Il Postino* und *Der talentierte Mr. Ripley* kurzerhand dazu, ihre Filme hier zu drehen.

Von der Piazza dei Martiri führen versteckt zwischen Häusern Treppen zur Corricella hinab. Man erreicht sie nur zu Fuß oder mit dem Boot. Im Meer ankern bunte Holzboote, und im Wasser spiegeln sich die pastellfarbenen Kulissen der über- und ineinander verschachtelten Fischerhäuser mit ihren sanft geschwungenen Außentreppen, Torbögen und winzigen Terrassen. Die Architektur erinnert an nordafrikanische Lehmbauten und bezeugt den Jahrhunderte währenden Kontakt der procidanischen Seeleute mit dem Orient.

Eine Welt für sich

Die Corricella ist heute so etwas wie das Pin-up-Girl unter den Mittelmeerhäfen. Fotos von ihr zieren werbewirksam Tourismusprospekte und liefern in Hochglanzmagazinen Models den stilvollen Hintergrund. Bis vor einigen Jahrzehnten noch war sie das Wohnviertel der armen Fischer, und die Häuser hatten noch nicht ihre türkisen, altrosafarbenen und buttergelben Anstriche. Einmal im Jahr wurden sie weiß gekalkt, aus hygienischen Gründen. Trinkwasser erreichte die Corricella zweimal pro Woche per Zisternenschiff, Waschwasser wurde in Zisternen gesammelt. *Tempi passati.* Längst säumen das Ufer feine Fischrestaurants, ein Urgestein ist die Bar Graziella, deren Padrone Vincenzo Piro in fast allen auf Procida gedrehten Filmen einen Auftritt als Komparse hatte. Etliche der alten Fischerbehausungen stehen inzwischen hübsch restauriert und mit modernem Komfort versehen als romantische Urlaubsdomizile zur Verfügung. Aber immer noch breiten die Fischer ihre Netze zum Trocknen auf der Kaimauer aus, und ihre Fanggründe liegen unverändert in der nahen Chiaia-Bucht.

Arturos Insel

Lange vor den Touristen hatten italienische Künstler und Literaten Procida in der Nachkriegszeit als Refugium entdeckt. Hotels und Restaurants konnte man damals an einer Hand abzählen. Elsa Morante (1912–1985) machte die Insel zum Schauplatz ihres gefeierten Romans *Arturos Insel.* Eine jüngere Stimme, die Procida literarisch ein Denkmal gesetzt hat, gehört der Neapolitanerin Valeria Parella.

Elsa Morante liebte die Gärten Procidas, von denen viele der Bauwut unserer Tage anheimgefallen sind. Folgt man von der Corricella den Treppen hoch bis auf die Hauptstraße Via Vittorio Emanuele, die in die südliche Inselhälfte führt, kann man sich auf die Suche nach einer dieser letzten Gartenoasen machen. Nach der absoluten Ruhe in der Corricella muss man sich innerlich gegen den vorbeibrausenden Verkehr wappnen. Im Frühjahr weht der Duft von Zitronen- und Rosenblüten über die hohen Mauern. Im Viertel L'Olmo öffnet sich meerseitig der Zugang zur Gartenvilla, in der Elsa Morante lebte, als sie ihren Inselroman verfasste. Mit Glück findet man den schönen Garten geöffnet. Ein hortensiengesäumter Weg führt durch den Zitronenhain bis zum Belvedere, von dem man auf die Spiaggia della Chiaia hinabblickt.

Infos und Adressen

ESSEN UND TRINKEN

Bar Graziella. Bar-Paninoteca-Pizzeria Via Marina Corricella 14, 80079 Procida, Tel. 08 18 96 74 79, americandj@tin.it

Caracalè. Delikate Meeresküche, mediterrane Nouvelle Cuisine, die satt macht. Frisch angelandeter Fisch. Di Ruhetag, Nov. geschl. Via Marina Corricella 62, 80079 Procida, Tel. 08 18 96 91 92.

ÜBERNACHTEN

Casa sul Mare. Charmanter Palazzo mit grandiosem Corricella-Blick. Die geschmackvoll eingerichteten Zimmer alle mit Balkon und Belvedere. Via Salita Castello 13, 80079 Procida, Tel. 08 18 96 87 99, www.lacasasulmare.it

Procida Holidays. Einladende Ferienapartments in alten Fischerhäusern. Via Giovanni da Procida 110, 80079 Procida, Tel. 08 18 96 95 94, www.isoladiprocida.it

NACHTLEBEN/EINKAUFEN

L'Unico. Coole Bio-Bar und cooles Modeatelier auf dem Weg zur Corricella. Via San Rocco 84, 80079 Procida, Tel. 081 89 67 39.

AKTIVITÄTEN

Felicemare. Die Besitzer der gleichnamigen Bar bieten Inselrundfahrten mit Fischerbooten an. Via Marina Corricella 73, 80079 Procida, Tel. 08 18 96 94 33 oder 33 94 27 32 22.

TEMP. ~160°C ~320°F
PRESS. +15 mbar

POZZUOLI & PHLEGRÄISCHE FELDER

23 Pozzuoli

Welthafen der Antike, Sophia Lorens Kinderstube

In römischer Kaiserzeit war Puteoli eine Weltstadt, im 17. und 18. Jahrhundert zählten die Phlegräischen Felder zu den wichtigsten Etappen der Grand Tour, das 20. Jahrhundert hat der Gegend übel mitgespielt. Korruption und Naturgewalten haben sichtbar Spuren hinterlassen. Am 2. März 1970 wurde die gesamte Altstadt evakuiert, 2014 erlebte der Rione Terra seine Widergeburt als Tor zu einer einzigartigen Zeitreise.

Dem Reiz Pozzuolis verfällt man schnell, tummelt man sich vormittags am Hafen. Während Autofähren an- und ablegen, bieten an der Mole Fischer ihren Fang lauthals vom Kutter an. Hier versorgen sich die Einheimischen mit frischem Fisch und Meeresfrüchten. Die lebendigen Eindrücke in Nase und Ohr steuert man den nah gelegenen archäologischen Park mit den Säulen des sogenannten Serapis-Tempels an, berühmte Pegelmesser bradyseismischer Bewegungen. Bohrmuschellöcher in den Marmorsäulen beweisen, dass diese im Verlauf der letzten zwei Jahrtausende wiederholt metertief im Meer standen. Ursache dieser Auf- und Abwärtsbewegungen der Erdkruste, die meist – aber nicht immer – im Zeitlupentempo erfolgen, sind oberflächennahe Magmaströme eines 150 Quadratkilometer großen Supervulkans im Untergrund. Hier wurde eine Statue des ägyptischen Gottes Serapis gefunden, doch handelt es sich bei der Anlage nicht um ein Heiligtum, sondern um ein *macellum*, den römischen Fleisch- und Fischmarkt. Der moderne Fischmarkt in einer Kühlhalle liegt ganz in der Nähe.

Seite 144/145: In der Solfatara dampft es gewaltig.
Oben: Ragazzi am Strand von Lucrino
Unten: Fisch, frisch vom Kutter

Der Serapis-Tempel ist eigentlich ein antiker Lebensmittelmarkt.

Folgen bradyseismischer Bewegungen

Die Hafen- und Industriestadt Pozzuoli hat unter den Folgen des Bradyseismus besonders stark zu leiden. In den 1970er- und 1980er-Jahren wurde die Stadt von heftigen Bodenbewegungen erschüttert. Der malerische Rione Terra, die über dem Hafen gelegene Altstadt, wurde am 2. März 1970 evakuiert, die Bewohner in der Peripherie angesiedelt. Durch einen Brand, der bereits 1964 die barocke Fassade und den Dachstuhl der Cattedrale di San Procolo zerstört hatte, waren Teile des römischen Kapitoltempels zum Vorschein gekommen. Die Beben legten auf der ehemaligen Akropolis weitere antike Baureste frei. Lange Jahre steckten die Sanierungsarbeiten in einem Sumpf aus Korruption. Im Mai 2014, 50 Jahre nach dem Brand, konnte endlich die Kathedrale dem Kult wieder geöffnet werden. Im Rione Terra ist die Einrichtung eines riesigen Freiluftmuseums im Gange. Auf teils unterirdischen Rundgängen läuft man über das antike Straßenpflaster, vorbei an Werkstätten, Ladenräumen und ehemaligen Sklavenunterkünften. Im *ergastulum* (Gefängnis) sind Graffiti zu entziffern. Faszinierend auch die Kanalisation. Das Neben- und Übereinander baulicher Spuren aus 2500 Jahren Geschichte macht den Besuch zur spannenden Zeitreise. Dem

AUTORENTIPP!

DIE LÖWEN SIND LOS

Das Flavische Amphitheater, im ersten Jahrhundert n. Chr. unter Kaiser Nero errichtet und unter Vespasian eingeweiht, fasste einst 45 000 Zuschauer. Der prachtvolle Fassadenschmuck ist verschwunden, aber nirgendwo anders haben sich die unterirdischen Gewölbe so perfekt erhalten. Große Aussparungen in der Decke erinnern an die hölzernen Aufzugskabinen und beweglichen Plattformen, auf denen Kulissen mit künstlichen Wäldern und ganze Löwenrudel in die Arena gehievt werden konnten. Sklaven drehten im Schein von Fackeln die schweren Holzwinden. Im Kellergeschoss muss eine drangvolle Enge geherrscht haben, fast glaubt man den Schweiß der Gladiatoren und die Ausdünstungen der Raubkatzen noch riechen zu können.

Anfiteatro Flavio. Mi–Mo 9 Uhr bis 1 Std. vor Sonnenuntergang. Sammelticket Campi Flegrei. Via N. Terracciano 75, 80078 Pozzuoli, Tel. 08 15 26 60 07.

Amphitheater und der Solfatara verdankt Pozzuoli seit jeher seinen Platz im Besichtigungskarussell des Golf-Tourismus. Besucher der Stadt werden gern daran erinnert, dass Sofia Scicolone, bekannt als Sophia Loren, hier aufgewachsen ist.

Alte Mythen, große Geschichte

Pozzuoli liegt inmitten der als »brennende Felder« bekannten Vulkanlandschaft. Die Bezeichnung geht auf griechische Seefahrer der Antike zurück (*phlegraios*, »brennend«), die auch den mythischen Wohnort der Titanen und den Eingang zur Unterwelt hierher verlegten. Das erscheint heute noch plausibel. Dutzende Vulkankegel, Krater und Kraterseen umgeben den Golf von Pozzuoli, selbst Rand einer gigantischen Caldera.

Auf der Bühne dieser Landschaft wurde Weltgeschichte geschrieben. Im achten Jahrhundert v. Chr. ließen sich Griechen aus Euböa zunächst als Händler auf der Insel Ischia nieder. Bald darauf gründeten sie mit Kyme (Cuma) die erste Polis auf italischem Boden. Um 528 v. Chr. legten Griechen aus Samos, die ihre vom Tyrannen Polykrates be-

Oben: Die Betrachtung antiker Standbilder verlangt manchmal Fantasie.
Unten: Gewaltige Gewölbe ziehen sich unter den Sitzreihen des Amphitheaters entlang.

Rundgang durch Pozzuoli

Die alte Hafenstadt am Meer ist alles andere als museal, dabei wird der Rione Terra noch von sich reden machen. Die Ausgrabungen in der Altstadt haben jetzt schon Spektakuläres freigelegt. Ein Rundgang lohnt sich!

A **Molo Caligoliano –** Im Kern ist die Hafenmole antik. Puzzolanerde, ein vulkanischer Bimssteinsand, ergab mit Wasser und gelöschtem Kalk vermischt einen Zement, der sogar unter Wasser aushärtete, vergleichbar mit modernem Beton. Heute legen hier die Ischia-Fährschiffe und Fischkutter an. Landseitig liegen einige nette Bars und Ristoranti.

B **Darsena –** Im alten Hafenbecken ankern Fischerboote und spiegeln sich die Gebäude des Rione Terra. Noch bis vor einigen Jahren konnte man Bootsbauern, den sogenannten *mastri d'ascia* (»Axtmeistern«), bei der Arbeit zusehen.

C **Mercato Ittico –** Seit dem Umzug in die modernen Hallen in Nähe des Busbahnhofs mag der Fischmarkt vielleicht etwas von seiner alten Faszination eingebüßt haben, bleibt aber wochentags ein lebendiger Umschlagplatz für Fisch und Meeresfrüchte.

D **Serapis-Tempel –** In unmittelbarer Nähe des modernen Fischmarkts liegen die imposanten Ruinen des römischen Marktes. Fisch wurde in der Platzmitte feilgeboten, die öffentlichen Latrinen lagen im Rücken der monumentalen Säulen. Die Zuschreibung als Tempel ist überholt.

E **Anfiteatro Flavio –** Jahrhundertelang diente das römische Amphitheater als Steinbruch, die Reste sind immer noch mehr als imposant. Es handelte sich um die drittgrößte Spielstätte ihrer Art in Italien nach dem Kolosseum in Rom und dem Amphitheater in Capua.

F **Piazza della Republica –** Zu Füßen des Rione Terra hat sich ein beliebtes Ausgehviertel etabliert.

Ein Bootsbauer erklärt Schulkindern sein Handwerk.

G **Rione Terra –** Nach und nach wird die 1970 evakuierte Altstadt als archäologisches Areal, das eine faszinierende Zeitreise durch 2500 Jahre Geschichte ermöglicht, dem Publikumsverkehr erschlossen. Seit 2014 ist die Cattedrale di San Procolo wieder für den Kult geöffnet.

AUTORENTIPP!

DER JÜNGSTE BERG

Im Jahr 2038 wird der Monte Nuovo seinen 500. Geburtstag feiern. Legt man geologische Zeitmaßstäbe an, ein Kindergeburtstag. Die Entstehung des jüngsten Kraters in den Phlegräischen Feldern ist gut dokumentiert. Nach heftigen Erdbeben begann am 29. September 1538 der Ausbruch, der bis zum 6. Oktober anhielt. Am Ende stand ein 134 Meter hoher Vulkan anstelle des Ortes Tripergola. Auch Teile des Lago di Lucrino waren verschüttet. Der »neue Berg« ist heute ein Naturschutzgebiet, die kurze Wanderung zum Kraterrand eine ideale Möglichkeit, sich über das Häuser- und Straßengewirr von Pozzuoli zu erheben und dabei eine wunderbare Aussicht zu genießen.

Oasi Naturalistica di Monte Nuovo. Mo–Fr 9 Uhr bis 1 Std. vor Sonnenuntergang, Sa und So 9–13 Uhr. Via Virgilio, 80078 Pozzuoli, Tel. 08 18 04 14 62, www.icampiflegrei.it/montenuovo/Montenuovo.htm

herrschte Heimat verlassen hatten, etwas weiter südlich den Grundstein für Dikaiarcheia. Der Name war Programm, übersetzt lautet er »Stadt der gerechten Regierung«. Der Aufschwung kam mit den Römern, die seit dem vierten Jahrhundert v. Chr. über die Gegend herrschten und die Stadt 194 v. Chr. unter dem Namen Puteoli (kleiner Brunnen) zur Kolonie erhoben.

Puteoli entwickelte sich zum wichtigsten Handelshafen der frühen Kaiserzeit und war über die Via Domitiana direkt mit der Hauptstadt verbunden. »Brot und Spiele« lautete damals die wichtigste innenpolitische Strategie, und in Puteoli lag der Schlüssel. Hier wurden die Getreidelieferungen aus Ägypten gelöscht, zugleich war der Hafen größter Sklavenumschlagplatz im westlichen Mittelmeerraum. Im Angebot waren vor allem gebildete Sklaven, die Verwendung als Hauslehrer oder Verwalter finden konnten, und teure Kampfsklaven für die Arena. Die berühmteste Kampfschule lag im nahen Capua. Außer Sklaven und Getreide erreichten orientalische Luxuswaren aller Art und mit den Waren auch Menschen und ihre Ideen die weltoffene Stadt. *Puteolis litora mundi hospita*, hieß es, Puteoli beherbergt die ganze Welt. Orientalische Kulte berührten hier zum ersten Mal italischen Boden, die Apostelgeschichte berichtet vom Landgang des l. Paulus im Jahre 61.

Im ersten Jahrhundert n. Chr. erhielt Rom mit Ostia einen neuen Hafen an der Tiber-Mündung, während bradyseismische Bewegungen Puteolis Hafen versanden ließen. Der Niedergang war nicht mehr aufzuhalten. Mit dem Verfall des weströmischen Reiches war die einst prächtige Stadt den Plünderungen durch die Goten schutzlos ausgesetzt. Die dezimierte Bevölkerung zog sich im Mittelalter auf den sicheren Akropolishügel, in den Rione Terra, zurück.

Infos und Adressen

SEHENSWÜRDIGKEITEN

Cattedrale di San Procolo. Sa 10–12 und 17–19 Uhr, So 10–13 und 17.30–19.30 Uhr. Rione Terra, 80078 Pozzuoli, www.cattedralepozzuoli.it

ESSEN UND TRINKEN

Don Antonio. Fischlokal im 1. Stock. Nicht romantisch, aber gut. Via Magazzini 20, 80078 Pozzuoli, Tel. 08 15 26 79 41.

O' Valjone. Edel-Ristorante, romantisch am Fischerhafen gelegen. So abends geschl. Via San Paolo 2–4, 80078 Pozzuoli, Tel. 08 15 26 56 05.

ÜBERNACHTEN

Borgo Marinaro. Nettes B&B am Fuß des Altstadthügels. Via G. Matteotti 18, 80078 Pozzuoli, Tel. 33 51 52 05 30, www.borgomarinaro.it

Darsena. Blitzsaubere Pension in Hafennähe im alten Fischerviertel. Via Magazzini 35/37, 80078 Pozzuoli, Tel. 08 13 03 12 81, www.hoteldarsenapozzuoli.it

Freundlicher Empfang im Hotel Darsena

Der Weinbau hat hier antike Wurzeln.

Flegrea House – Casa Rossa. B&B in ehemaligem Landhaus in der Oberstadt nahe des Amphitheaters. Via Celle 6, 80078 Pozzuoli, Mobil 368 92 69 60, www.flegreahouse.com

Tripergola. Freundliches Hotel im Ortsteil Arco Felice, die Zimmer mit Meerblick sind leiser. Fischrestaurant, Tauchschule am Hotelstrand. Via Miliscola 165, 80078 Pozzuoli, Tel. 08 18 04 21 20, www.latripergola.it

AKTIVITÄTEN

Centro Sub Campi Flegrei. Professionelle Tauchschule, Kurse und Tauchausflüge zu versunkenen Ruinen. Via Napoli 1, 80078 Pozzuoli, Tel. 08 18 53 15 63, www.centrosubcampiflegrei.it

INFORMATION

AAST. Largo Matteotti 1, 80078 Pozzuoli, Tel. 08 15 26 14 81, infocampiflegrei.it, www.comune.pozzuoli.na.it

Nemea. Führungen auch im Rione Terra. Büro in Nähe des Fischmarkts. Via N. Fasano 9, 80078 Pozzuoli, Tel. 08 18 53 06 26 oder 38 81 12 71 88, www.nemeaonlus.it

24 Solfatara

Vulkanische Urkräfte hautnah

Die Hölle kostet Eintritt. Gut daran ist hier, vom Besuch im bekanntesten Krater der Campi Flegrei – seit dem 18. Jahrhundert für gebildete Reisende ein Muss – kehrt man wieder zurück, vielleicht sogar ein bisschen gesünder. Der vom römischen Geografen Strabon als »Forum Vulcani« und Eingang zur Unterwelt beschriebene Vulkan, ist seit ebenso langer Zeit auch Kurort. An den Schwefelgeruch gewöhnt man sich schnell.

Oben: Der Dampf kommt bis zu 160 °C heiß aus dem Boden. **Unten:** Schwefelkristalle lagern sich an den Fumarolen ab.

Am östlichen Ortsrand von Pozzuoli erhebt sich schwefeldampfend der Solfatara-Krater. Vorbei am Kassenhäuschen mit einem kleinen naturhistorischen Museum geht es durch einen lauschigen Hain immergrüner Steineichen und vorbei an aromatisch duftenden Mittelmeersträuchern, bevor sich der Blick auf eine vegetationslose Mondlandschaft öffnet. Vor 4000 Jahren tat sich hier die Erde auf. Die Solfatara ist eines der jüngsten der insgesamt 40 Eruptionszentren in den Phlegräischen Feldern. Aus Spalten dringen Schwefeldämpfe, und nach Regenfällen bilden sich in der Kratermitte kleine Schlammvulkane. Der Boden klingt bei jedem Tritt hohl, eine akustische Täuschung. Nicht ein großer Hohlraum unter dem Krater, sondern Milliarden mikroskopisch kleiner Hohlräume in den einzelnen Tuffpartikeln wirken als Klangverstärker und sorgen für den unheimlichen Lauteffekt. Um die stark dampfende Bocca Grande lösen sich Schwefelkristalle, roter Realgar und Zinnober ab, Letztere lieferten Pigmente für das berühmte Pompejanischrot. Einheimische Führer demonstrieren gern den klassischen »Solfatara-Trick«. Dabei halten sie ein brennendes Stück

Zeitung an eine der Fumarolen – und wie von Geisterhand steigt eine Dampfwolke auf. Die Rußpartikel liefern dem bis zu 160°C heißen Dampf Kondensationskerne. Die Solfatara ist eine Art Überdruckventil der gigantischen Magmakammer im Untergrund und unterliegt der ständigen Beobachtung des vulkanologischen Observatoriums.

Kraterführungen

In der römischen Antike begann der Abbau von Mineralien im Krater, der sich bis in die Neuzeit fortsetzte. Zeitgleich begann der Kurbetrieb. Zwei natürliche Grotten erhielten im 19. Jahrhundert einen Ziegelvorbau und dienten mit den verheißungsvollen Namen *purgatorio* (»Fegefeuer«) und *inferno* als Inhalations- und Schwitzbad. Im Kraterkegel gibt es eine nette Bar, die auch kosmetische Produkte verkauft. Von März bis November werden jeden Samstag abendliche Krater-Führungen angeboten, verbunden mit einem unvergesslichen Fischessen: Gekocht wird mit geothermischer Energie.

Geschichte des San Gennaro

Die Barockkirche San Gennaro in Nähe der Solfatara steht am angeblichen Hinrichtungsort des Bischofs von Benevent. Im Jahr 305 unter Kaiser Diokletian wurde der nachmalige Stadtpatron Neapels in der Arena von Puteolis *ad bestias* verurteilt, das heißt, Löwen hätten ihn zerreißen sollen. Doch krümmten sie dem Heiligen in spe kein Haar. Gennaro wurde daraufhin in der Solfatara enthauptet. In einer Seitenkapelle wird ein Stein verehrt, auf dem mit Fantasie ein Blutfleck auszumachen ist. Wenn sich im Dom von Neapel am ersten Maiwochenende und am 19. September das Blut des San Gennaro verflüssigt, nimmt auch der Stein eine dunklere Farbe an.

Infos und Adressen

SEHENSWÜRDIGKEITEN

Santuario di San Gennaro. Tgl. 9–12 und 16.30–19 Uhr. Eintritt frei. Via S. Gennaro alla Solfatara 8, 80078 Pozzuoli, www.santuariosangennaro.it

Vulcano Solfatara. Tgl. 8.30 Uhr bis 1 Std. vor Sonnenuntergang. Via Solfatara 161, 80078 Pozzuoli, Tel. 08 15 26 23 41, www.solfatara.it

ESSEN UND TRINKEN

Exytus Caffè. Kaffee-Tempel. Corso della Repubblica 126, 80078 Pozzuoli, Tel. 08 15 26 70 90, www.exytus.com

Sud. Sterne-Küche zum kleinen Preis, lohnt den Umweg! Marianna Vitale gewinnt dem Süden interessante kulinarische Noten ab. Mo–Sa abends, Sa und So mittags. Via Santi Pietro e Paolo 8, 80010 Quarto, Tel. 08 10 20 27 08, www.sudristorante.it

Taverna Brudi. Prima Fischlokal meerseitig der Via Solfatara. Mi geschl. Via Vigna 15, 80078 Pozzuoli, Tel. 08 15 26 82 54.

ÜBERNACHTEN

Camping Internazionale. Gepflegter Platz im Solfatara-Krater, Pool und Natursauna. Via Solfatara 161, 80078 Pozzuoli, Tel. 08 15 26 23 41, www.solfatara.it

Gli Dei. Modernes (Hochzeits-)Hotel direkt über dem Solfatara-Krater mit Aussicht. Via Coste di Agnano 21, 80078 Pozzuoli, Tel. 08 15 26 31 91, www.hotelglidei.com

25 Lago di Lucrino, Baia und Bacoli

Antiker Sündenpfuhl und Meeresfrüchte des Profits

Vor 2000 Jahren, der mondänste Kur- und Vergnügungsort des römischen Imperiums war Baiae eine Art Baden-Baden am Mittelmeer. In Misenum lag die kaiserliche Kriegsflotte. Von all der Pracht sieht man auf den ersten Blick heute wenig, moderne Bausünden umso mehr. Reisende mit Spürsinn werden archäologisch, vulkanologisch, kulinarisch reich entlohnt und tauchen in den italienischen (Ferien-)Alltag ein.

Auf halber Strecke zwischen Pozzuoli und Baia liegen der Lago di Lucrino und Lago d'Averno. Beim Ausbruch des Monte Nuovo im Jahr 1538 wurde der Lago di Lucrino, eine frühe Geburtsstätte der Aquakultur, auf ein Drittel seiner ursprünglichen Fläche reduziert. Im brackigen Wasser des Lacus lucrinus (lat. *lucrum*, »Profit«) betrieb im ersten Jahrhundert v. Chr. ein gewisser Sergius Orata seine weithin gerühmte Austern-

MAL EHRLICH

HABEN TRÜMMERTOUREN AUSGEDIENT?

Goethe & Co. hatten auch nicht nur nach alten Säulen Ausschau gehalten, die Grandtouristen waren an der sozialen und politischen Realität ihrer Zeit stark interessiert. Und die frühen *Baedeker*-Ausgaben hatten neben fundierter Kulturinfo jede Menge Insidertipps auf Lager, nicht anders als ein guter Reiseführer heute. Die Mischung macht's. Die Campi Flegrei bieten neben antiken Ruinen eben auch italienischen Alltag in all seinen Facetten.

Oben: Wo heute sich das Castello di Baia erhebt, stand in der Antike eine Villa Cäsars.
Unten: Mit der Vespa kommt man Italien nah.

und Fischzucht. Damit Fische und Muscheln schneller ihre Verzehrreife erreichten, ließ Orata seine Bassins von unten erwärmen und gilt damit als Erfinder der Hypokaustenheizung – nicht die einzige technische Innovation, die aus dieser Gegend kam. Heute umgeben Discos und Restaurants den See.

Lago di Lucrino und Lago d'Averno

Im Rücken des Lago di Lucrino öffnet sich in einem erloschenen Vulkankrater der mythenschwangere Lago d'Averno. Homer, Vergil und später Dante beschrieben den kreisrunden See als Eingang zur Unterwelt. Aus dem See aufsteigende giftige Gase hatten in der Vergangenheit jedes Vogelleben zum Aussterben gebracht. Heute besteht keine Gefahr mehr, im Gegenteil, das Gewässer steht als Wasservogelparadies unter Naturschutz und lädt zum lauschigen Spaziergang ein. Marcus Vipsanius Agrippa, General und Schwiegersohn von Augustus, dachte praktisch und ließ 37 v. Chr. den Lucriner und Averner See über einen Kanal mit dem Meer verbinden und zu einem geschützten Militärhafen ausbauen. Als der Portus Iulius zu versanden begann, wurde die römische Kriegsflotte weiter südlich nach Misenum verlegt. Am Seeufer stehen Überreste römischer Thermen und Villen, zur Zeit der Grand Tour fälschlich als Tempel gedeutet.

Baia – Cäsars Côte d'Azur

Auf der Fahrt ins bescheidene Küstenstädtchen Baia scheint nichts darauf hinzudeuten, das sich hier einst das sagenhafte Baiae befunden haben soll. Im flachen Meer rosten abgetakelte Schiffsrümpfe vor sich hin, erst auf den zweiten Blick entdeckt man imposante Kuppelruinen, die sich

AUTORENTIPP!

NOSTALGISCHE KURVEN

NapolinVespa Tour ist die charmante Geschäftsidee einiger junger Neapolitaner, die geführte Routen mit perfekt restaurierten Roller-Raritäten aus den 1950er- und 1960er-Jahren durch Neapel und Umgebung anbieten. An schönen Kurven mangelt es nicht. Die fünfstündige Tour *flegreo* z.B. schlägt mit rund 180 € zu Buche, dafür sind aber auch alle Eintritte, die ebenso charmante wie kundige Führung (auch auf Englisch), eine kleine Degustation und der unverzichtbare Caffè-Stopp inklusive.
Etwas prosaischer gerät das Cruisen auf einem modernen Scooter. Vorteil, die Motorroller werden von Interfur auf Wunsch direkt ans Hotel geliefert, und die Tagesmieten kosten nicht die Welt.

Interfur Napoli. Via G. Bernini 64, 80129 Neapel, Tel. 08 15 78 17 45 oder 39 39 40 86 03, www.interfurnapoli.it
NapolinVespa Tour. Tel. 34 02 67 09 92, www.napolinvespa.it

Der Putz ist ab von den luxuriösen Badepalästen von Baiae.

AUTORENTIPP!

UNTERWASSERPOMPEJI
Von der Hafenmole in Baia starten bei ruhigem Seegang Glasbodenboote zu Rundfahrten über die Reste des untergegangenen Baiae, den versunkenen Portus Iulius und die Via Herculeana. Allzu viel sollte man sich von den Mauerresten und Mosaikböden unter Wasser nicht versprechen. Häufig bedeckt Sand die Trümmer und im engen Kiel mit seinen seitlichen Bullaugen geraten auch harte Seebären an ihre Grenzen. Umso schöner sind dafür die Blicke vom Schiff zurück aufs Land. Tauchschulen in Baia und Pozzuoli bieten den Ausflug unter Wasser auch nur mit Schnorchelausrüstung an – die vielleicht reizvollere Alternative. 2002 wurde ein Meeresschutzgebiet eingerichtet.

Baia Sommersa. April–Okt. jeden Sa 12 und 15 Uhr, jeden So 10, 12 und 15 Uhr. 10/7 €. Porto di Baia – Via Molo di Baia 20, 80070 Baia, Tel. 34 94 97 41 83, www.baiasommersa.it, www.areamarinaprotettabaia.eu

über die schäbige Uferbebauung erheben. Das Baiae der Antike war keine Stadt, vielmehr eine Ansammlung luxuriöser Villen und raffinierter Thermenpaläste, das mondänste Kurbad des Römischen Reiches, gesellschaftlicher Treffpunkt der Hautevolee und ein berüchtigter Sündenpfuhl. Am Ende der Republikzeit flüchteten sich politisch kaltgestellte Aristokraten hier ins freiwillige Exil. Sie waren Trendsetter. Cäsar und die Mitglieder des Kaiserhauses folgten.

Neben der lieblichen Landschaft und dem kulturellen Flair der nahen Griechenstädte waren es vor allem die Thermalquellen, die den Aufenthalt in Baiae so angenehm machten. Plinius d. Ä. lobte: »Nirgends sprudeln Quellen in solcher Fülle und mit so vielen Heilkräften ausgestattet hervor wie hier.« Ovid empfiehlt Baiae in seiner *Liebeskunst* als idealen Ort, um lockere Beziehungen anzubahnen, und in Petronius' *Gastmahl des Trimalchi* wird auf ironisch-satirische Weise der verschwenderische Lebenswandel stinkreicher Parvenüs beschrieben. Federico Fellini lieferte 1969 opulente Bilder dazu. Bis ins Mittelalter genoss Baia seinen guten Ruf als Kurbad, dann begann infolge von Bradyseismus der Ort im Meer zu versinken.

Parco Archeologico di Baia

Der Besuch des archäologischen Parks vermittelt eine wage Ahnung früherer Pracht. Hier überlagern sich mehrere Baukomplexe, errichtet vom zweiten Jahrhundert v. Chr. bis in das vierte Jahrhundert n. Chr. Auffällig ist ihre terrassenförmige Anlage am Hang, die sich mit Molen bis ins Meer zog. Besonders eindrucksvoll ist der sogenannte Tempio di Mercurio, ein vollständig erhaltener Kuppelbau mit einzigartiger Akustik, bautechnischer Vorläufer der Pantheonkuppel in Rom (Vorbild aller Renaissance- und Barockkuppeln), dessen Konstruktion erst die

Technik des *opus caementitium* möglich machte. Das römische Gussmauerwerk unter Verwendung der Puzzolanerde ist ein Vorläufer des modernen Betons. Bei dem Bau handelte es sich wahrscheinlich um das überdachte Kaltwasserbecken einer Therme. Der neapolitanische Jazz-Saxofonist Daniele Sepe hat hier eine Platte aufgenommen.

Castello di Baia

Ein wuchtiges Kastell beherrscht von der Anhöhe den Golf. In seiner heutigen Gestalt im 16. Jahrhundert unter Vizekönig Pedro de Toledo errichtet, beherbergt das Castello di Baia ein herausragendes Archäologie-Museum. 1969 ging Fischern aus Baia ein aufsehenerregender Fang ins Netz, eine kopflose Marmorskulptur, die einen mit Weinlaub umkränzten Becher in den Händen hält. Bei Ausgrabungen an der Punta dell'Epitafio sieben Meter unter dem Meeresspiegel wurde das versunkene Nymphäum eines Kaiserpalasts entdeckt und zahlreiche weitere Marmorskulpturen geborgen. Das Nymphäum, ursprünglich vom Meer aus mit dem Boot zu erreichen und zugleich ein Speisesaal, ist im Museum rekonstruiert. In der Apsis steht Odysseus mit dem Weinbecher, einer seiner Gefährten hält einen Weinschlauch über dem Knie. Den einäugigen Polyphem denkt man sich dazu.

Die politisch-gesellschaftliche Bedeutung des Kaiserkults illustriert das 1968 ausgegrabene, wieder aufgebaute Augustalenheiligtum aus Miseno. Für unsere Augen wirken die realistischen Porträtköpfe von Vespasian und Titus auf den jugendlich-athletischen Körpern deplatziert. Interessant sind die antiken Gipsabgüsse griechischer Skulpturen, die einen Einblick in die Arbeit römischer Kopistenwerkstätten gewähren. Sofern sich ein reicher Römer nicht das Bronzeoriginal einer griechischen Plastik leisten konnte, wollte er zumindest ihre

Oben: Unter der Meeresoberfläche schlummern die Reste des antiken Baiae.
Mitte: Odysseus reicht Polyphem eine Schale Wein.
Unten: Die Piscina Mirabilis fasste einst 12 600 Kubikmeter Trinkwasser.

AUTORENTIPP!

NEUER WEIN IN ALTEN KELLERN
Seit sechs Generationen bewirtschaftet die Familie De Meo ihre Rebflächen im Rücken der römischen Ruinen von Baiae. Eine antike Zisterne dient als Fasslager. Hier reifen Falanghina und Piedirosso, zwei seit der Antike hier heimische Rebsorten zu erdverbundener Eleganz heran. Die Rebstöcke sind wurzelecht, d.h. nicht auf amerikanische Unterlagen aufgepfropft – eine Seltenheit! Die gut dränierten, schwefelhaltigen vulkanischen Böden machen es möglich. Die Weine wurden mehrfach ausgezeichnet und kosten ein Spottgeld. Betriebsbesichtigungen und Verkostungen sind auf Anfrage das ganze Jahr über möglich, auch zur Zeit der Weinlese von Anfang September bis Mitte Oktober. Gästeunterkünfte in einem alten Bauernhaus mitten im Weinberg sind in Planung.

La Sibilla. Via Ottaviano Augusto 19, 80070 Bacoli, Tel. 08 18 68 87 78, www.sibillavini.com

wertvolle Kopie in Marmor. Viele berühmte Bildnisse der griechischen Antike wurden auf diese Art und Weise überliefert. Von der Terrasse des Kastells genießt man einen fürstlichen Blick über den Golf. Es ist zu vermuten, dass Cäsar eine Villa auf dieser Anhöhe besessen hat.

Mit der Vespa nach Bacoli

Eine Vespa wäre genau richtig, um an der Südspitze der Campi Flegrei herumzufahren. An den süditalienischen Verkehr muss man sich allerdings erst gewöhnen. Parklätze sind (im Sommer) rar. Oder man nimmt den Linienbus. Bacoli, Erbin des römischen Bauli, ist eine sympathische Kleinstadt, die mit versteckten archäologischen Highlights und stimmungsvollen (Alltags-)Plätzen aufwarten kann. Vom Nordufer des Lago Miseno zieht sich der Corso durch den Ort – süditalienischer Alltag mit Fischverkäufern, Kramläden und Bars.

Piscina Mirabilis

In Nähe der Pfarrkirche Sant'Anna warten die Cento Camerelle, eine antike Wasserzisterne, darauf, wieder zugänglich gemacht zu werden. Spektakulär ist die weiter südlich gelegene Piscina Mirabilis. Das immense Reservoir mit einem Fassungsvermögen von 12 600 Kubikmetern diente in augusteischer Zeit als Trinkwasserspeicher der in Misenum stationierten römischen Kriegsflotte. Hier endete der Serino-Aquädukt, der Neapel, Pozzuoli, Baia und Pompeji versorgte. Das 15 Meter hohe, vollständig aus dem Tuff geschlagene Gewölbe mit einer Grundfläche von 70 mal 25 Metern wird von 48 Pilastern gestützt und ist vollständig mit einer wasserdichten Zementschicht ausgekleidet. In Robert Harris lesenswertem Roman *Pompeji* erfährt man nebenbei so einiges über die römische Wasserbaukunst.

Lago Miseno

Ab dem ersten Jahrhundert v. Chr. wurde Misenum zu einem gewaltigen Militärkomplex ausgebaut. Das von zwei Landzungen geschützte, natürliche Hafenbecken zwischen dem heutigen Bacoli und Miseno wurde mit Kaianlagen versehen. Ein Stichkanal öffnete die Einfahrt in den Kratersee Lago Miseno. Auf dem Gelände standen Lagerhallen, Kasernen, Offiziersunterkünfte und der Palast des Kommandeurs. Im Jahr 79 n. Chr. befehligte Plinius d. Ä. die *classis praetoria Misenensis*, Roms wichtigste Kriegsflotte. Die Schilderungen des Vesuvausbruchs haben ihn unsterblich gemacht.

Grotta della Dragonara

Südlich des Lago Miseno zieht sich der Lido di Miliscola (lat. *militium schola*, »Militärschule«) mit schönem Sandstrand und Traumblick auf Procida hin. Am Fuß des Capo Miseno öffnet sich die Grotta della Dragonara, eine fünfschiffige Zisterne, komplett in den Tuff gehauen, die Wände mit wasserfestem Putz überzogen. Sie diente zeitweise der Villa des Feldherren und Feinschmeckers Lucius Licinus Lucullus (117–56 v. Chr.) als Wasserreservoir. Der Hausherr hatte ein Faible für die Anlage exotischer Gärten. Aus Kleinasien hatte er die ersten Kirschbäume importiert. Eine Stichstraße führt bis an die Spitze des Kaps mit dem Leuchtturm und zu einem (leicht vermüllten) Aussichtsplatz, von dem Liebespärchen den Sonnenuntergang genießen.

Real Sito del Fusaro

Die Straße Richtung Cuma zieht sich am Ostufer des Lago di Fusaro entlang, in dem schon seit der Antike Muschelzucht betrieben wird. Bourbonenkönig Ferdinand IV. ließ sich von Carlo Vanvitelli (1739–1821) im See ein hübsches Jagdschloss errichten, zu erreichen über eine elegante Bogenbrücke.

Oben: Fischfang und Muschelzucht spielen immer noch eine große Rolle.
Mitte: Der Name der weißen Falanghina-Rebe bedeutet »an den Pfahl gebunden«.
Unten: Wasserschlösschen der Bourbonen

Infos und Adressen

SEHENSWÜRDIGKEITEN

Real Sito del Fusaro. Park: tgl. 8–20 Uhr; Casina: Sa/So 8.30–12.30 Uhr. Via Fusaro 102, 80070 Bacoli, Tel. 08 18 68 70 80.

Museo Archeologico dei Campi Flegrei. Mi–Mo 9–14.30 Uhr. Es gibt ein Sammelticket für die Campi Flegrei. Via Castello 39, 80070 Bacoli, Tel. 08 15 23 37 97, http://cir.campania.beniculturali.it/museoarcheologicocampiflegrei

Parco Archeologico di Baia. Mi–Mo 9 Uhr bis 1 Std. vor Sonnenuntergang. An das Sammelticket Campi Flegrei denken! Piazzetta De Gasperi, 80070 Baia, Tel. 08 18 68 75 92.

Kunst und Küche »Da Tobia«

Piscina Mirabilis. Di–So 9 Uhr bis 2 Std. vor Sonnenuntergang. Kustodin Immacolata Lucci erzählt gern etwas zur Geschichte. Kontakt: Tel. 33 36 85 32 78. Eintritt frei, jedoch ist an ein Trinkgeld zu denken. Via Piscina Mirabilis 9, 80070 Bacoli.

ESSEN UND TRINKEN

Bar Mediterraneo. Lässige Bar über dem Meer, Cocktails und leckere Kleinigkeiten zum Sattwerden. Porticciolo Casavecchie, 80070 Bacoli, Tel. 33 93 89 35 67, www.barmediterraneo.it

Da Fefè. Blick über die Bucht von Miseno, Atmosphäre einer griechischen Taverne und auf den Tellern das Beste aus dem Meer und Garten. Bis auf Fr, Sa und So nur abends. Mo geschl. Via della Shoah 15, Porticciolo Casavecchie, 80070 Bacoli, Tel. 08 15 23 30 11, www.fefeabacoli.it

Il Casolare da Tobia. Urig-alternativer Agriturismo mitten im grünen Krater. Raffinierte Bauernküche, einfache Gästezimmer. Meist nur abends. So abends, Mo und Di geschl. Fondi di Baia 12, 80070 Bacoli, Tel. 08 15 23 51 93, www.clubilcasolaredatobia.it

La Catagna. Versteckt über dem Porto Miseno wird vorzüglicher frischer Fisch serviert. Der Padrone ist Fan des Fußballclubs SSC Napoli, bei Heimspielen bleibt das Lokal auf jeden Fall geschlossen. Bis auf Sa und So nur abends, Mo geschl. Via Pennata 26, 80070 Bacoli, Tel. 08 15 23 42 18.

La Dragonara. Gutes Fisch-Ristorante und gute Pizzeria über der Spiaggia di Miliscola. Di geschl. Via Dragonara 10, 80070 Bacoli, Tel. 08 15 23 16 07, www.ladragonara.it

Panetteria da Giancarlo. Urige Bäckerei an der Durchfahrtstraße, serviert mittags köstliche Pizza vom Blech. Mo geschl. Via Lucullo 55, 80070 Baia, Tel. 32 94 92 86 23.

Sponda Sud. Nette Alternativ-Bar mit angeschlossenem Orangengarten. Zu Bier oder Wein gibt es besten Käse, Fisch vom Grill. Von früh bis spät. Mi geschl. Via Gaetano de Rosa 26, 80070 Bacoli, Tel. 34 97 76 68 99.

ÜBERNACHTEN

Adriano. Kunstaffines, komfortables B&B, Ableger des MESS-Bierkellers. Piazzetta Adriano 6, 80070 Bacoli, Tel. 08 15 23 38 02 oder 32 78 15 91 67, http://bbadriano.hotelinnapoli.com

Cala Moresca. Viersternehotel in toller Lage auf dem Kap, einsam (wenn nicht gerade Hochzeiten gefeiert werden) und wunderschön. 2014 komplett renoviert. Via Faro 44, 80070 Bacoli, Tel. 08 15 23 55 95, www.calamoresca.it

Le Cantine dell'Averno. Traumlage: Freundlicher Agriturismo am Averner See, wo die Familie Mirabella seit über 100 Jahren Wein anbaut. Prima Rampa Lago d'Averno 3, 80078 Pozzuoli, Tel. 33 32 41 76 29 oder 34 84 95 03 87, www.cantinedellaverno.it

Villa Oteri. Charmante Hotelvilla am Lago Miseno, gutes Restaurant, tolle Dachterrasse. Via Miliscola 18, 80070 Bacoli, Tel. 08 15 23 49 85, www.villaoteri.it

NACHTLEBEN

MESS. Rum von fünf Kontinenten, handwerklich gebraute Biere, bayerische Küche und Livemusik (nicht bayerisch!). Mo geschl. Via A. de Curtis 5, 80070 Bacoli, Tel. 08 15 23 38 02 oder 32 78 15 91 67.

EINKAUFEN

Bio Libera. Öko-Laden, der schutzgeldfreie Produkte verkauft. Gute Tipps! Via Ercole 15, 80070 Bacoli.

Eine *pizza paesana* bei Pannetteria da Giancarlo

AKTIVITÄTEN

Sea World. Kurse, Schnorchel- und Tauchexkursionen zum Portus Julius und den versunkenen Villen des antiken Baiae. Via Lucullo 110, 80070 Baia, Tel. 081 54 92 53, www.divingseaworld.com

Terme Stufe di Nerone. Schwitzen wie die alten Römer! Das entspannte Spa liegt am südwestlichen Ufer des Lago di Lucrino. Brom- und jodhaltige Thermalquellen speisen die Pools, natürlicher Dampf heizt antike Felsgrotten auf. Eintritt eigentlich nur mit 6er-Karte, die meisten Hotels der Umgebung besorgen ihren Gästen Einzeltickets. Via Stufe di Nerone 45, 80070 Bacoli, Tel. 08 18 68 80 06, www.termestufedinerone.it

MESS – Bier oder Rum?

26 Cuma

Orakel der Sibylle?

Wo ein Wille ist, da ist auch ein Orakel. Als Amadeo Maiuri 1930 die archäologischen Ausgrabungen von Cuma leitete, wusste er vorher schon, was er finden wollte. Die berühmte Sibyllengrotte. Seine Wahl fiel schließlich auf einen trapezförmig aus dem Tuff geschlagenen Gang. Belege für seine These hatte er keine. Egal, der Ort ist ungemein stimmungsvoll, besonders im späten Nachmittagslicht.

Antike Geschützstellung – oder doch die Adresse der Sibylle?

Bis auf Lateinklassen und Studienreisegruppen verirren sich nur wenige nach Cuma. Dabei ist der archäologische Park ein stimmungsvoller Ort, vor allem im Licht der späten Nachmittagssonne. Seitlich von der berühmten Sibyllengrotte führt ein Treppenweg zur Akropolis hoch. Auf Höhe einer Aussichtsterrasse setzt sich die antike Prozessionsstraße, vorbei an Lorbeerbäumen und den Resten des Apollon-Tempels, bis auf die Spitze des Berges fort. Von alten Eichen umgeben stehen hier die Grundmauern des alten Zeus- und späteren Jupitertempels, in byzantinischer Zeit zu einer christlichen Basilika umgebaut. Von diesem friedlichen Ort bietet sich ein herrlicher Blick aufs Meer, die langen Sandstrände, den Lago Fusaro und die Insel Ischia.

Griechische Wurzeln

Mitte des achten Jahrhunderts v. Chr. erfolgte von Pithekoussai (Ischia) aus die Gründung von Kyme, der ersten griechischen Polis auf italienischem Boden. Die reiche Handels- und Ackerbaukolonie dehnte ihren Einfluss über das gesamte Gebiet aus und gründete ihrerseits eine Reihe weiterer Städte, darunter den Vorläufer Neapels. Kyme war der erste und wichtigste Ausstrahlungsort griechischer Kultur in Italien, das Alphabet fand von hier aus seine Verbreitung im Westen. Im vierten Jahrhundert v. Chr. verlor Kyme seine Autonomie an Rom. Erst in der Regierungszeit von Augustus erlebte Cumae einen Wiederaufschwung als zentraler Kultort des Staatsmythos, dem die *Aeneis* des Hofdichters Vergil zugrunde lag. Der Trojaner Äneas galt als der Gründungsvater Roms, sein Schicksal war ihm von der Sibylle vorausgesagt worden.

Sibyllenkult

Die Sibyllen waren weissagende Frauen des Altertums, die ein Alter von 1000 Jahren erreichen konnten. Im ekstatischen Rausch verkündeten sie ihre Visionen, die von Tempeldienern in Büchern schriftlich festgehalten wurden. Die Sibyllinischen Schriften konnten befragt werden, gegen einen Obolus sorgten Priester für die richtige Auslegung. Mit den griechischen Auswanderern des achten und siebten Jahrhunderts v. Chr. verbreitete sich der Sibylle- und der damit verbundene Apollon-Kult im westlichen Mittelmeergebiet. Zeitweise soll es zehn Sibyllen gegeben haben. Das größte Ansehen besaß jene von Kyme. Die Legende berichtet von Lucius Tarquinius Superbus, dem letzten Etruskerkönig Roms, der die Bücher aus Kyme für Unsummen erworben haben soll.

Wie Schliemann seinen Homer hatte Amadeo Maiuri den Vergil in der Tasche, als er 1930 in Cuma grub. Ein 131 Meter langer, in den Tuff geschlagener Gang wurde offiziell zur Sibyllengrotte erklärt, ohne dass es jemals Belege dafür gegeben hätte. Eine profane Deutung sieht den Gang als Teil der Verteidigungsanlagen oberhalb des Hafens, etwa als Geschützstellung für Katapulte. In der Spätantike diente die Grotte als christliche Nekropole.

Infos und Adressen

SEHENSWÜRDIGKEITEN

Parco Archeologico di Cuma. Tgl. 9 Uhr bis 1 Std. vor Sonnenuntergang. Sammelticket Campi Flegrei! Via Acropoli 1, 80070 Cuma, Tel. 08 18 54 30 60.

ESSEN UND TRINKEN

Bar. Namenlose Bar am Eingang zur archäologischen Zone. Nebenan ein schattiger Picknickplatz. Via Acropoli 1, 80070 Cuma.

Il Chicco di Grano. Ristorante-Birreria auf Höhe des Lago di Fusaro. Jüngeres Publikum, gelegentlich Livekonzerte. So nur mittags, Mo geschl. Via S. Giuliana 2, Tel. 081 19 10 94 30, www.ilchiccodigranobacoli.it

Vinaria. Edel-Taverne in antikem Gewölbe auf dem Gelände der Villa Eubea, wo Hochzeiten und Familienfeiern ausgerichtet werden. An der Zufahrtstraße nach Cuma. Ohne Vorbestellung nur Sa abends und So mittags. Via Monte di Cuma 3, 80078 Pozzuoli, Tel. 08 18 04 62 35, www.vinaria.it

In den Phlegräischen Feldern gelten viele Grotten als die »echte«.

VESUV, POMPEJI UND HERCULANEUM

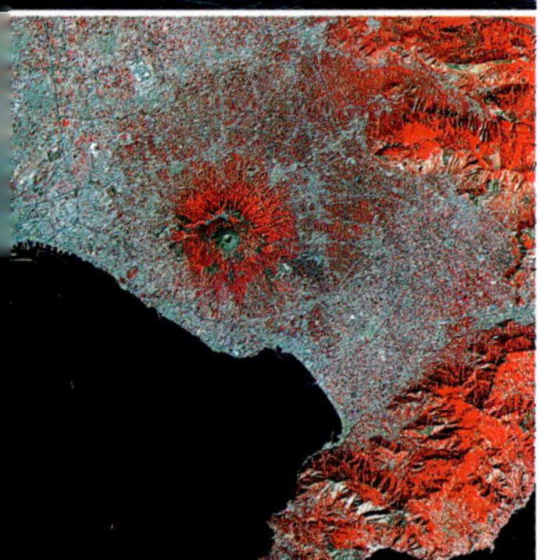

Seite 164/165: Der Gran Cratere des Vesuv
Mitte: Als ob er kein Wässerchen trüben könnte ...
Unten: Der Vesuv auf einem Satellitenbild der NASA

27 Vesuv

Pulverfass, Weinberg und Nationalpark

Die Silhouette des Vesuv verleiht dem Golf von Neapel seine unverwechselbare Gestalt. Mit Doppelgipfel präsentiert er sich erst nach dem Ausbruch 79 n. Chr., dem Kampanien zugleich seine größte Sehenswürdigkeit verdankt – Pompeji. 1281 Meter hoch erhebt er sich direkt in einem der am dichtesten besiedelten Gebiete Europas. Wie es darunter aussieht, ist nicht nur für Vulkanologen eine brennende Frage.

A muntagna (»der Berg«), wie der Vesuv knapp genannt wird, ist ein ebenso schöner wie gefährlicher Nachbar. Im Großraum Neapel leben vier Millionen Menschen, eine Million wäre bei einer Eruption in der Größenordnung von 79 n. Chr. unmittelbar bedroht. Die letzte Ausbruchsperiode des Vulkans ging 1944 zu Ende, und je länger die trügerische Ruhe anhält, desto heftiger

MAL EHRLICH

EIN KRATER ALS GOLDGRUBE

Die Wanderwege des Nationalparks sind im schlechten Zustand und meist nur mit schriftlicher Erlaubnis (protocollo@epnv.it) zugänglich. Damit bleibt im Grunde nur der Klassiker, der kurze Aufstieg vom Parkplatz an der Quota mille zum Kraterrand des Gran Cono. An klaren Tagen ist die Aussicht phänomenal, und man teilt sie sich mit Hunderten Touristen. Im Halbbogen darf man am Kraterrand entlangspazieren. Eine Umrundung inklusive Aufstieg zur 1281 Meter hohen Spitze ist nur in Begleitung offizieller Führer möglich und kostet extra.

könnte der nächste Ausbruch sein. Das Osservatorio Vesuviano unterhält ein dichtes Netzwerk von Messstationen. Unter dem Vesuv erstreckt sich in acht Kilometern Tiefe ein Magmareservoir mit einer Ausdehnung von 400 Quadratkilometern. Wie lange hält der Lava-Pfropfen noch, der seit 1944 den Schlot verschließt? Folgen möglicher Ausbrüche werden am Computer simuliert. Zugrunde liegen auch Erkenntnisse der Archäologen, die bei Nola ein vor 3800 Jahren vom Vulkan verschüttetes bronzezeitliches Dorf entdeckten. Wie können diese Erkenntnisse heute in realistische Evakuierungspläne umgesetzt werden? Ein falscher Alarm hätte Massenpanik und Verkehrschaos zur Folge, eine zu späte Warnung wäre katastrophal.

Der Ausbruch im Jahr 79 – Chronik einer Katastrophe

Die Eruption von 79 ist gut dokumentiert, die berühmten Plinius-Briefe sind die ersten überlieferten Augenzeugenberichte eines Vulkanausbruchs. Im Abgleich mit der Analyse abgelagerter vulkanischer Schichten und archäologischer Befunde erlauben sie eine stundengenaue Rekonstruktion der Katastrophe. Plinius d. J. erwähnt Erdbeben, die dem Ausbruch unmittelbar vorausgingen. Nur maß ihnen damals niemand Bedeutung bei. Ausgelöst wurden sie von aufsteigender Magma. Damit wuchs der Druck auf den Pfropfen im Schlot. Am Morgen des 24. August (nach neueren Erkenntnissen Oktober) ereignete sich eine Reihe kleinerer Dampfexplosionen. Das Magma hatte grundwasserführende Schichten erreicht. Gegen Mittag erfolgte dann jene gewaltige Explosion, deren bis zu 30 Kilometer hohe Eruptionssäule Plinius aus dem 30 Kilometer entfernten Misenum beobachten konnte. »Eine Wolke erhob sich, für die, welche aus der Ferne schauten, war es unsi-

AUTORENTIPP!

DIE FRÜCHTE DES VESUVS

Vinum vesuvianum war bei Römern hoch im Kurs. Als Lacryma Christi DOC erlebt er seine Renaissance. Vincenzo Oliviero betreibt die älteste Vesuv-Kellerei und füllt dort auch den historischen Caprettone ab. Giovanni Marino hat sich den »Goldäpfeln« verschrieben, den gelben Vesuvpomodori, die als Pomodorino del Piennolo DOP in Bündeln aufgehängt den ganzen Winter über frisch bleiben. Seine von Slow Food ausgezeichnete Azienda Casa Barone ist der größte Bio-Erzeuger im Nationalpark.

Fuocomorto. Wein und Gästezimmer. Contrada Croce dei Monti, 80056 Ercolano, Tel. 08 17 39 46 55, http://bedandbreakfastercolano.it
Casa Barone. In Zukunft kann der landschaftlich reizvoll gelegene Betrieb auch besichtigt werden. Bis dahin gibt es die Produkte in ausgewählten Geschäften. Via Panoramica Fellapane (Anfahrt aus San Sebastiano al Vesuvio), 80040 Massa di Somma, Tel. 08 10 60 60 07, www.casabarone.it

Oben: Die Hausruinen der Azienda Casa Barone sollen dereinst Gäste empfangen.
Unten: Giovanni Marino glaubt an den fruchtbaren Vesuv.

cher, von welchem Berg – dass es der Vesuv war, erkannte man später; ihre Gestalt dürfte wohl am ehesten einer Pinie ähnlich gewesen sein.« Seit 1945 würde man an einen Atompilz denken. Eruptionen, bei denen große Mengen an Lockermaterial in die Atmosphäre geschleudert werden, bezeichnen Vulkanologen seither als plinianisch.

Stundenlang schossen Bimssteine und auch heiße Aschen in den Himmel und fielen wieder herab. In Pompeji war der Asche- und Bimssteinregen besonders heftig, der Tag wurde zur Nacht. Nach einigen Stunden begannen die Dächer der Häuser unter dem Gewicht des Lockermaterials einzustürzen. Nach zwölf Stunden bedeckte bereits eine zweieinhalb Meter dicke Schicht die Stadt. Dann änderte sich das Eruptionsverhalten. Herculaneum war bislang nicht unmittelbar betroffen gewesen, da der Aschefall der Hauptwindrichtung folgte, also weg von der Stadt. Kurz nach Mitternacht brach die Eruptionssäule in sich zusammen, und pyroklastische Ströme, Glutwolken aus heißen Gasen und Lavatrümmern, rasten die Hänge hinab. Der erste Surge erreichte Herculaneum gegen ein Uhr morgens am darauffolgenden Tag. Mit Temperaturen von 400 bis 500°C löschte die Glutwolke in Sekundenbruchteilen jegliches Leben aus, organisches Material verkohlte. In den folgenden zwölf Stunden lagerten sich neue Schichten ab, die sich später zu Tuff verfestigten. Gegen 6.30 Uhr erreichte Pompeji der dritte pyroklastische Surge, kurz darauf fielen dem vierten Surge geschätzt 2000 noch in der Stadt verbliebene Bewohner zum Opfer. Wenige Minuten später riss der fünfte Surge in Pompeji die noch stehenden Mauern nieder. Ausläufer der letzten und größten Glutwolke erreichten gegen acht Uhr morgens auch Stabiae, wo sich Plinius d. Ä. aufhielt. Sein Erstickungstod wurde vermutlich von der feinen Asche und den Gasen verursacht. Drei Tage nach der ersten Eruption ließ der Aschefall nach und das Tageslicht kehrte schüchtern zurück. 300 Quadratkilometer fruchtbares Land waren in eine Wüste verwandelt worden, ehemals blühende Städte lagen metertief unter Asche und Bimsstein begraben.

Faszinierender Feuerberg

Der Vesuv ist ein zusammengesetzter Schichtvulkan mit nur einem Schlot, aufgebaut aus abwechselnden Lagen vulkanischen Lockermaterials und erkalteten Lavaflüssen. Aus der Caldera des älteren Monte Somma (1132 Meter), Rest jenes etwa 2000 Meter hohen Kegelbergs, der beim Ausbruch 79 n. Chr. explodierte, ragt der Gran Cono des Vesuv empor. Seit der Feuerberg vor etwa 25 000 Jahren als Insel aus dem Golf von Neapel emporstieg, erlebte er zahlreiche explosive Ausbruchszyklen. Mit der spektakulären Eruption 79 n. Chr., deren Augenzeuge Plinius d. J. war, hat sich der Vesuv in die Weltgeschichte eingeschrieben. Die Verschüttung der Städte Herculaneum und Pompeji kommentierte Goethe am 13. März 1787: »Es ist viel Unheil in der Welt geschehen, aber wenig, das den Nachkommen so viel Freude gemacht

AUTORENTIPP!

ANTIKER WEINKELLER

Ein berühmtes Pompeji-Fresko (Museo Archeologico Neapel), zeigt den Weingott Bacchus und im Hintergrund den mit Rebstöcken überzogenen Vesuv. Anschaulich wird antike Agrarwirtschaft beim Besuch der Villa Regina in Boscoreale. Inmitten eines modernen Wohngebiets kamen die Reste mehrerer Landvillen zum Vorschein, darunter ein kleines Weingut inklusive seiner *cella vinaria* (»Weinkeller«). In 18 *dolia*, halb im Boden vergrabenen Tonkrügen, waren 10 000 Liter Wein gelagert. Das Antiquarium zeigt neben verkohlten Lebensmitteln auch die Gipsabgüsse eines seit 150 Jahren von Betrachtern beklagten Kettenhundes und eines meist ignorierten Hausschweins.

Antiquarium di Boscoreale – Villa Regina. April–Okt. tgl. 8.30–18 Uhr, Nov.–März tgl. 8.30–17 Uhr. Via Settetermini, 80041 Boscoreale, Tel. 08 18 57 53 47, www.pompeiisites.org

Oben: Der Vesuv ist ein Schichtvulkan.
Mitte: Im 18. Jahrhundert war der aktive Vesuv eine große Touristenattraktion.
Unten: Blick in den Schlund des Gran Cratere

hätte.« Der Golf von Neapel war im 18. Jahrhundert das Highlight der Grand Tour. Die antiken Reste, das milde Klima, die liebliche Szenerie am Golf und im Kontrast dazu der bedrohliche Vulkan schlugen die Reisenden in den Bann. Die Besteigung des »Naturwunders« Vesuv gehörte zum Pflichtprogramm, die Nähe von Paradies und Hölle am Golf von Neapel wurde zum geflügelten Wort. Zur gleichen Zeit begann die wissenschaftliche Erforschung des Vesuvs. Zu seinen eifrigsten Beobachtern zählte Sir William Hamilton, von 1764 bis 1800 britischer Botschafter am neapolitanischen Königshof. Mitte des 19. Jahrhunderts wurde die Vulkanforschung institutionalisiert. Die pompejiroten Gebäude des 1841 gegründeten Osservatorio Vesuviano beherbergen heute ein Museum, während die Messdaten im National Institute of Geophysics and Vulcanology in Neapel zusammenfließen.

Massentourismus und Naturschutz

Vom Ende des 19. Jahrhunderts an stand die Besteigung des Vesuvs im Zeichen des organisierten Massentourismus. Italiens erste Eisenbahnlinie Neapel–Portici erlaubte eine rasche Annäherung, die sich ab 1880 in der von Thomas Cook & Sons, »Erfinder der Pauschalreise, betriebenen Standseilbahn, der Funicolare, bergauf fortsetzte. Der *canzone »Funiculì, funiculà«* war ihre beste Werbung. Beim Ausbruch 1906 wurde der Funicolare beschädigt, wieder aufgebaut und 1944 endgültig zerstört. Die Idee eines modernen, umweltfreundlichen Nachfolgers scheiterte bislang. So bleibt die Anfahrt auf kurviger Straße von Ercolano bzw. Torre del Greco bis auf die Quota mille. Seit 1995 steht der Vesuv als Nationalpark unter Schutz, 1997 erklärte ihn die UNESCO zum Biosphärenreservat.

Infos und Adressen

SEHENSWÜRDIGKEITEN

Gran Cono del Vesuvio. Im Winter tgl. 9–15 Uhr, im Sommer tgl. 9–18 Uhr. Entritt: 10/erm. 8 €. Quota mille, 80056 Ercolano, Tel. 08 17 77 57 20, www.guidevesuvio.it

Museo Vulcanologico dell'Osservatorio Vesuviano. An der Höhenstraße Ercolano–Quota mille. Sa/So 10–14 Uhr. Via dell'Osservatorio, 80056 Ercolano, Tel. 08 16 10 84 83, www.ov.ingv.it

ESSEN UND TRINKEN

'E Curti. Die familiäre Osteria an den nördlichen Vesuvhängen hält antike Küchentraditionen hoch und ist mit der Slow-Food-Schnecke ausgezeichnet. So abends und Mo geschl. Via Padre Michele Abete 6, 80048 Sant'Anastasia, Tel. 08 18 97 28 21, www.e-curti.it

La Locanda da Alfonso. Vorzügliche Fisch- und Gemüseküche. So abends, Mo geschl. Via Passanti Flocco 405, 80041 Boscoreale, Tel. 08 18 59 31 56.

ÜBERNACHTEN

Vesuvio Family House. Zusammenschluss engagierter Leute, die am Vesuv B&Bs oder Agriturismi

Um Pompeji zu erkennen, braucht man ein Fernglas.

führen. Dazu gehört auch Francesco di Fraia, Betreiber des B&B Villa San Gennariello (S. 176) in Portici. www.vesuviofamilyhouse.it

EINKAUFEN

Lapilli del Vesuvio. Eine schmackhafte Einladung, das Territorium besser kennenzulernen. www.facebook.com/lapillidelvesuvio

Sorrentino. Prämiertes Weingut, auch Imbiss möglich. Via Rio 4, 80042 Boscotrecase, Tel. 08 18 58 49 63, www.sorrentinovini.com

Postkartenblicke gibt es bei klarer Sicht.

28 Herculaneum, Ercolano und Portici

Zwei Jahrtausende High Society im Schatten des Vulkans

Schon in der Antike war Herculaneum kleiner und feiner als Pompeji. Während die große Schwester vom zweiten Untergang bedroht wird, hat privates Mäzenatentum in den Ausgrabungen von Herculaneum Vorbildliches geleistet. Der Mercato di Pugliano in Ercolano lockt Fashion Victims aus aller Welt, und auch Portici ist mit dem Bourbonenschloss und dem Fischerhafen Porto di Granatello einen Abstecher wert.

Der liebliche Küstenstreifen am Fuße des Vesuvs erlebte im 18. Jahrhundert eine Renaissance. Den Trend setzte 1709 Prinz d'Elbeuf, Offizier der österreichischen Besatzungsarmee, als er über dem Hafen von Granatello seine Villa bauen ließ. Zu gleicher Zeit wurden bei der Ausschachtung eines Brunnens im nahen Resina – dem heutigen Ercolano – zufällig die verschütteten Reste des antiken Theaters von Herculaneum entdeckt. Der Prinz ließ unter Tage nach weiteren Schätzen graben.

Oben: Villa des Prinzen d'Elbeuf über dem Porto di Granatello
Unten: Jeden Tag müssen die Netze geflickt werden.

MAL EHRLICH

MIT DER S-BAHN IN DIE RÖMERZEIT

Die Ausgrabungen von Herculaneum haben einen großen neuen Parkplatz, und auch in Pompeji kann man das Auto sicher unterstellen, nur der Verkehr dorthin raubt einem manchmal die Sinne. Dabei gibt es die (meistens) zuverlässige Vorortbahn Circumvesuviana (www.eavsrl.it), die auf der Strecke Neapel–Sorrent auch in Ercolano, Pompei und Torre Annunziata (Villa Oplontis) hält.

Portici

Darin tat es ihm ab 1738 Karl III. von Bourbon gleich. Es kamen erstaunliche Mengen an Marmor- und Bronzestatuen, Wandmalereien und unzählige Haushalts- und Einrichtungsgegenstände zum Vorschein. Sie wurden im neuen Palazzo Reale in Portici ausgestellt und bildeten den Grundstock des späteren Museo Archeologico in Neapel. Das Beispiel des Königs machte Schule. Bald säumten über hundert Adelsvillen die Via Reggia zwischen Neapel und Torre del Greco. Als Miglio d'Oro wurde die Prachtmeile berühmt.

1839 kam der Fortschritt in Form der ersten Eisenbahnlinie Italiens. Sie verband Portici mit Neapel. Ein Fortschritt mit Folgen, denn die Eisenbahn schnitt die Villen vom Meer ab. Im Jahr 1860, nach Vertreibung der Bourbonen, wurden viele Villen aufgegeben. In der Nachkriegszeit fielen die meisten Parkanlagen der Bauspekulation zum Opfer. Der Palazzo Reale in Portici wird seit 1873 von der Landwirtschaftlichen Fakultät der Universität Neapel genutzt. Ein Teil des weitläufigen Parks dient als Botanischer Garten. Heute ist Portici eine der mit Abstand am dichtesten besiedelten Kommunen Italiens und geht nahtlos in Ercolano über. Königsschloss und Porto di Granatello lassen noch den verblichenen Charme verspüren.

Herculaneum

Die Ausgrabungsstätten von Herculaneum liegen im Schatten des Vesuvs und der von mehr als 2,5 Millionen Touristen jährlich heimgesuchten Schwesterstadt Pompeji. Anders als Pompeji wurde Herculaneum 79 n. Chr. nicht vom Asche- und Bimssteinregen bedeckt, sondern von pyroklastischen Strömen verschüttet. Diesem Umstand ist der gute Erhaltungszustand der Holzbauteile und -möbel, von Schriftstücken und sogar Nahrungs-

AUTORENTIPP!

BEST ROMAN SHIT IN THE WORLD

Zum Erhalt der einzigartigen Antikenstätte wurde das Herculaneum Conservation Project ins Leben gerufen, finanziell unterstützt von einer US-amerikanischen Stiftung. Unter Ägide des streitbaren britischen Archäologen Andrew Wallace-Hadrill wurden konservierende Maßnahmen in den Vordergrund gestellt. Nur in einem Fall wurde ausgegraben, und zwar die antike, beim Vesuvausbruch 79 verstopfte Kanalisation. So bekam man das Grundwasserproblem in den Griff und nebenbei kam »*the best roman shit in the world*« ans Tageslicht, die umfangreichste Ausgrabung antiker menschlicher Hinterlassenschaften, die interessante Rückschlüsse auf damalige Speise- und Lebensgewohnheiten erlauben. Die Webseite informiert über den Fortgang der Arbeiten und ermöglicht eindrucksvolle virtuelle Rundgänge.

Herculaneum Conservation Project. www.herculaneum.org

AUTORENTIPP!

SCHUTZGELDFREIER GENUSS

Das Slow-Food-Ristorante Viva lo Re in direkter Nachbarschaft zur berühmten Villa Campolieto bietet eine vorzügliche Vesuvküche im Wechsel der Jahreszeiten. Die Weinauswahl ist beachtlich. Auf der Straßenseite gegenüber kann man die guten Tropfen in einer *enoteca* auch zum Mitnehmen erwerben. Maurizio Focone legt bei der Produktauswahl nicht nur Wert auf hohes kulinarisches Niveau, seine Zulieferer haben sich ihm z.T. im Kampf gegen die Schutzgelderpressung angeschlossen. »*Addiopizzo*« (»Tschüss Schutzgeld«) ist eine Initiative ursprünglich aus Palermo, die inzwischen auch am Golf von Neapel Anhänger findet. Für Übernachtungsgäste hält Maurizio nebenan nette Zimmer frei und neuerdings auch in einer schönen Jugendstilvilla in der Nähe.

Viva lo Re. So abends, Mo geschl. Corso Resina 261, 80056 Ercolano, Tel. 081 73 90 20, www.vivalore.it, www.villabattista.com

mitteln zu verdanken, die in der Hitze oberflächlich verkohlten und anschließend im Tuff konserviert wurden. Vor Jahren zeigte sich ein Bild des Jammers: Fresken platzten von den Wänden, Regenwasser drang in die Häuser und Grundwasser bedrohte die antiken Ruinen. Das Herculaneum Conservation Project leistet seit 2001 Vorbildliches (s. Autorentipp).

Ercolano

Unter der Bebauung des modernen Ercolano und unter 20 Meter Tuff schlummern immer noch zwei Drittel der antiken Stadt. Herculaneum war zum Zeitpunkt seiner Zerstörung eine beschauliche Hafenstadt mit geschätzt 5000 Einwohnern. Ein Teil der Bevölkerung ging dem Fischfang nach. In augusteischer Zeit wurde die Stadt an den Aquädukt angeschlossen und entwickelte sich zum Sommerresort reicher Patrizier. Ein Raster rechtwinklig sich schneidender Straßen durchzieht die Stadt, deren ziegelgedeckte Häuser sich z. T. komplett mit Obergeschossen erhalten haben. Die ehemalige Uferlinie säumt eine Serie von Lagerräumen, über denen sich eine Terrasse mit Heiligtümern und dahinter die Stadtmauer erheben. Sie hatte ihren militärischen Zweck verloren. In unverbaubarer Panoramalage – ähnlich wie in Pompeji – breiteten sich hier die Gartenvillen der oberen Zehntausend aus.

Das Ausgrabungsgelände

Der Zugang ins Ausgrabungsgelände führt über eine moderne Brücke, die in den Cardo III mündet. Die ehemals herrschaftliche Casa del Albergo A wurde nach dem Erdbeben 62 in ein Mietshaus umgewandelt. Jenseits des Decumano inferiore nehmen die Thermen B einen halben Baublock ein. Der Zugang zur Männerabteilung erfolgt vom Car-

Rundgang durch Herculaneum

Der Besuch des antiken Herculaneum gerät intimer als der Massenauflauf in Pompeji. Und vieles hat sich hier weitaus besser erhalten.

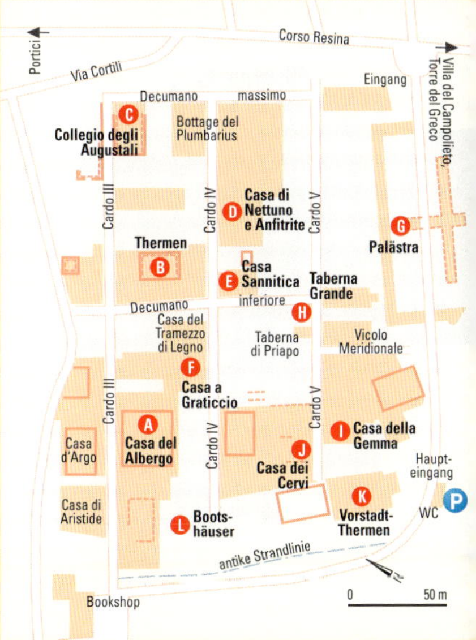

A Casa del Albergo – In eine Mietskaserne umgewandelte Villa.

B Thermen – Die Männer- und Frauenabteilung sind getrennt.

C Collegio degli Augustali – Haus für den Kaiserkult oder Sitz der Ratsversammlung?

D Casa di Nettuno e Anfitrite – Das Gartenmosaik ist eine Schau.

E Casa Sannitica – Durch die Dachöffnung fallen Licht und Regen in den Innenhof.

F Casa a Graticcio – Fachwerkbau, typisch für die Architektur billiger Mietshäuser.

G Palästra – Die monumentale Sportanlage aus augusteischer Zeit steckt noch größtenteils im Tuff.

H Taberna Grande – Fast-Food-Imbiss der Antike.

I Casa della Gemma – So wohnten die oberen Zehntausend.

J Casa dei Cervi – Millionärsvilla mit Hirschskulptur.

K Vorstadt-Thermen – Luxuriöse Badeanstalt, einst mit Meerblick.

L Bootshäuser – Hier sind grausige Skelettfunde zu besichtigen.

Decumano inferiore mit Eckkneipe

AUTORENTIPP!

ZEITGEMÄSS REISEN, STILVOLL RESIDIEREN
Familiärer Empfang und entspannte Atmosphäre in einer der Vesuv-Villen des Miglio d'Oro: Mit guten Tipps kümmern sich Francesco di Fraia und seine Eltern um ihre Gäste. Auf Wunsch wird auch gekocht – und zwar köstlich! Komfortable Zimmer, parkartiger Garten und Belvedere von der Dachterrasse aus. Hier bleibt man oft länger als geplant. Mit Freunden betreibt Francesco ein Netzwerk weiterer B&Bs. Dahinter steht der engagierte Entschluss, den Vesuv Grandtouristen unserer Tage zu erschließen – z.B. durch Besuche in Weinkellereien oder Begegnungen mit Archäologen.

Villa San Gennariello. Via Madonelle 5, 80055 Portici, Tel. 08 17 76 12 20 oder 33 15 46 94 71, www.villasangennariello.com, www.vesuviofamilyhouse.it

do III. An der nächsten Ecke steht das Collegio degli Augustali **C**, dessen Priester den Kaiserkult pflegten. Kurz vor dem Ausbruch 79 waren die Räume neu dekoriert worden. Auf den Bildern ist Herkules zu sehen, mythischer Gründer der Stadt. Die Kreuzung des Cardo III mit dem zwölf Meter breiten Decumano massimo markierte den Mittelpunkt der Stadt. Entlang der Hauptstraße öffnen sich Läden und Schenken. Brunnen dienten der öffentlichen Wasserversorgung. An der Ecke des meerseitig abzweigenden Cardo IV hatte ein *plumbarius*, ein Klempner, seine Werkstatt. Noch sind einige der von ihm gefertigten Bleiwasserrohre an Ort und Stelle zu bewundern. Ein Straßen-Weinverkauf, der aussieht, als ob der Besitzer sich nur für einen Augenblick entfernt hätte, liegt ein Stück weit unterhalb. Im Innenhof der dazugehörigen Casa di Nettuno e Anfitrite **D** verbirgt sich ein entzückendes Sommertriclinium (Speisezimmer).

Vom Cardo IV gelangt man in die Frauenabteilung der Thermen **B**. An der Kreuzung mit dem Decumano inferiore stehen mehrere interessante Wohnhäuser. Die Casa Sannitica **E** stammt noch aus vorrömischer Zeit und ist ein schönes Beispiel für den Typus des italienschen Atriumhauses. Schräg gegenüber zeigt die weitläufige Casa del Tramezzo di Legno einen ähnlichen Bauplan. Eine elegante Holztrennwand mit Schiebetür, die dem Haus den Namen gibt, entzog das Büro des Hausherren allzu neugierigen Blicken von der Straße. Die benachbarte Casa a Graticcio **F** ist das Beispiel eines in Leichtbauweise errichteten Fachwerkhauses.

Der Decumano inferiore mündet jenseits des Cardo V in die Palästra **G**. Beim Besuch gewinnt man einen Eindruck von der ursprünglichen Grabungssituation unter Tage. In den zahlreichen Bäckereien, Tavernen und Weinschenken in der Umgebung konnten die Athleten ihren Durst und Hunger stil-

len. Die Grande Taberna H ist eine klassische Eckkneipe, die benachbarte Taberna di Priapo diente zusätzlich auch als Bordell. Der Cardo V fällt in Richtung Küste ab. In augusteischer Zeit wurden die Casa del Rilievo di Telefo und die Casa della Gemma I zu einer zusammenhängenden Luxusvilla kombiniert, die sich seitlich auf die heute nicht mehr existierende Hafenbucht öffnete. Als damaliger Besitzer wird Marcus Nonius Balbus vermutet, politischer Weggefährte des Augustus und großzügiger Stifter der Vorstadt-Thermen K.

Auf der Straßenseite gegenüber beeindruckt die Casa dei Cervi J nicht nur durch ihre prominente Lage über der Steilküste, sondern auch durch ihren Garten mit raffiniertem Skulpturenschmuck. Zwischen den beiden Millionärsimmobilien führt der Cardo V durch ein Tor – ursprünglich Hauptverbindung der Stadt zum Meer – und über eine Rampe auf die Terrasse mit dem Denkmal des Marcus Nonius Balbus und den Terme Suburbane K. Lange Zeit wurde angenommen, sämtliche Einwohner Herculaneums hätten sich 79 retten können. Doch in den 1980er-Jahren fand man in den gewölbten Lager- oder Bootshäusern L unterhalb der Terrasse über 300 Skelette von Menschen, die bei dem Versuch, mit Schiffen zu fliehen, am Morgen des 25. August 79 von einer Glutwolke erstickt worden waren. Einige hielten noch den Hausschlüssel in der Hand, wohl in der Hoffnung, bald zurückkehren zu können.

Oben: Erhöhte Gehwege begleiten die gepflasterten Straßen.
Mitte: Mosaik in der Casa di Nettuno e Anfitrite
Unten: Opfer der Katastrophe in den Bootshäusern

Infos und Adressen

SEHENSWÜRDIGKEITEN

Museo Archeologico Virtuale. In abgedunkelten Räumen lassen Computeranimationen, Hologramme und Geräusche eine untergegangene Welt wieder auferstehen. Di–So 9–16.30 Uhr. Via IV. Novembre 44, 80056 Ercolano, Tel. 081 19 80 65 11, www.museomav.it

Reggia di Portici – Pracht mit Patina

Museo Ferroviario di Pietrarsa. Die ehemalige Königlich Bourbonische Lokomotivenfabrik ist ein Stück italienischer Industriegeschichte. Standesgemäß reist man mit der Bahn an, Station »Pietrarsa – San Giorgio a Cremona«. Fr–So 9–16 Uhr. Via Pietrarsa, 80046 San Giorgio a Cremano, Tel. 081 47 20 03, www.fondazionefs.it

Reggia di Portici – Herkulanense Museum. Das imposante Treppenhaus ist jederzeit zugänglich, das Museum erinnert an die erste Antikensammlung im Bourbonenpalast. Fr–So 10–13.30 Uhr. Eintritt inkl. Führung: 5 €. Via Università 100, 80055 Portici, Tel. 08 12 53 20 16 und 33 81 86 51 89, www.centromusa.it

Scavi di Ercolano. Einen detaillierten Gratis-Plan der Ausgrabung erhält man an der Kasse, Audioguides im Bookshop. April–Okt. tgl. 8.30–18 (19) Uhr, Nov.–März tgl. 8.30–15.30 (17) Uhr. Eintritt: 11/erm. 5,50 €, auch Sammeltickets mit Pompeji. Corso Resina 6 bzw. Via Alveo, 80056 Ercolano, Tel. 08 17 77 70 08, www.pompeiisites.org

ESSEN UND TRINKEN

C&D. Das junge Lokal in einer historischen Vesuv-Villa folgt der Slow-Food-Philosophie. Im Sommer wird im Mandarinenhain gedeckt, der eigene Bio-Gemüsegarten liefert die Zutaten. So abends geschl. Via S. Pagliano 5, 80056 Ercolano, Tel. 08 17 75 25 02, www.ristorantecieddi.it

Gelateria Gallo. (nicht zu verwechseln mit der Gelateria del Gallo an der Piazza S. Ciro!) Eine der besten Eisdielen am Golf. Seit 1927 am Platz, als Portici noch eine grüne Gartenstadt war. Corso Garibaldi 34, 80055 Portici, Tel. 081 47 59 42, www.gelateriagallo.it

Salvo. Modernes Ambiente, allerbeste Bio-Pizza, dazu Vesuv-Weine und handwerklich gebraute Biere. Largo Arso 10/18, 80046 San Giorgio a Cremano, Tel. 081 27 53 06, www.pizzeriasalvo.it

Trattoria da Peppe e Ferdi. Winzige Fisch-Trattoria wenige Schritte vom Porto di Granatello. Hier isst man gut und günstig. So abends und Mo geschl. Via Discesa Port 21, 80055 Portici, Tel. 33 96 96 61 91 oder 32 00 43 95 62.

ÜBERNACHTEN

Fabric Hostel & Club. Lässig-preiswerte Unterkunft in ruhigem Hinterhof mit Restaurant und Music-Club. Wenige Schritte von der zentralen Piazza San Ciro in einer lebendigen Marktstraße. Via Bellucci Sessa 22, 80055 Portici, Tel. 08 17 76 58 74, www.fabrichostel.com

NACHTLEBEN

American Bar Granhattan. Direkt über dem Hafen. 10–3 Uhr nachts. Di geschl. Via delle Industrie 13, 80055 Portici, Tel. 08 17 76 48 52.

Rund um Porto di Granatello. Im Sommer öffnen coole Strand-Bars und heiße Music-Clubs am Porto di Granatello.

EINKAUFEN

Mercato di Pugliano. Auch Mercato di Resina genannt. Not der Nachkriegszeit und neapolitanisches Improvisationsgeschick waren die Geburtshelfer des Altkleidermarkts in der Via Pugliano wenige 100 m nördlich der weltberühmten Ausgrabungen von Ercolano. Tagtäglich, v.a. aber So vormittags, jagen Trash-Designer, Theater- und Filmausstatter hier nach Fashion-Schnäppchen. www.mercatodiresina.it

Im Fabric Hostel & Club gibt es selbst gebrautes Bier.

VERANSTALTUNGEN

Festival delle Villa Vesuviane. Konzerte und Theateraufführungen in restaurierten Villen des Miglio d'Oro. Info c/o Villa Campolieto, Corso Resina 283, 80056 Ercolano, www.villevesuviane.net

Abgrenzung von China-Ware

Porta Stabia in Nähe der Theater

29 Pompeji und Pompei
Die größte Stadtruine der Welt

Die Ausgrabungen von Pompeji stehen als Attraktion nicht nur bei Katastrophentouristen weltweit an erster Stelle. Beim Vesuvausbruch 79 n. Chr. wurde die komplette Stadt verschüttet und im 18. Jahrhundert wiederentdeckt. Damit öffnete sich ein faszinierendes Zeitfenster in die römische Antike. Die wahre Katastrophe ist, dass dem UNESCO-Weltkulturerbe möglicherweise ein zweiter, endgültiger Untergang droht.

Italiener kennen Pompei in erster Linie als Pilgerziel. Die moderne Stadt, entstanden nach dem Bau der 1891 geweihten Wallfahrtskirche Madonna del Rosario, zieht alljährlich vier Millionen Gläubige an. Vom 80 Meter hohen Campanile sieht man auf die Ausgrabungen des antiken Pompeji (S. 184) herab.

Tavernen und Garküchen

In Pompeji gab es etwa 150 *tabernae* und *cauponae* (Schankstuben und Garküchen), Bürger wie

MAL EHRLICH

IST POMPEJI NOCH ZU RETTEN?

Während das Herculaneum Conservation Project Schule machte und in Stabiae eine Stiftung die Sanierung der antiken Villen vorantrieb, überschlugen sich in Pompeji die Hiobsbotschaften: Wind und Wetter, bröckelnde Ruinen, bürokratischer Irrsinn und unkontrollierte Touristenmassen drohten der weltgrößten Stadtruine mit dem zweiten, endgültigen Untergang. Rettung verspricht das Grande Progetto Pompei, dem seit 2013 der Carabiniere-General Giovanni Nistri vorsteht.

Besucher nahmen hier ihr *prandium* (Mittagsessen) ein. Die Schenken liegen an stark frequentierten Straßen und in Nähe des Amphitheaters W. In den Tresen sind *dolia*, große Keramikgefäße, eingelassen, in denen die Speisen warm gehalten wurden. Ein Beispiel ist die Taverne des Vetutius Placidus S an der Via dell'Abbondanza. In mehr als 30 Großbetrieben, so wie im *pistrinum* des Popidius Priscus J, wurde Brot gebacken. Esel und Sklaven drehten die Mühlen, der Teig wurde mit Fußpedal betriebenen Maschinen geknetet und die Brote in Öfen gebacken, wie sie heute noch in jeder neapolitanischen Pizzeria brennen.

Bordelle

Die Lage des städtischen Bordells in einer nördlichen Querstraße der Via dell'Abbondanza erschließt sich einem schnell, folgt man den Touristenströmen. Ob der ins Straßenpflaster gemeißelte Penis als Verkehrsschild zu deuten ist, sei dahingestellt. Das *lupanar* des Africanus L verfügt über fensterlose Räume mit gemauerten Betten. Über alle Sprachbarrieren hinweg illustrieren *Veneris figurae* die Dienstleistungen der Sexarbeiterinnen. Römische Prostituierte, in der Regel Sklavinnen, bezeichnete man auch als *lupae* (»Wölfinnen«), da sie mit entsprechenden Rufen ihre Kunden lockten. Das wirft ein neues Licht auf die Sage von Romulus und Remus, die angeblich von einer Wölfin aufgezogen wurden.

Amphitheater

Das Amphitheater W am südöstlichen Stadtrand war DER Besuchermagnet in der Antike. In den ersten Jahren der römischen Kolonie errichtet, ist es das älteste Bauwerk seiner Art. Es fasste 20 000 Zuschauer, etwa doppelt so viel Menschen wie Pompeji Einwohner hatte, d. h. es wurde mit Zu-

AUTORENTIPP!

GEGEN DEN STROM

Eine Besichtigung von Pompeji setzt gutes Schuhwerk, Zeit und Kondition voraus. Gruppen wählen meist den Haupteingang an der Porta Marina und tummeln sich in den forumsnahen Vierteln. Größter Publikumsmagnet ist das Lupanar L – Schlangen garantiert. An allen Eingängen gibt es nützliche Gratis-Stadtpläne, WCs finden sich im Schnellrestaurant an den Forumsthermen C und im Quadriportikus P des Theaters. Hier liegt der zweite Eingang. Ein dritter öffnet sich an der Piazza Anfiteatro, ideal auch für alle, die in Pompei übernachten. Im südöstlichen Teil der Stadt verlaufen sich die Besucher, und nahe der Porta Nolana bietet sich einer der schönsten Blicke auf das Ausgrabungsgebiet mit der Silhouette des Vesuv im Hintergrund. Fast allein läuft man auf der Passegiata fuori le mura, einem lauschigen Spazierweg außerhalb der Stadtmauer.

Oben: Orto dei Fuggiaschi – Opfer der Katastrophe
Unten: Peristyl in der Casa del Menandro

schauern aus der Umgebung gerechnet. Im Jahr 59 n. Chr. gerieten der Plebs aus Pompeji und »Hooligans« aus Nucera blutig aneinander. Ein Fresko (Museo Archeologico Neapel) schildert den Vorfall im Detail.

Zentrum, Markt und Verwaltung

Das Forum **B** war das Zentrum des politischen, religiösen, wirtschaftlichen und sozialen Lebens. Ein zweistöckiger Säulengang und öffentliche Bauten umgaben den für den Durchgangsverkehr gesperrten Platz. Am nördlichen Ende erhebt sich das Capitolinum, offizieller Tempel des römischen Staatskults. Das *macellum* war der zentrale Fisch- und Fleischmarkt. Im ehemaligen Getreidespeicher gegenüber werden archäologische Fundstücke und Gipsabgüsse von Leichen aufbewahrt. Auf der Südseite lagen die Amtsgebäude der städtischen Verwaltung. Die Basilika diente der zivilen Rechtsprechung und war ein wichtiger Versammlungsplatz der Bürger.

Vom Forum zieht sich die Via dell'Abbondanza in Richtung Amphitheater, von Läden, Kneipen und Werkstätten gesäumt. In der *fullonica* (»Tuchwalkerei«) des Stephanus Ⓡ wurden in Wasserbecken Stoffe gewaschen und in uringefüllten Becken Wolle entfettet. Gegenüber liegt der Konkurrenzbetrieb des Verecundus, in dem auch Leder gegerbt wurde.

Zum Bleichen von Wollstoffen verwendete man Urin, teils teure Importware aus Nordafrika (Kamelurin!). Mit dem Argument *Pecunia non olet!* (»Geld stinkt nicht!«) ließ Kaiser Vespasian die industrielle Verwendung menschlichen Urins besteuern. Damit sanierte er die zerrütteten Staatsfinanzen. Öffentliche Pissoire werden in Italien heute noch *vespasiane* genannt. Ein öffentliches, antikes WC liegt am Forum Ⓑ im Rücken des Getreidespeichers. In Kneipen und Bordellen wurden zum Sammeln von Urin Amphoren aufgestellt.

Villen und Mietkasernen

Die privaten Häuser Pompejis spiegeln die unterschiedlichen sozialen Klassen seiner Einwohner wider. Bankiers, Steuerpächter, reiche Händler und Großgrundbesitzer leisteten sich Luxusvillen mit Innenhöfen und Gärten, die sich über eine Grundfläche von bis zu 3000 Quadratmetern erstreckten. Ein solcher Stadtpalast ist die Casa del Fauno Ⓘ. Mit neuem und altem Geld protzten die Brüder Aulus Vettius Conviva und Aulus Vettius Restitutus in ihrer Casa dei Vettii Ⓖ oder die mit Poppea, der zweiten Frau Neros, verwandten Besitzer der benachbarten Casa degli Amorini Dorati Ⓗ. Dem Clan der Popidii gehörte auch die Casa del Menandro Ⓠ. Die Mittelschicht – Handwerksmeister, Kaufleute und Freigelassene – bewohnte kleinere Häuser mit einer Nutzfläche von bis zu 450 Quadratmetern. In engen Behausungen, meist ein Laden mit eingezogenem Zwischenboden (*pergula*) als Schlaflager, lebten ärmere Händler und Handwerker. In den Jahren nach dem Erdbeben 62 stieg

AUTORENTIPP!

PICKNICK IN POMPEJI

Das Schnellrestaurant an den Forumsthermen Ⓒ rettet vor dem jähen Hungertod, bietet *caffè* und Toiletten. Mehr nicht. Entlang des Spazierwegs, der außerhalb der antiken Stadtmauer vom Amphitheater Ⓦ, vorbei an der Porta Nolana und Porta Vesuvio zur Porta Ercolano führt, liegen ein paar lauschige Picknickplätze. Ein stiller Platz, wenn auch nicht ganz offiziell zum Picknicken freigegeben, ist das schattige Forum Triangolare westlich des Theaters Ⓞ. In der Stadt spenden Brunnen Trinkwasser. Backwaren süß und salzig, Käse und Wurst, Auberginenaufläufe und andere typische Ofengerichte, Vesuvwein und handwerklich gebraute Biere findet man bei »Melius«, einer bestens sortierten Rosticceria, wenige 100 Meter östlich der Wallfahrtskirche.

Melius Show Food. Mo–Sa 8–14 und 16.30–20.30 Uhr, So 8–14 Uhr. Via Lepanto 156/160, 80045 Pompei, Tel. 08 18 50 25 98.

Speisezimmer in der Villa dei Misteri

Auf Entdeckung in Pompeji

Die besten Tipps für den Pompeji-Besuch sind simpel: Man sollte sich viel Zeit nehmen und auch die Viertel abseits der Menschenströme besuchen.

A **Vorstadt-Thermen** – Badepalast mit Meerblick und eigenem Bootsanleger.

B **Forum** – Zentrum des urbanen Lebens.

C **Forumsthermen** – Raffinierte Stuckverzierungen im Tepidarium.

D **Casa di Pansa** – Es lohnt auch der Blick in den Eingang des Nebenhauses rechts.

E **Villa dei Misteri** – Im Speisezimmer ein rätselhafter Freskenzyklus.

F **Castellum aque** – Entscheidendes erfährt man in Robert Harris' Roman *Pompeji*.

G **Casa dei Vetii** – Reichtum zur Schau gestellt.

H **Casa degli Amorini Dorati** – Luxus pur mit ägyptischen Anklängen.

I **Casa del Fauno** – Das größte Privathaus der Stadt, im Stil wertkonservativ.

J **Bäckerei** – Eine der größten der 34 bekannten Bäckereien.

K **Zentralthermen** – Noch im Bau, keine getrennten Bereiche für Männer und Frauen.

L **Lupanar** – Das Bordell erklärt sich von selbst.

M **Stabianer Thermen** – Raffiniert der bunte Stuck im Umkleideraum der Männerabteilung.

N **Orto Botanico** – Botanischer Schaugarten, zu kaufen gibt es Kosmetika nach antikem Rezept.

O **Theater** – Das große Theater ist bekannt aus dem Pink-Floyd-Film *Live at Pompeii*.

P **Quadriportikus** – Zuletzt Gladiatorenkaserne. Eine Dame wurde in Gesellschaft von Gladiatoren vom Ausbruch überrascht.

Q **Casa del Menandro** – Im 3. Jahrhundert v. Chr. erbaut und später bis auf 1800 m^2 erweitert.

R **Fullonica** – Im Eingangsraum der Wäscherei stand eine Bügelpresse.

S **Thermopolium** – Von altgriech. *thermós* (»warm«) und *poléin* (»verkaufen«), nur hießen die Imbissstuben in der Antike niemals so.

T **Casa di Ottavio Quartione** – Der Besitzer war Priester des Isis-Kultes.

U **Casa della Venere in Conchiglia** – 1943 von Fliegerbomben getroffen und 1952 wieder ausgegraben.

V **Orto dei Fuggiaschi** – An der Mauer liegen mehrere Opfer des Vesuvausbruchs, ihre Körper in Gips.

W **Amphitheater** – In der Palästra gegenüber trainierte die Jugend.

Ein Legionär regelt den Fußgängerverkehr.

AUTORENTIPP!

LUXUSVILLA DER POPPAEA

Auf den ersten Blick chaotisch verbaut und eher abschreckend, birgt Torre Annunziata eine große Überraschung. 1964 wurde zufällig eine verschwenderisch reich ausgestattete Villa entdeckt, die den bourbonischen Raubgräbern glücklicherweise entgangen war. Auch wenn bislang nur Teilbereiche freigelegt werden konnten, überraschen die Ausdehnung der Anlage und der Luxus bis ins Detail. Die perfekt erhaltenen Wandmalereien erweitern die ohnehin großzügigen Räume perspektivisch. Ein Augenmerk verdienen die Miniaturen von Blüten und Insekten. Es wird vermutet, dass die Villa Poppaea Sabina (30–65 n. Chr.) gehörte, Mätresse und zweite Ehefrau von Kaiser Nero.

Villa Oplontis. April–Okt. tgl. 8.30–18 (19.30) Uhr, Nov.–März tgl. 8.30–15.30 (17) Uhr. Eintritt 5,50/erm. 2,75 € bzw. mit Sammelticket 20/erm. 10 €. Via dei Sepolcri, 80058 Torre Annunziata, Tel. 08 18 57 53 47, www.pompeiisites.org

der Bedarf an preiswerten Mietwohnungen. Solche wurden z.B. in der Casa del Pansa D gegenüber der Forumsthermen C angeboten. Das Grundelement aller pompejanischen Häuser ist das Atrium, ein Lichthof, der auch zum Auffangen von Regenwasser diente. Ab dem zweiten Jahrhundert v. Chr. ergänzten griechische Peristyle, säulenumstandene Gärten, den italischen Haustypus. Die Illusionsmalerei erweiterte perspektivisch auch kleine Innenräume.

Gärten wie gemalt

Die Casa di Ottavio Quartione T besitzt den wohl spektakulärsten Garten Pompejis, von langen Kanälen und Laubengängen durchzogen. Der stolze Besitzer schuf sich ein ägyptisierendes Ambiente, angesichts der Wasserpreise ein schier unfassbarer Luxus. Zauberhaft ist der Garten der Casa degli Amorini Dorati H. Ein Botanischer Garten N südlich der Via dell'Abbondanza versammelt alle bis heute bekannten Arten, die einst in Pompeji gezogen wurden. Besitzer kleiner Häuser ließen Gartenlandschaften auf die Wände malen. Die Casa della Venere in Conchiglia U entzückt nicht nur mit einer Botticelli-Venus, sondern mit gepflanzten wie gemalten Gärten.

Weinanbau und Wasserversorgung

Pompeji exportierte Wein in den gesamten Mittelmeerraum. Die außerhalb der Stadt gelegene Villa dei Misteri E, berühmt wegen ihres Freskenzyklus, war ein Weingut. In einem Raum wurde die Kelter rekonstruiert. Nach dem Erdbeben 62 nahm der Weinanbau auch innerhalb des Stadtgebiets zu. Den besten Blick auf die Rebgärten im Orto dei Fuggiaschi V genießt man von der Mauerkrone auf Höhe der Porta Nocera.

Über Jahrhunderte mussten die Bewohner Pompejis ihr Wasser aus Brunnen schöpfen oder Regen auffangen. Atriumhäuser besitzen eine Dachöffnung über dem Innenhof, Compluvium genannt. Regenwasser wurde im darunterliegenden Impluvium aufgefangen und in die Zisterne geleitet. Mit Anschluss an den Serino-Aquädukt verbesserte sich die Wasserversorgung der Stadt schlagartig. Der Wasserleiter erreichte die Stadt an ihrem höchsten Punkt am Vesuv-Tor. Aus dem Castellum aquae (F) wurde das Wasser auf drei Zuläufe verteilt, um die öffentlichen Laufbrunnen, Thermalbäder und privaten Haushalte zu versorgen.

Wellnesstempel öffentlich und privat

Als die Stadt verschüttet wurde, gab es in Pompeji drei öffentliche Badeanstalten, die modernen Zentralthermen (K) waren noch im Bau. Die Anlagen ähneln sich im Wesentlichen. Am *vestibulum* (Eingang) zahlte man einen geringen Eintritt, der Besuch der Bäder war damit (fast) allen Gesellschaftsschichten möglich. Kleider konnte man im *apodyterium* ablegen. Männer suchten als Erstes die *palaestra*, den Übungsplatz für Ringkampf, auf. Nach einer Reinigung begab man sich ins lauwarme *tepidarium*. Dann erst ging man ins *caldarium*, ins heiße Bad. Der erfrischende Sprung ins kalte Wasser im *frigidarium* blieb Männern vorbehalten, man

Oben: Das antike Pompeji lebte auch von der Weinausfuhr.
Unten: Stuckdekorationen in den Stabianer Thermen

Oben: Der Vesuv bringt Fruchtbarkeit und Gefahr.
Mitte: Tanzender Faun in der Casa del Fauno
Unten: Umkleideraum in den Stabianer Thermen

dachte, Frauen würden davon Schaden nehmen. Die Stabianer Thermen Ⓜ, regelmäßig auf den neuesten technischen Stand gebracht, sind die älteste Badeanstalt Pompejis. Die Forumsthermen Ⓒ wurden öffentlich finanziert, während die raffinierten Vorstadt-Thermen Ⓐ privat geführt waren. Einige wenige große Häuser wie die Casa del Menandro Ⓞ besaßen private Thermen.

Zwei Theater

Die Begeisterung der Pompejianer für das Theater zeigt sich auch in der Dekoration der Häuser. Masken und Szenen aus Tragödien oder Komödien sind beliebte Sujets. Noch vor Rom besaß Pompeji zwei steinerne Theater Ⓞ. Das kleinere Odeion verfügte sogar über ein Dach, das große Theater im griechischen Baustil bot 5000 Zuschauern Platz. Hinter dem Bühnenaufbau öffnet sich der Quadriportikus Ⓟ, in dem sich ursprünglich die Theaterbesucher in den Pausen zerstreuen konnten. Nach dem Erdbeben 62 war hier der *ludus*, die Gladiatorenkaserne, provisorisch untergebracht.

18 Leichen – wer war der Täter?

Als Amedeo Maiuri in den 1920er-Jahren die Casa del Menandro Ⓞ freilegte, wurden 18 Tote gefunden. Die Sache schien klar. Es handelte sich um Menschen, die während des Ausbruchs im Haus Schutz gesucht und dabei den Tod gefunden hatten. Und der Schuldige ist der Vesuv. Aber was ist mit drei weiteren Toten, die ausgestattet mit Hacke und Pickel gefunden wurden? Es waren Diebe, die erst nach dem Ausbruch in das verschüttete Haus eingedrungen waren, um nach Schätzen zu suchen. Dabei waren sie verunglückt. Im Keller lag tatsächlich ein wertvoller Silberschatz. Den allerdings hob erst Maiuris Team im Dezember 1930.

Infos und Adressen

SEHENSWÜRDIGKEITEN

Santuario della Madonna del Rosario – Campanile. Tgl. 9–13 und 15–17 Uhr. Piazza B. Longo 1, 80045 Pompei, www.santuario.it

Scavi di Pompei. An den Eingängen zu den Ausgrabungen erhält man einen tollen Gratisplan der antiken Stadt. Stadtpläne und bezeichnete Straßennamen gab es in der Antike nicht. Ordnung schuf im 19. Jh. der Archäologe Fiorelli, der die Stadt in *Regiones* und *Insulae* einteilte. So liegt z. B. die Casa del Menandro in der Regio I, Insula 10. Apr.–Okt. tgl. 8.30–18 (19.30) Uhr, Nov.–März tgl. 8.30–15.30 (17) Uhr. Eintritt: 11/erm. 5,50 €, auch Sammeltickets mit Herculaneum. Porta Marina – Piazza Esedra – Piazza Anfiteatro, 80045 Pompei, Tel. 08 18 57 53 47, www.pompeiisites.org

ESSEN UND TRINKEN

Add'ù Mimì. Familiengeführte Trattoria seit 1825. Einheimische schätzen die traditionelle Küche zu fairen Preisen. Fr und So abends geschl. Via Roma 61, 80045 Pompei, Tel. 081 83 54 51, www.addumimi.it

Pasticceria De Vivo. Tradition und Innovation zeichnen diese wunderbare Konditorei in Nähe der Piazza Anfiteatro aus. Bestes Eis! Via Roma 38, 80045 Pompei, Tel. 08 18 63 11 63, www.lapasticceriadevivo.it

Add'ù Mimì in Pompei

Bar in Torre Annunziata

President. Spitzenrestauration mit angemessenen Preisen. Bei Interesse Gerichte mit dem Gusto der Antike. So abends und Mo geschl. Piazza Schettini 12, 80045 Pompei, Tel. 08 18 50 72 45, www.ristorantepresident.it

Vincanto. Beste kampanische Slow-Food-Produkte, dazu *vino e musica.* Wenige Minuten nördlich des Santuario. Nur abends, So geschl. Via Nolana 89, 80045 Pompei, Tel. 39 29 97 13 14, www.vincanto.it

ÜBERNACHTEN

Diana. Ruhiges und gepflegtes Stadt-Hotel in Nähe des Bahnhofs. Auch Familienzimmer und Parkplatz. Dependance Diana Inn in der Nähe der Wallfahrtskirche. Vicolo Sant'Abbondio 12, 80045 Pompei, Tel. 08 18 63 12 64, www.pompeihotel.com

Forum. Freundliches Frühstückshotel in kurzer Gehdistanz zum Eingang Anfiteatro. Eigener Parkplatz. Via Roma 99, 80045 Pompei, Tel. 08 18 50 11 70, www.hotelforum.it

VERANSTALTUNGEN

Teatro Grande di Pompei. Im antiken Theater von Pompeji geht im Sommer wieder der Vorhang auf. Freiluft-Opern und antike Dramen.

INFORMATION

AAST. Gegenüber der Wallfahrtskirche. Via Sacra 1, 80045 Pompei, Tel. 081 18 63 24 01, www.pompeiturismo.it

Oben: In der Saison bestehen Fährverbindungen nach Capri. **Unten:** Ein Hund hält Wache vor dem Metzger.

30 Castellammare di Stabia

Antike Villen mit Golfblick, fast ein Geheimtipp

Vom Beton bedrängt, von der UNESCO vergessen. Die mehr als eindrucksvollen Reste römischer Luxusvillen auf dem Varano-Hügel liegen im Abseits der großen Touristenströme, während spektakuläre Funde aus Stabiae auf Welttournee gehen. Wer sich auf den Weg macht, darf sich (fast) wie ein Entdecker fühlen. Der tolle Golf-Blick wird unvergleichlich, fährt man erst mit der Seilbahn auf den Monte Faito.

Castellammare di Stabia ist eine Hafen- und Industriestadt mit großer Vergangenheit und problematischer Gegenwart. Dank seiner landschaftlichen Reize, den reichlich sprudelnden Thermalquellen und seiner bekannten wie noch zu entdeckenden archäologischen Schätze könnte es in eine hoffnungsvolle Zukunft blicken. Eine italienisch-amerikanische Gesellschaft engagiert sich dafür, Stabiae in die Liste des UNESCO-Weltkulturerbes aufzunehmen und einen modernen archäologischen Park entstehen zu lassen. Bis es so weit ist, sollten sich Besucher noch auf einige Unzulänglichkeiten einstellen.

Luxusvillen und Werftindustrie

Die Ursprünge der Stadt sind uralt, in der Antike siedelten hier Samniten, Etrusker und Griechen. Im Bundesgenossenkrieg wurde Stabiae 89 v. Chr. vom römischen General Lucius Cornelius Sulla belagert und, anders als das benachbarte Pompeji, völlig zerstört. Als noble Villensiedlung lebte der Ort wieder auf. Es waren die politischen Powerplayer

Castellammare di Stabia

Roms, Multimillionäre und hohe Militärs, die sich entlang der Steilküste ihre ausufernden *villae marittimae*, Villen mit Meerblick, errichten ließen. Diese Villen waren ebenso luxuriöse Retreats wie Schaltstellen der Macht. Im Hinterland sorgten zahlreiche Landgüter, sogenannte *villae rusticae*, für die ausreichende Versorgung mit Lebensmitteln.

Das Wohlleben in Stabiae endete jäh mit dem Vesuvausbruch 79 n. Chr., dessen berühmtestes Opfer der Naturhistoriker und Flottenkommandant Plinius d. Ä. war. Die Umstände seines Todes in Stabiae werden in den berühmten Pliniusbriefen geschildert, die der Neffe an den Historiker Tacitus gerichtet hatte. Dank der weiter sprudelnden Thermalquellen entstand Stabiae neu, diesmal in bescheideneren Ausmaßen in der Küstenebene. Im Mittelalter wurde die Hafenstadt befestigt und trägt seither den Namen Castellammare di Stabia. Die aragonesischen Herrscher, darin gefolgt von den Bourbonen, suchten die Stadt zur Sommerfrische auf. 1749 begannen die ersten archäologischen Ausgrabungen mit dem Ziel, wertvolle Fresken, Marmorböden und Skulpturen zu bergen, um damit die Königsschlösser auszuschmücken. 1782 wurden die Grabungen zugunsten von Pompeji eingestellt, die Lage der einst freigelegten Villen geriet schnell in Vergessenheit.

Das heutige Erscheinungsbild, eine krude Mischung aus Seebad mit Kureinrichtungen und Industriestandort im Abwind, geht auf Bourbonenkönig Ferdinand IV. zurück, der hier 1783 die ersten modernen Schiffswerften Italiens errichten ließ. Der 1842 erfolgte Anschluss an die Eisenbahn sorgte für weiteren Aufschwung. Die Kriege des 20. Jahrhunderts und die Wirtschaftskrisen unserer Tage haben in Castellammare deutliche Spuren hinterlassen. Mit Eröffnung der neuen Marina hofft die Stadt an frühere Glanzzeiten anzuknüpfen.

AUTORENTIPP!

GESUNDBRUNNEN GRATIS

Auch wenn die einst so gerühmten Thermalbäder von Castellammare di Stabia seit Jahren ihrer längst fälligen Wiedereröffnung entgegendämmern, die Wasserwelt am südlichen Altstadtrand ist Dank des Bürgermeisters wieder in Ordnung. An der Marina im Schatten der Fischerkirche Madonna di Porto Salvo können sich die Einheimischen seit Mai 2014 an den gefassten Quellen Acqua della Madonna und Acqua acidula wie eh und je ihr Mineralwasser abfüllen. Es ist ein munteres Treiben. Während man mit seinen Kanistern auf ein freies Rohr wartet, kommt man ins Gespräch. Die Via Duilio Calio säumt eine Reihe von Chalets, typische Freiluftrestaurants, die frischen Fisch und Meeresfrüchte servieren. An den Quellen schauen auch die Kellner regelmäßig vorbei, um für die Gäste ebenfalls das herrlich erfrischende, leicht säuerliche und verdauungsfördernde Heilwasser zu zapfen.

Oben: Der Strand ist zwar zum Baden nicht freigegeben, als Bolzplatz ist er jedoch ideal.
Mitte: Entzückendes Detail aus der Villa Arianna
Unten: Eine solche Villa konnten sich nur wenige leisten.

Die Wasserstadt

Castellammare di Stabia könnte vom Wasser leben. Hier sprudeln 28 verschiedene Mineralwasserquellen, verschieden in mineralogischer Zusammensetzung, Geschmack und therapeutischer Wirkung. Die Güte der hiesigen Heilwässer hatte bereits Plinius in seiner 37 Bände umfassenden *Naturalis historia* beschrieben, der gleiche Plinius, der im Jahr 79 n. Chr. beim Vesuvausbruch hier in Stabiae ums Leben kam. Umso trauriger, dass die Thermen seit Jahren geschlossen sind.

Museo Diocesano Sorrentino Stabiese

Am Lungomare öffnen sich nahe dem Stadtzentrum die Giardini Pubblici. Die Stabiesi sind besonders stolz auf die Cassarmonica, den gusseisernen Jugendstil-Musikpavillon mit einer ganz eigenen Akustik. An der anschließenden Piazza Giovanni XXIII steht die Kathedrale. Als 1876 die Fundamente für die Seitenkapelle des Stadtpatrons San Catello gegraben wurden, entdeckte man eine frühchristliche Nekropole. Eine Reihe der wertvollen Stücke wird im Museo Diocesano Sorrentino Stabiese auf der gegenüberliegenden Seite der Piazza präsentiert. Interessant ist der Übergang von der antiken Bildwelt zu ersten christlichen Motiven auf den antiken Sarkophagen zu verfolgen. Leider verirren sich bislang viel zu selten Besucher hierher.

Villa Arianna

Auf dem Varano-Hügel, hoch über der modernen Stadt, liegen von Bauerngärten, Autowerkstätten und skurrilen Hochzeitsrestaurants umgeben die Reste einiger römischer Villen. Ihre Wiederauffindung ist dem privaten Engagement des Schulleiters Libero D'Orsi zu verdanken, der 1950, unterstützt von Freiwilligen, auf eigene Kosten die Ausgrabung begann. Erst 1962 übernahm die Altertümerverwaltung diese Aufgabe.

Gegenwärtig sind in den Scavi di Stabiae zwei Villen zu besichtigen. Aus der Villa Arianna stammen einige der bekanntesten antiken Fresken, die heute im Archäologischen Museum in Neapel zu bewundern sind. Dazu zählt auch der *Frühling*, die Darstellung einer blumenpflückenden Flora auf grünem Grund, die heute zahlreiche Kosmetikartikel ziert. Die einstigen Ausmaße der Villa werden auf 10 000 Quadratmeter geschätzt, es bestand über ein Tunnelsystem eine direkte Verbindung zum Meer. Das große Peristyl weist eine Seitenlänge von 104 Metern auf und einen Umfang von 370 Metern. Das entspricht Ausmaßen, die der Architekt Vitruvius für die Anlage öffentlicher Sportstätten empfohlen hatte. Selbstverständlich verfügte die Villa über eine private Therme. Mehrere Speisezimmer öffneten sich zum Meer, das größte zeigt eine berühmte mythologische Szene: Theseus lässt Ariadne auf der Insel Naxos zurück. An vielen Stellen jedoch wurden die Fresken bereits in bourbonischer Zeit stark beschädigt. Was der König nicht wollte, sollte auch kein anderer bekommen.

Villa San Marco

Die Villa San Marco erstreckt sich über eine noch größere Grundfläche und erhebt sich am östlichen Ende des Varano-Hügels. Sie wurde in auguste-

AUTORENTIPP!

PASTA-PARADIES GRAGNANO

Ab dem 17. Jahrhundert entwickelte sich Gragnano, heute eine ausufernde 30 000-Einwohner-Gemeinde, an den unteren Abhängen der Monti Lattari zur führenden Nudeln erzeugenden Stadt am Golf von Neapel. Zahlreiche Bäche trieben die Mühlen an, Hartweizen wurde per Schiff eingeführt. Heute noch wird das Grundnahrungsmittel der Italiener hier mit Sorgfalt und nach traditioneller Methode produziert, der Teig durch Bronzesiebe gepresst und die Nudeln einem langen Trocknungsprozess unterworfen. Die Bezeichnung »Pasta di Gragnano« ist ein Synonym für hohe Qualität. Kulinarisch ist der Ort auch für seinen leicht moussierenden Rotwein und die *panuozzi*, mächtig belegte Brote, bekannt.

Antico Borgo. Im ältesten Ortsteil von Gragnano halten die Geschwister Coticelli lokale Küchentraditionen hoch. Via Castello 7/9, 80054 Gragnano, Tel. 08 18 79 56 88, www.allanticoborgo.com

Piazza Giovanni XXIII. mit Rathaus und Kathedrale

Oben: Villa San Marco: Durch das Compluvium fiel Regenwasser ins Impluvium.
Unten: Kesse Lyra-Spielerin aus der Villa San Marco

ischer Zeit errichtet, während der Regierungszeit von Kaiser Claudius weiter ausgebaut – möglicherweise gehörte sie damals dem schwerreichen Freigelassenen Narcissus, einem engen Vertrauten der Kaiserin Messalina – und nach dem Erdbeben 62 n. Chr. restauriert. Auch hier steht im Zentrum der Anlage ein spektakuläres Peristyl, und im Schatten von Platanen befindet sich eine *natatio*, ein Schwimmbecken von 30 Metern Länge. Beim Streifen durch die Zimmerfluchten sind noch einige besonders schöne Fresken zu entdecken.

Aussichtsberg Monte Faito

Hoch über der Stadt erhebt sich der 1131 Meter hohe Monte Faito, ein beliebter Ausflugsberg über dem Golf. Von der Circumvesuviana-Station in Castellammare führt eine Seilbahn hoch (z. Z. außer Betrieb). Im 18. Jahrhundert lieferten die dichten Wälder das Holz für den Schiffsbau. Von wirtschaftlicher Bedeutung waren auch die *niviere*, Gruben, in denen über den Winter der Schnee gesammelt und zu Eis gepresst wurde, unverzichtbar zur Konservierung von Lebensmitteln und zur Zubereitung von Speiseeis.

Infos und Adressen

SEHENSWÜRDIGKEITEN

Museo Diocesano Sorrentino Stabiese. Juni–Sept. Di–Sa 16.30–20.30 Uhr; Okt.–Mai Mo 16–20 Uhr, Mi und Sa 9–13 und 16–20 Uhr. Piazza Giovanni XXIII, 80053 Castellammare di Stabia, Tel. 08 18 71 45 01, www.mudiss.it

Scavi di Stabiae. Momentan sind zwei Villen, die Villa Arianna und Villa San Marco, zu besichtigen. April–Okt. tgl. 8.30–19.30 Uhr, Einlass bis 18 Uhr; Nov.–März 8.30–17 Uhr, Einlass bis 15.30 Uhr. Via Passeggiata Archeologica, 80053 Castellammare di Stabia, Tel. 08 18 71 45 41, www.pompeiisites.org

ESSEN UND TRINKEN

Buon Boccone. Guter Bissen, so heißt diese sympathische Rosticceria in Nähe des Stadtparks. Di geschl. Piazza Principe Umberto I. 12, 80053 Castellammare di Stabia, Tel. 08 18 01 87 81.

Piazzetta Milù. Trendiges Ristorante in der Meeresparallele. So abends geschl. Corso A. De Gasperi 23, 80053 Castellammare di Stabia, Tel. 08 18 71 57 79, www.piazzettamilu.it

Grand Hotel La Medusa

Guter Service in den Chalets am Lungomare

ÜBERNACHTEN

Grand Hotel La Medusa. Charmante Liberty-Hotelvilla mit Golfblick und in Gehdistanz zu den Ausgrabungen. Nicht alle Zimmer halten mit dem grandiosen Entree mit. Via Passeggiata Archeologica 5, 80053 Castellammare di Stabia, Tel. 08 18 72 33 83, www.lamedusahotel.com

Vesuvian Institute. Preiswertes 94-Zimmer-Hotel im oben gelegenen Ortsteil Scanzano in Nähe der Nuove Terme. Via Solaro 13, 80053 Castellammare di Stabia, Tel. 08 18 71 71 14, www.vesuvianinstitute.it

INFORMATION

ACST. Mo–Fr 8–15.30 Uhr. Piazza G. Matteotti 34, 80053 Castellamare di Stabia, Tel. 08 18 71 13 34, www.stabiatourism.it

RAS. Sitz der Restoring Ancient Stabiae Foundation ist das Vesuvian Institute im gleichnamigen Hotel (siehe oben). www.stabiae.org

SORRENTINER HALBINSEL

Seite 196/197: Die Ex-Kathedrale Santissima Annunziata in Vico Equense
Oben: Marina di Equa, Hafen für Fischer und Feinschmecker
Unten: Käse und Gelato bei »Gabriele«

31 Vico Equense und Marina di Equa

Landeplatz für Feinschmecker

Seit der Verkehr Vico Equense auf der S.S. 145 durch einen Tunnel umrauscht, herrscht im hübschen Sorrentina-Städtchen wieder Ruhe – zumindest in ihrer süditalienischen Variante. Hoch über den Küstenklippen genießt man beste Vesuv-Blicke, die stillen Dörfer in den Hügeln sind kulinarische Pilgerziele, und auch der malerische Fischerhafen Marina di Equa ist ein perfekter Platz für Feinschmecker.

Bei einem Besuch in Vico ist noch etwas von der Atmosphäre zu verspüren, die dem berühmteren und entsprechend überlaufenen Sorrent (S. 200) langsam abhanden kommt. Der Reiz der landschaftlichen Lage, das milde Klima und antike Überreste zogen die Grandtouristen des 18. und 19. Jahrhunderts an, denen heute Reisende folgen, die auf der Suche nach schönen Stränden, reizvollen Wanderwegen in den Bergen und einer unverfälschten Lokalküche ebenfalls fündig werden. Mehr noch als der fischreiche Golf, ist es das bäuerliche Hinterland, dass die Tische von Sterne-Restaurants wie auch der urigen Trattorien mit frischen und gesunden Zutaten reichlich deckt. In den Hügeln oberhalb von Vico fließen buchstäblich Milch und Honig. Der Name Monti Lattari, »Milchberge«, erinnert daran, dass hier seit alters her Weidewirtschaft betrieben wird. Eine weit über die Grenzen Vicos hinaus bekannte Käsespezialität ist der »Provolone del Monaco«. Als früher die Käsehändler noch mit Schiffen nach Neapel fuhren, schützten sie sich vor der nächtlichen Kälte mit Kapuzenmänteln. So kam es zum Spitznamen »Mönchskäse«.

Vico Equense

Das freundliche Städtchen breitet sich auf einer natürlichen Geländeterrasse 90 Meter über dem Meer aus. Markant erhebt sich die Ex-Kathedrale Santissima Annunziata über dem Steilabfall, der Kirchenvorplatz ist ein wunderbarer Aussichtsbalkon auf den Golf. Der Bau stammt ursprünglich aus dem 14. Jahrhundert, jener Epoche, in der das wiederholt von Goten und Sarazenen heimgesuchte und von seinen Bewohnern schließlich verlassene Aequa unter den Anjou-Königen Neapels als Vico Equense neu gegründet wurde. Im mittelalterlichen Viertel im Rücken der Kathedrale, dem Borgo Vescovado, paust sich noch das antike römische Straßennetz durch. Archäologische Funde präsentiert das hübsche Antiquarium direkt neben dem Touristenbüro. Im Zentrum steht die belebte Piazza Umberto I. mit der Fontana dei Delfini aus dem 19. Jahrhundert, damals der öffentliche Brunnen. Aus dem Ort führt ein schöner alter Treppenweg hinab zum Hafen an der Marina di Equa und zu den Sandstränden am Fuße des Steilabfalls.

Entlang der Via Raffaele Bosco

Weg vom Verkehrschaos der Küste entführt die 20 Kilometer lange, landschaftlich reizvolle Ringstraße Via Raffaele Bosco (S.S. 269) in die Hügel oberhalb von Vico. Sie verbindet die verschiedenen *casali* untereinander, Dörfer, die entstanden, als die Bevölkerung im neunten Jahrhundert vor Sarazenen von der Küste in die Berge floh. Hier taucht man in eine bäuerliche Landschaft mit gepflegten Olivenhainen, Weinbergen, Zitronen- und Gemüsegärten ein und jeder der *casali* birgt neue Überraschungen: in Massaquano z. B. die gotische Kapelle Santa Lucia mit wunderschönen Fresken aus dem 14. Jahrhundert. Oberhalb von Moiano nimmt die Landschaft alpine Züge an, über den Almen steigen die weißen Kalkfelswände der Monti Lattari senkrecht auf.

Infos und Adressen

SEHENSWÜRDIGKEITEN

Antiquarium Aequano. Mo–Sa 8–17 Uhr. Eintritt frei. Corso Filangieri 100, 80069 Vico Equense.

ESSEN UND TRINKEN

Gabriele. Kunsthandwerkliche Weiterverarbeitung bester Bergmilch: Käse und Gelato. Di geschl. Corso Umberto I. 8, 80069 Vico Equense, Tel. 08 18 79 87 44, www.gabrieleitalia.com

Gigino – Pizza a Metro. 1 m Pizza ab 20 €. Via Nicotera 15, 80069 Vico Equense, Tel. 08 18 79 83 09, www.pizzametro.it

Torre del Saracino. Höchste Küchenkunst zu Füßen des Küstenwachturms. So abends und Mo geschl. Via Torretta 9, 80069 Marina di Equa, Tel. 08 18 02 85 55, www.torredelsaracino.it

ÜBERNACHTEN

La Ginestra. Agriturismo, beste Bio-Küche und wunderbare Wanderungen vor der Haustür. Via Teresa 2, 80069 Santa Maria del Castello, Tel. 08 18 02 32 11 oder 33 37 03 77 86, www.laginestra.org

Masseria Astapiana. 400 Jahre Geschichte, ursprünglich ein Kamaldulenser-Kloster. April–Okt. Via Camaldoli 51, 80069 Vico Equense, Tel. 08 18 02 43 92 oder 32 91 15 04 75, www.astapiana.com

INFORMATION

AAST. Nebenan befindet sich das Antiquarium. Mo–Sa 8–17 Uhr. Corso Filangieri 100, 80069 Vico Equense, Tel. 08 18 01 57 52, www.vicoturismo.it

Oben: Die Marina di Cassano unterhalb von Piano di Sorrento
Unten: Bio-Gelateria Raki in Sorrent

32 Sorrent

2000 Jahre Grandtourismus

Das Sehnsuchtsziel Sorrent ist heute eine Hochburg des Tourismus, dabei aber immer noch *very charming*. Die Gunst der Lage erkannten nicht erst die Bildungsreisenden des 18. Jahrhunderts, bereits die High Society der römischen Antike hatte die besten Logenplätze an der Steilküste für sich reserviert. Ob Grand Hotel oder B&B, Haubenküche oder Mamma-Trattoria, Lieblingsplätze finden sich in jeder Preisklasse.

In der Immobilienbranche lautet das Credo Lage, Lage, Lage. Das erkannten bereits die Bauern der Jungsteinzeit, als sie das fruchtbare Tuffplateau in sicherer Distanz zum Meer besiedelten. Ihnen folgten Osker, Etrusker, Griechen und Römer. Sein touristisches »Coming out« erlebte Surrentum, als es sich in früher Kaiserzeit von einer Veteranenkolonie zur beliebten Sommerfrische reicher Senatoren wandelte. Der Ort schien nichts an Attraktivität eingebüßt zu haben, als ab dem frühen 18. Jahrhundert Generationen wohlhabender Engländer, gefolgt von Franzosen, Russen, Amerikanern und schließlich Deutschen daran anknüpften und hier ihr südliches Arkadien lebten – damals allerdings noch im Winterhalbjahr. Die Gästebücher aus jenen Jahren lesen sich wie ein *Who's who* des internationalen Geld- und Geistesadels, und an allen Ecken stehen die Namen der illustren Besucher in Stein gemeißelt. Heute treffen Hautevolee auf Backpacker, Pauschaltouristen auf Trecker, Feinschmecker auf Schnäppchenjäger. Doch trotz aller Begleiterscheinungen des Massentourismus bleibt Sorrent charmant und, dass die Stadt polyglott ist, ist für Besucher nur ein Vorteil. Für Sorrent sprechen auch beste Verkehrsverbindungen nach Pompeji und Herculaneum, und selbst Neapel ist mit der Vorortbahn Circumvesuviana im Tagesausflug problemlos zu erreichen. Linienbusse fahren an die Amalfitana und per Schiff sind Capri oder Ischia nur einen Delfinsprung entfernt.

Traumhafte Ausblicke auf den Golf von Neapel

Wie ein riesiger Balkon schwebt Sorrent 50 Meter hoch über dem Golf. Tuffklippen fallen senkrecht zum Meer ab, das Wasser ist nur über einen Treppenweg und schmal eingeschnittene Serpentinenstraßen zu erreichen. Strände besitzt Sorrent keine, während der Saison bauen die Badeanstalten ihre Stege ins Meer. Sorrents größte Attraktionen sind die sich immer wieder auftuenden Ausblicke auf den Golf von Neapel mit der unverwechselbaren Silhouette des Vesuv. Gäste der Grand Hotels genießen sie exklusiv von den Balkonen und Terrassen. Belvedere volksnah bietet der hübsche Stadtpark Villa Comunale, ehemals Klostergarten der nahen Chiesa San Francesco. Der romantische Kreuzgang ist eine beliebte Hochzeitskulisse, und im Sommer erklingen hier Konzerte an frischer Luft.

Corso, Via San Cesareo und Via Fuoro

Ansonsten lädt die Stadt zum Bummeln ein. Den Corso und die parallel dazu verlaufenden Via San Cesareo und Via Fuoro säumen hübsche Geschäfte aller Art. In der Altstadt hat sich, ähnlich wie in Neapels Centro storico, die regelmäßige Anlage des antiken Straßennetzes perfekt erhalten. Eine viel fotografierte Sehenswürdigkeit ist der freskengeschmückte Sedile Dominova, früher Sitz des

AUTORENTIPP!

FISCHERBORGO MIT EIGENLEBEN

Während die Marina Piccola als Fährhafen tagtäglich Drehscheibe für Aberhunderte Golftouristen ist, führt die Marina Grande ein beschauliches Eigenleben. In dem kleinen Jacht- und Fischerhafen ist die Zeit zwar nicht stehen geblieben, seit Sophia Loren in den 1950er-Jahren hier vor den Filmkameras stand, aber viel hat sich seither auch nicht verändert. Ein sympathischer Neuzugang ist die Bar Nonna Emilia am Fuße der Treppe. Zu einem Glas Wein kann man sich aus der nahen Trattoria auch einen Teller gebratener Sardinen vorbeibringen lassen, auf Bucht und Badenixen blicken und den lieben Gott einen guten Fischer sein lassen.

Sant'Anna da Emilia. Urige Hafentrattoria mit Holzveranda über dem Meer. Seit 1947(!) verlässlich gute Fischküche. Di geschl. Via Marina Grande 62, 80067 Sorrent, Tel. 08 18 07 27 20.

Oben: Selfie mit Vesuv
Mitte: Karfreitagsprozession
Unten: Kartenspieler im Sedile Dominova

Adelsparlaments, heute ein Arbeiterclub – Geschichte kann auch humorvoll sein. Der Dom Santi Filippo e Giacomo erhebt sich anstelle des römischen Forums. Die eine oder andere antike Säule fand ihre Wiederverwendung beim Bau des abseits stehenden Campanile. Portal und Chorgestühl des Doms schmücken aufwendig gearbeitete Holzintarsien, eine kunsthandwerkliche Spezialität Sorrents. Das Auge für diese handwerkliche Qualität schult auch die umfangreiche Sammlung der Museobottega della Tarsia Lignea in den Räumen des barocken Palazzo Pomarici Santomasi.

Palazzo des Grafen Correale di Terranova

Am östlichen Stadtrand, in Gehdistanz zur zentralen Piazza Tasso, liegt das Museo Correale. Der sehenswerte Barock-Palazzo, einst im Besitz der Grafen Correale di Terranova, birgt aufwendig gearbeitete Möbel, eine umfangreiche Porzellansammlung, vor allem aber eine Vielzahl entzückender Veduten des 18. Jahrhunderts, welche die schönsten Winkel am Golf von Neapel zeigen. Aus dem exotischen Garten, an den einer der letzten der einst so zahlreichen Zitronengärten im Stadtgebiet von Sorrent grenzt, führt ein Gang zur Belvedere-Terrasse mit unverstelltem Golfblick. Bestechende Ausblicke und eine sehenswerte archäologische Sammlung bietet auch die Villa Fondi im Nachbarort Piano di Sorrento.

Infos und Adressen

SEHENSWÜRDIGKEITEN

Cattedrale di Sorrento. Tgl. 8–12.30 und 16.30–20.30 Uhr. Via Santa Maria della Pietà 44, 80067 Sorrento, www.cattedralesorrento.it

Museo Archeologico »Georges Vallet« – Villa Fondi. Di–So 9–19 Uhr. Eintritt frei. Via Ripa di Cassano 14, 80063 Piano di Sorrento.

Museobottega della Tarsia Lignea. Im Palazzo Pomarici. Mo–So 9.30–13 Uhr und 15 (16)–19(20) Uhr. Via S. Nicola 28, 80067 Sorrent, Tel. 08 18 77 19 42, www.alessandrofiorentinocollection.it

Museo Correale di Terranova. Di–Sa 9.30–18.30 Uhr, So 9.30–13.30 Uhr. Via Correale 50, 80067 Sorrent, Tel. 08 18 78 18 46, www.museocorreale.it

ESSEN UND TRINKEN

Angelina Lauro. Imbiss-Ristorante, dessen Qualität auch die Einheimischen schätzen. Di geschl. Piazza A. Lauro 39/40, 80067 Sorrent, Tel. 08 18 07 40 97.

Il Buco. Cooles »Loch« im Weinkeller eines alten Klosters, vorzügliches Restaurant. Mi geschl. II. Rampa Marina Piccola 5, 80067 Sorrent, Tel. 08 18 78 23 54, www.ilbucoristorante.it

Raki. Junge, überwältigend gute Eisdiele. Feb.–Okt. Via San Cesario 48, 80067 Sorrent, Tel. 08 18 08 09 03.

ÜBERNACHTEN

Bellevue Syrene. Seit 1820 gehobene Gastlichkeit. Jeden seiner fünf Sterne wert! Piazza della Vittoria 5, 80067 Sorrent, Tel. 08 18 78 10 24, www.bellevue.it

Casa Astarita. Feines B&B im Familienpalazzo. Corso Italia 67, 80067 Sorrent, Tel. 08 18 77 49 06, www.casastarita.com

Augen auf beim Intarsienkauf!

Elios. Preiswerte Familienpension auf dem Weg zum Capo di Sorrento. Via Capo 33, 80067 Sorrent, Tel. 08 18 78 18 12, www.hotelelios.it

Parco dei Principi. Fünf Sterne in Blau: Designikone der 1960er-Jahre. Via Rota 44, 80067 Sorrent, Tel. 08 18 78 46 44, www.hotelparcoprincipi.com

Seven Hostel. Stylisches Hostel im Nachbarort. Iomella Grande 99, 80065 Sant'Agnello, Tel. 08 18 78 67 58, www.sevenhostel.com

EINKAUFEN

Aromi di Sorrento. Nostalgischer Gewürzladen am stillen Ende der beliebten Einkaufsgasse. Vieles baut Pina im eigenen Garten an. Via Fuoro 62, 80067 Sorrent, Tel. 33 33 71 85 44.

VERANSTALTUNGEN

Osterprozession. Diese sollte man in Sorrent nicht verpassen!

AKTIVITÄTEN

Sorrento Lingue. Professionelle Sprachschule mit tollen Kombi-Angeboten: Tauchen, Kochen, Keramik oder Singen. Via Marina Grande 16, 80067 Sorrent, Tel. 08 18 07 55 99, www.sorrentolingue.com

INFORMATION

AAST. Via Luigi De Maio 35, 80067 Sorrent, Tel. 08 18 07 40 33, www.sorrentotourism.com

Oben: Massa Lubrense und der Hafen Marina della Lobra
Unten: Peppino Nunziata ist ein Zitronenbauer mit Passion.

33 Massa Lubrense
Wandeln inmitten von Zitronen

Nur wenige Kilometer rasend schöner Straßenkurven trennen Sorrent von Massa Lubrense und Sant'Agata sui Due Golfi. Eine andere Welt. Nach wie vor prägt bäuerliche Kultur die Landschaft, die zwischen Zitronenhainen zu allen Seiten Blicke auf den Golf von Neapel oder Golf von Salerno freigibt. Alte Wirtschaftswege erleben als Wanderwege ihre Renaissance, für Gaumengenuss ist gut gesorgt.

Vom touristischen Rummel Sorrents ist in Massa Lubrense wenig zu verspüren. Das sympathische Städtchen liegt umgeben von Gemüsegärten, Oliven- und Zitronenhainen. Von der zentralen Piazza Vescovado genießt man einen umwerfenden Golfblick, und mitten im Ort liegt einer der schönsten Zitronengärten der Halbinsel, früher im Besitz des Jesuitenklosters. Die Kultur der Zitronen geht hier auf das Mittelalter, wenn nicht gar auf die Antike zurück. Eine starke Nachfrage aus Nordeuropa und Amerika bescherte der Sorrentiner Halbinsel im 19. Jahrhundert einen Wirtschaftsboom. Immer noch werden die großen Pergolen in alter Tradition aus Kastanienstangen errichtet, während die *pagliarelle* (»Strohmatten«), mit denen im Winter die empfindlichen Blüten und Früchte vor Wind und Hagel geschützt wurden, weitgehend Plastiknetzen Platz gemacht haben. Die aromatischen Zitronenschalen werden heute fast ausschließlich zu Limoncello, einem verdauungsfördernden Likör, verarbeitet.

Fußwege und eine Serpentinenstraße führen von Massa zum Hafen hinab. Auf halber Höhe liegt die Kirche Santa Maria della Lobra. An gleicher

Stelle stand in der Antike ein Tempel (lat. *delubrum*), vermutlich der Minerva geweiht. Marina della Lobra zeigt sich als freundlicher Fischerhafen und im Sommer mit Jachten und Sportbooten belebt wird.

Sant'Agata – Sirenen- und Gourmettempel

Dem Blick vom Dach des Klosters Il Deserto verdankt Sant'Agata seinen Beinamen »sui Due Golfi«. Ein kurzer Spazierweg führt auf die 457 Meter hohe Anhöhe, auf der in der Antike wohl ein Sirenen-Heiligtum stand. Es wurden griechische Vasen gefunden, darauf abgebildet die mythischen Flügelwesen – damals noch halb Frau, halb Vogel. Sie sind heute im Archäologischen Museum von Piano di Sorrento zu bewundern. Geblieben ist der herrliche Blick auf den Golf von Neapel, im 18. und 19. Jahrhundert auf zahllosen Veduten verewigt. Um auch den Golf von Salerno zu Gesicht zu bekommen, muss man darauf hoffen, dass die Ordensschwestern Zugang zum Klosterdach gewähren.

Sant'Agata ist eine beliebte Sommerfrische, im Winter liegt der Ort hingegen häufig im Nebel. Das Leben zieht hier noch seine ruhigen Bahnen. Während am Corso nostalgische Alimentari, Tabacchi-Geschäfte, Bankfilialen, Bars und eines der allerbesten Restaurants Italiens in trauter Nachbarschaft liegen, würde hinter der schlichten Fassade der Pfarrkirche niemand einen so prächtigen Altar vermuten. Das Meisterwerk, um 1654 ursprünglich für die reiche Chiesa dei Girolamini in Neapel gefertigt, wurde knapp 200 Jahre später, unter nicht ganz geklärten Umständen, für ein Spottgeld vom damaligen Gemeindepfarrer erworben. Vögel, Blüten und Girlanden ranken sich in Perlmutt, Lapislazuli und Halbedelsteinen auf

AUTORENTIPP!

ZU FUSS INS GLÜCK

Zum Gemeindegebiet von Massa Lubrense gehören außer Sant'Agata 16 weitere *casali*, Orte und Weiler, in denen die bäuerliche Landwirtschaft und teilweise auch der Fischfang immer noch eine wichtige Rolle spielen. Längst erreichen moderne Straßen die einzelnen Ortschaften, doch besteht immer noch das dichte Netz alter Wirtschaftswege und Maultierpfade, eine ideale Möglichkeit, zu Fuß und mit allen Sinnen eine der schönsten Ecken Kampaniens zu entdecken. Zum Glück gibt es die wunderbaren Wanderkarten von Giovanni Visetti – gratis in Hotels und Fremdenverkehrsämtern. Alle in den Karten beschriebenen Wege sind im Gelände markiert. Mehr als diese Karte und einen Busfahrplan braucht man eigentlich nicht, um hier wunderbare Tage zu verbringen.

Info. Auf der Webseite gibt es die Karten und Wegbeschreibungen auch als Gratis-Download: www.giovis.com

Oben: Kochkünstler Ernesto Iaccarino
Mitte: Livia Iaccarino und das Team von »Don Alfonso 1890«
Unten: Marmorputte in der Pfarrkirche von Sant'Agata sui due Golfi

dem Altar, während von den Seiten feiste Barockputten durch die Gegend blicken. Damit erschöpfen sich auch schon die Sehenswürdigkeiten, und es bleibt viel Zeit, die erholsame Atmosphäre zu genießen, zu schönen Wanderungen aufzubrechen und dem Ristorante Don Alfonso einen Besuch abzustatten.

Ristorante Don Alfonso

Das Besondere am Ristorante Don Alfonso 1890 sind nicht etwa die wohlverdienten Michelin-Sterne, sondern dass Livia und Ernesto Iaccarino bereits vor über vier Jahrzehnten einen Weg eingeschlagen haben, der später vielen zum Vorbild wurde. Dazu gehört zuerst die Selbstverständlichkeit, ausschließlich frische lokale Produkte bester Qualität in der Küche zu verwenden – lange bevor die Bio-Bewegung oder Slow Food unsere Auffassung von Essen revolutionierten. Bei Don Alfonso zu speisen kostet so viel wie ein Opernbesuch. Das Erlebnis ist ähnlich begeisternd, und am Ende ist man sogar satt.

Von oder nach Torca spazieren

An potenziellen Verdauungsspaziergängen herrscht kein Mangel. Aus dem Nachbarort Torca lässt sich die aussichtsreiche Anhöhe Marecoccola erklimmen, oder man folgt dem Treppenweg an die Fischerbucht Marina di Crapolla.

Infos und Adressen

SEHENSWÜRDIGKEITEN

Il Deserto – Monastero San Palo. Tgl. 10–12 und 15–17(19) Uhr. Eintritt frei. Via Deserto 23, 80064 Sant'Agata sui due Golfi, Tel. 08 18 78 01 99, http://monachedeserto.altervista.org

Parrocchia S. Maria delle Grazie. Tgl. 8–13 und 16–20 Uhr. Largo Vescovado, 80064 Sant'Agata sui due Golfi.

ESSEN UND TRINKEN

Don Alfonso 1890. Produktwahl und Speisezubereitung als höchste Kunst. Auch Kochkurse. Für Übernachtungsgäste edle Suiten. Corso Sant'Agata 11/13, 80064 Sant'Agata sui Due Golfi, Tel. 08 18 78 00 26, www.donalfonso.com

Lo Stuzzichino. Familiengeführte Edel-Trattoria. Territorium zum Schmecken! Mi geschl. Via Deserto 1A, 80064 Sant'Agata sui Due Golfi, Tel. 08 15 33 00 10, www.ristorantelostuzzichino.it

ÜBERNACHTEN

Grand Hotel Hermitage. Größeres, familiär geführtes Haus mit tollem Golfblick, intimer ist die Dependance Villa Romita im Garten. Via Nastro Verde 9, 80064 Sant'Agata sui Due Golfi, Tel. 08 18 78 00 82, www.hermitagesorrento.com

Mimmo De Gregorio, *padrone* des »Lo Stuzzichino«

Pasta, Tomaten, Mozzarella – weniger ist mehr.

Il Giardino di Vigliano. Logieren im Bio-Zitronenhain. Die Gäste dürfen sich E-Bikes leihen. Via Vigliano 1A, 80061 Massa Lubrense, Tel. 08 15 33 98 23, www.vigliano.org

Le Tore. Gutshaus in stiller Lage über dem Ort, umgeben von 14 ha biologisch bewirtschafteten Obsthainen und Gemüsegärten. Via Pontone 43, 80064 Sant'Agata sui Due Golfi, Tel. 08 18 08 06 37, www.agriturismosorrentoletore.com

EINKAUFEN

Limoneto Il Gesù. Der historische Zitronengarten ist auf Anfrage zu besichtigen. Auch Limoncello-Verkostung und -Verkauf. Via IV. Novembre 26B, 80061 Massa Lubrense, Tel. 08 18 08 94 19, info@ilgesu.com

INFORMATION

Pro Loco di Massa Lubrense. Via R. Filangieri 11, 80061 Massa Lubrense, Tel. 08 15 33 90 21, www.massalubrenseturismo.it

Pro Loco Due Golfi. Corso Sant'Agata 11, 80064 Sant'Agata sui Due Golfi, Tel. 08 15 33 01 35, www.prolocoduegolfi.com

Oben: Baia di Ieranto – per Boot oder zu Fuß ins Paradies
Unten: Verlässliche Einkehr – Trattoria Eugenes

34 Punta Campanella

Mit Sirenen schwimmen

Die Punta Campanella serviert beste Capri-Blicke. In der Antike stand an der Spitze der Sorrentiner Halbinsel ein Seefahrer-Heiligtum, der Legende nach von Odysseus errichtet. Im Mittelalter warnte ein Küstenwachturm vor Piratenüberfällen. Das Meer ist heute friedlicher und steht als Parco Marino unter Schutz. Die Marina del Cantone bietet filmreife Badefreuden fast wie in den 1950er-Jahren.

Ein paar Häuser, eine Bar, Alimentari, Apotheke und kleine (sehr gute!) Likörfabrik am Fuße des Monte San Costanzo – Termini. Hier scheint die Welt zu Ende zu sein, wäre da nicht der phänomenale Capri-Blick von der Piazza, auf der die Linienbusse wenden, bzw. auf ihrer Fahrt nach oder von der Marina del Cantone halten. Das Panorama als Wegbegleiter auf einer dreistündigen Wanderung (inkl. Rückweg) bis an die Spitze der Halbinsel. Gut beschildert geht es aus dem Ort, vorbei an Olivenhainen – in der Antike der griechischen Göttin Athena heilig, die von den Römern als Minerva verehrt wurde. Im weiteren Wegverlauf – die Oliven sind duftender Mittelmeermacchia gewichen – gibt der Asphalt stellenweise altes Pflaster frei, Reste der Römerstraße, die zum Promontorium Minervae führte. Griechische Seefahrer hatten der Athena einen Tempel auf dem Kap errichtet. Als Schutzgöttin der Schifffahrt wachte sie über die gefährliche Passage zwischen den beiden Golfen. Aus römischer Zeit ist ein Minerva-Tempel bezeugt. Heute stehen hier die Reste eines mittelalterlichen Küstenwachturms und ein Leuchtturm. Der Blick auf das nur fünf Kilometer entfernte Capri ist einfach grandios!

Blick vom Monte San Costanzo

Mehr Belvedere bietet sonst nur noch der 485 Meter hohe Monte San Costanzo, von Termini aus zu Fuß oder in wenigen Minuten mit dem Auto zu erreichen. Auf einer der beiden Bergspitzen erhebt sich das schneeweiße Kirchlein San Costanzo, im 15. Jahrhundert auf der Basis eines antiken Tempels errichtet. Von oben bietet sich ein Panorama, das nicht nur den Golf von Neapel mit dem Vesuv umfasst, sondern im Süden über den Golf von Salerno hinweg bis in den Cilento reicht.

Nerano und Marina del Cantone

Auf halber Höhe zwischen Termini und der Marina del Cantone liegt das hübsche Nerano. In der Bar MozArt gibt es Kunst und Weisheiten zum *caffè*. Von hier führt ein schöner Wanderweg an die Baia di Ieranto, zu erreichen auch per Taxi-Boot von der Marina del Cantone. Die Stiftung FAI hat sich des Naturkleinods angenommen. Bis 1952 wurde hier Kalk für die Stahlöfen Neapels abgebaut. Heute dürfen sich die Sirenen in diesem (Bade-)Paradies wieder wie zu Hause fühlen. Die Bucht gehört zum Meeresschutzgebiet Parco Marino Punta Campanella und ist ein Mekka für Schnorchler und Taucher.

Die Straße endet an der Marina del Cantone, einem lang gestreckten Kiesstrand mit Blick auf die Amalfitana und die Sirenen-Inseln Li Galli. Es stehen hier nur wenige Häuser, überwiegend kleine Hotels oder Restaurants. Im Sommer herrscht an diesem Bilderbuchbadestrand viel Betrieb, ansonsten ist es einfach paradiesisch. Fast fühlt man sich in die 1950er-(Film-)Jahre zurückversetzt. Der Weltenbürger Norman Douglas (1868–1952) hat mit *Siren Land* übrigens das ultimative Reisebuch zu dieser Gegend verfasst und auf dem Weg zur Baia di Ieranto eine Weile ein Haus bewohnt.

Infos und Adressen

ESSEN UND TRINKEN

MozArt Bar – Wellcome Cafè. Tgl. 9–13.30 und 15.30–(22) Uhr. Piazza Nerano 4B, Tel. 33 39 80 84 52.

Quattro Passi. Sterneküche mit Lokalbezug, Kochkurse und Gästesuiten. Mi geschl. März–Nov. Via A. Vespucci 13, 80061 Nerano, Tel. 08 18 08 28 00, www.ristorantequattropassi.com

Trattoria Eugenes. Ohne Sterne, spottbillig und umwerfend gut. Kein Ruhetag. Via Roncato 9/11, 80061 Termini, Tel. 08 18 08 19 89.

ÜBERNACHTEN

Certosa. Freundliche Strandpension. Ganzjährig geöffnet! Via Cantone 23, 80061 Marina del Cantone, Tel. 08 18 08 12 09, www.hotelcertosa.com

Relais Blu. Boutique-Hotel mit Spitzenküche und einer der schönsten Terrassen über dem Golf. April–Nov. Via Roncato 60, 80061 Marciano, Tel. 08 18 78 95 52, www.relaisblu.com

AKTIVITÄTEN

Cooperativa S. Antonio. Von April–Okt. Bootstouren und Taxi-Boote. Via Cantone 47/C, 80061 Marina del Cantone, Tel. 08 18 08 16 38, www.coopsantonio.com

INFORMATION

Parco Marino Punta Campanella. Tipps für Wanderungen und Tauchausflüge. Mo–Fr 9–13 Uhr, Di und Do auch 16–18 Uhr. Via Roma 29, 80061 Massa Lubrense, Tel. 08 18 08 98 11, www.puntacampanella.org

AMALFIKÜSTE

35 Positano

Eine senkrechte Welt

Positano blickt auf eine steile Karriere zurück, vom verarmten Fischernest hin zum mondänen Ferienidyll. Der Ort steigt wie ein kubistischer Architektentraum aus dem Meer, mit pastellfarbenen Würfelhäusern, die sich am Steilhang übereinandertürmen. Dieser Anblick begeistert Reisende, spätestens seit John Steinbeck 1953 in *Harper's Bazaar* seinen berühmt gewordenen Reiseessay publizierte.

Steinbeck konnte sich damals nicht vorstellen, dass Positano jemals von Touristen überflutet werden würde – allein aus Platzmangel. Die Welt stand hier senkrecht für ihn und die Küstenstraße beschrieb er als »*a road carefully designed to be a little narrower than two cars side by side*«. Darin sollte er recht behalten. Die meisten Touristen reisen heute in Bussen an, und für viele bleibt nur der kurze Fotoblick aus einer Straßenkurve. Positano besitzt, anders als Amalfi, keinen Busparkplatz.

Seite 210/211: Positano – Würfel in Pastell
Mitte: Vettica Maggiore und die Chiesa di San Gennaro
Unten: Zitronen-Granita frisch vom Erzeuger

Dolce Vita und Bikini

Ende der 1950er-Jahre hielten Filmstars wie Roberto Rosselini oder Sophia Loren, der Jetset und Bikini Einzug. Positano galt zeitweise als Italiens mondänster Urlaubsort. Die »Moda Positano« entsprang dem Improvisationsgeschick lokaler Schneider, die aus Leintüchern mit angenähten Spitzen (manche Aussteuer musste daran glauben) hübsche Strandfetzen kreierten. Im Zeitalter der Globalisierung sind viele Fummel heute Made in China. Nach wie vor beliebt bei der italienischen Fernsehprominenz und bei Polit-Stars gibt sich Positano als Urlaubsort demokratisch.

Wer es sich leisten kann, genießt Dolce Vita in den sündteuren Hotels und In-Lokalen, zu denen es glücklicherweise charmante und erschwinglichere Alternativen gibt.

Zu Fuß die Stadt erkunden

Um Positano zu erkunden, sollte man gut zu Fuß sein. Außer zwei Straßen, der S.S. 163 Amalfitana, die den Ort umfährt, und dem Viale Pasitea, der durch Positano kurvt, gibt es nur Treppenwege. Die einzigen Richtungsangaben, die hier Sinn machen, lauten bergauf oder bergab. Es gibt eine Ausnahme. Von der Spiaggia Grande führt die uferparallele Felspromenade Via Positanesi d'America, vorbei an einem urigen Fischlokal, an die Spiaggia di Fornillo.

In der Pfarrkirche Santa Maria Assunta wird eine schwarze Madonna aus dem 13. Jahrhundert verehrt. Mit dem Bildnis verbindet sich die Gründungslegende der Stadt. Die Ikone befand sich als Beute auf einem Sarazenenschiff. Dieses geriet in ein schweres Unwetter, und erst als die Piraten das Bild ans Ufer brachten – deutlich hatte die Madonna »*Posa, posa!*« (»Setzt ab, setzt ab!«) gefordert – legte sich der Sturm. Daher der Ortsname. Den Campanile auf dem Kirchvorplatz schmückt das Relief eines Meeresungeheuers. Vorbei an Bars, Modeboutiquen und dem Hotelpalazzo Murat führt die Via dei Mulini auf die gleichnamige Piazza. In der Saison steht hier ein Eisstand in Gestalt eines Fischerboots. Eine bessere Zitronen-Granità findet sich selten!

Weite Blicke, Ruhe und gute Trattorien locken in die hoch gelegenen Ortsteile Montepertuso und Nocelle. Hier führt der berühmte Götterweg auf seinem letzten Abschnitt vorbei. Wer die Treppen scheut, nimmt den Linienbus.

AUTORENTIPP!

POSITANOS STILLE SCHWESTERN

Positano und Praiano liegen sich über der Bucht Auge in Auge gegenüber. Die schönsten Sonnenuntergänge an der Costiera genießt man aus Praiano, zu dem neben Vettica Maggiore auch der Fischerborgo Marina di Praia gehört. Die Gunst der Lage schätzten bereits die Dogen von Amalfi und die Anjou-Könige, die ihre Sommerresidenzen hierher verlegten. Die Masse der Touristen rauscht heute an Praiano vorbei, Parkplätze sind rar. Was für ein Glück! Die Orte haben sich viel vom alten Costiera-Charme bewahrt. Fischer-Trattorien und Boutiquehotels bieten sich als Alternative zum meist teureren Angebot in Positano oder Amalfi an. Noch mehr *splendid isolation* bietet nur noch ein Küstenwachturm, wie ihn der Maler und Keramikkünstler Paolo Sandulli Ende der 1980er-Jahre als Atelier bezogen hat. Das Meer, Fischer, Nixen und Badende sind seine Sujets.

Torre a Mare. Tgl. 9.30–13 Uhr. Via Umberto I. 21, 84010 Praiano, Tel. 089 87 41 49 oder 33 94 40 10 08, www.paolosandulli.com

Oben: Ins Ristorante Bagni-d'Arienzo geht's mit dem Boot. **Unten:** Der Schlüssel zu einem Zimmer im Hotel Le Sirenuse kostet etwas mehr.

Sirenen-Inseln

Vor Positano liegen drei Felseilande im türkisblauen Meer. Li Galli, »die Hähne«, so steht es auf Seekarten. Als Seirenoussai beschrieb der griechische Geograf Strabon sie im ersten Jahrhundert v. Chr. Dem Mythos nach sind es die versteinerten Leiber von Sirenen, Loreleys der antiken Seefahrt. Mit ihrem unwiderstehlichen Gesang lockten sie Seeleute ans felsige Ufer und in den sicheren Tod. Nur dem listenreichen Odysseus gelang es, sie auszutricksen. Darauf stürzten sie sich selbst zu Tode. In der Antike stellte man sich die Sirenen als Mischwesen halb Vogel, halb Frau vor. Erst im Mittelalter wandelten sie sich zu Meerjungfrauen. Nüchterne Betrachter erkennen in ihnen personifizierte Naturgewalten, wie z.B. windumtoste, für die Seefahrt gefährliche Klippen. 1924 erwarb der russische Choreograf und Tänzer Léonide Massine die größte der Inseln und ließ sich von Le Corbusier eine Villa erbauen. Igor Strawinski, und Pablo Picasso waren zu Gast. Nach Massines Tod kaufte Rudolf Nurejev die Villa und die Insel und verbrachte hier die letzten Sommer seines bewegten Lebens.

Infos und Adressen

ESSEN UND TRINKEN

Alfonso a Mare. Kompetente Fischküche, nette Gästezimmer. Via Praia 6, 84010 Marina di Praia, Tel. 089 87 40 91, www.alfonsoamare.it

Bagni d'Arienzo. Feines Fisch-Ristorante mit Strandbar, östlich am Arienzo-Strand, Taxi-Boot von der Spiaggia Grande. April–Okt. Via Arienzo 16, 84017 Positano, Tel. 089 81 20 02, www.bagnidarienzo.com

C'era una Volta. Pizzeria-Ristorante am westlichen Ortsrand, unkompliziert und gut. Via Guglielmo Marconi 127, 84017 Positano, Tel. 089 81 19 30, www.ristoranteceraunavolta-positano.com

Da Vincenzo. Kompromisslos gute Küche seit 1959. April–Nov. Via Pasitea 172/178, 84017 Positano, Tel. 089 97 51 28, www.davincenzo.it

ÜBERNACHTEN

Locanda Costa Diva. Komfortables Hotel mit gutem Gartenrestaurant. Via Roma 12, 84010 Praiano, Tel. 089 81 30 76, www.hotelspraiano.com

Polpo in cucina

Delizia al limone – so schmecken Zitronen.

Ostello Brikette. Nette Low-Budget-Bleibe nahe der Bushaltestelle Chiesa Nuova. Via Guglielmo Marconi 358, 84017 Positano, Tel. 089 87 58 57.

Villa Verde. Sympathische Familienpension. Via Pasitea 338, 84017 Positano, Tel. 089 87 55 06, www.pensionevillaverde.it

NACHTLEBEN

Africana. Mythische Grottendisco mit Bootsanleger. Via Terramare 2, 84010 Marina di Praia, Tel. 089 87 48 58, www.africanafamousclub.com

EINKAUFEN

Profumi di Positano. Zitrusdüfte und -seifen. Via C. Colombo 175, 84017 Positano, Tel. 089 87 50 57, www.profumidipositano.it

VERANSTALTUNGEN

Mariä Himmelfahrt. Bootsprozession und Riesen-Feuerwerk am 15. August.

INFORMATION

AAST. Via Regina Giovanna 13, 84017 Positano, Tel. 089 87 50 67, www.aziendaturismopositano.it

Oben: Nur fliegen ist schöner!
Unten: Milchtransport mit dem Muli

36 Götterweg

Zu Fuß kommt man dem Himmel am nächsten

Dem süditalienischen Bergpionier, Schriftsteller und Politiker Giustino Fortunato (1848–1932) verdankt der schönste Wanderweg der Costiera seinen griffigen Namen. Mehr als nur eine gute Marketingidee. Fern vom Straßenstress auf der S.S. 163 schwebt man zwischen Himmel und Erde, genießt Traumblicke auf Küste und Meer und atmet würzige Bergluft. Eine Renaissance für den alten Wirtschaftsweg.

Ein Netz alter Wirtschafts- und Treppenwege durchzieht die Berghänge oberhalb von Positano und Amalfi. Generationen haben in mühevoller Handarbeit dem steilen Gelände Aberhunderte Terrassen abgerungen, Verbindungswege geschaffen und damit die einzigartige Kulturlandschaft hervorgebracht, von der UNESCO 1997 zum Welterbe erklärt. Auf den ersten hundert Höhenmetern über dem Meer werden seit dem Mittelalter Zitronen angebaut. Pergolen schützen im Winterhalbjahr Früchte und Blüten vor Hagelschäden. Auf Höhen zwischen 200 und 600 Metern wird Wein gezogen, im Furore-Tal in geradezu alpinistischer Manier. Darüber schließen sich Kastanienwälder und Weiden an. Vor Jahren hat der italienische Alpenverein Club Alpino Italiano die Amalfitana als Wandergebiet erschlossen. Als einer der schönsten Höhenwege gilt der Sentiero degli Dei (»Götterweg«).

Göttliche Kurven bis nach Furore

Die Fahrt mit dem Linienbus von Amalfi nach Agerola bietet erste grandiose Eindrücke. Furore zieht sich entlang der S.S. 366. Dabei erstreckt

Informationen zur Wanderung

Der Wanderklassiker ist eine der lohnendsten Ausflüge an der an Aussichten nicht armen Amalfitana!

An- und Abfahrt: Ab Amalfi SITA-Linienbusse nach Agerola/Bomerano (www.sitasudtrasporti.it), von Positano SITA, in der Saison auch Linienschiffe Ri Amalfi (www.coopsantandrea.it, www.travelmar.it), Stadtbusse von Montepertuso nach Positano

Start: Bomerano, Piazza Capasso

Ende: Positano

Länge und Dauer: 10 km, 4–5 Std.

Karten: Costiera Amalfitana 3 *da Conca dei Marini a Positano,* 1:10.000 von Cart&Guide bzw. Beschreibung und Karte als Gratis-Download von www.giovis.com

Weg: Gut angelegte Wege, nur an wenigen Stellen wird evtl. Schwindelfreiheit vorausgesetzt. Im Abstieg sind viele Treppen zu passieren. Man folgt den rot-weißen CAI-Markierungen.

Ausrüstung: feste Schuhe, Sonnenschutz und Badesachen

Verpflegung: Getränke und evtl. Picknick. Gegen Ende der Tour findet man gute Lokale.

A Piazza Capasso – In Bomerano kann man sich noch gute (Wander-)Infos bei der Pro Loco und evtl. ein Picknick besorgen.

B Holzbrücke – Von der Piazza Capasso geht es auf der Via Pennina (= CAI-Weg 27) bergab, kurz nach der Unterführung rechts über die moderne Holzbrücke quert man eine Talmulde.

C Grotta Biscotto – Die Straße geht in den alten Maultierpfad über. Am Wegrand öffnet sich eine Grotte, die wie andere auch, als Viehunterstand diente.

D Colle La Serra – An der Passhöhe gabelt sich der Weg. Nach links, aus dem Sattel ein paar Treppenstufen rechts bergab und vorbei an einer Wasserstelle erreicht man eine T-Kreuzung. Von links führt der Weg aus Praiano heran. Es geht nun nach rechts. Der Blick reicht ab jetzt bis zur Spitze der Sorrentiner Halbinsel.

E Steinpyramide – Die beiden Varianten des Götterwegs treffen zusammen (gut zu wissen, wenn man von Nocelle aus den Weg als Runde beschreiten möchte), nach links weiter.

F Nocelle – Im Ort an der Kapellen-Kreuzung biegt man nach rechts ab.

G Montepertuso – Im Ort nach der Piazza Cappella von der Durchfahrtstraße nach links auf den Treppenweg Via Pestella absteigen.

H Positano – Eine Zitronen-Granità ist die beste Belohnung!

AUTORENTIPP!

FURIOSER FJORD
Die tief eingeschnittene Meeresbucht zwischen Marina di Praia und Conca dei Marini ist genau genommen gar kein Fjord, dazu hätte es der Aktion eines Gletschers bedurft. Fährt man auf der S.S. 163 mit dem eigenen Auto über die 30 Meter hohe Brücke, erleidet man Tantalusqualen. Kein Parkplatz in Sicht, das Wasser scheint unerreichbar. SITA-Busse halten. Früher muss an der Marina di Furore ein geschäftiges Treiben geherrscht haben, das Wasser des Schiato trieb Papier- und Getreidemühlen an. Nach Furore führen im engen Tal viele tausend Treppenstufen hoch. Eines der alten Fischerhäuser lädt als umwerfend charmantes Lokal zu leckerer Pasta, frischem Fisch und mit Liegestühlen zur Siesta ein. Ein weiteres dient als *Ecomuseo.*

Al Monazeno. April–Okt. Via Anna Magnani 17, 84010 Fiordo di Furore, Tel. 34 90 77 25 44, www.monazeno-fiordo-furore.com

sich das Gemeindegebiet von der Marina bis in 600 Meter Höhe aus. Der Vallone del Furore (»Tal des Zorns«) stand Pate. Wenn es stürmt oder der Torrente Schiato nach schwerem Regen anschwillt, tobt es im Tal, und unten an der Marina brechen sich die Wellen mit ohrenbetäubendem Widerhall an den Felswänden.

Milchstraße nach Montepertuso

Im fruchtbaren Hochtal von Agerola erklärt sich der Name Monti Lattari wie von selbst. Seit der Antike wird Milchvieh auf saftige Weiden geschickt. Kein Wunder, dass man sich im Ortsteil Bomerano so gut mit Brot und Käse für ein Picknick eindecken kann. Die Wanderung nimmt hier auf der Piazza Capasso ihren Ausgang. Die ca. vierstündige Tour führt auf gut ausgebauten Wegen nach Montepertuso und von hier auf tausend Treppenstufen hinab nach Positano. Ein Tipp: In der Saison verkehren von Positano Mini-Fähren Richtung Amalfi. Der Blick vom Schiff auf den zurückgelegten Höhenweg entschädigt noch einmal für alle Mühen.

Kurz nach Bomerano verwöhnt der Weg mit berauschenden Blicken ins Vallone di Praia, wo in abenteuerlichen Steillagen Wein gedeiht. Auf einer breiten *mulattiera* (»Maultierpfad«), vorbei an Weinbergen und duftender Macchia, ist nach kurzem Gegenanstieg der Sattel am Colle La Serra erreicht. Neue Perspektiven: Die Sorrentiner Halbinsel ist jetzt im Blick. Über aufgelassene Ackerterrassen geht es nun weiter, und dann taucht zum ersten Mal Positano auf. Noch sind einige Täler auszulaufen, dann geht es durch die Dörfer Nocelle und Montepertuso (»Lochberg«), Ersteres völlig frei von Autoverkehr. Zum Schluss warten noch tausend Treppenstufen. Wer genug hat, nimmt zu guter Letzt den Linienbus.

Infos und Adressen

ESSEN UND TRINKEN

Hostaria da Bacco. Ausgezeichnetes Ristorante in Panoramalage, von der S.S. 366 leicht zurückversetzt. Die Küche vereint kulinarische Traditionen von Bauern und Fischern. Daneben freundliche Hotelzimmer. März–Dez. Via G. B. Lama 9, 84010 Furore, Tel. 089 83 03 60, www.baccofurore.it

Il Ritrovo. Beste Stärkung: gartenfrisches Gemüse köstlich zubereitet, gegrilltes Lamm oder gebackenes Kaninchen. Es werden Kochkurse angeboten. Via Montepertuso 77, 84017 Montepertuso, Tel. 089 81 20 05, www.ilritrovo.com

Santa Croce. Beste Küche, beste Aussicht. Nocelle 19, 84017 Nocelle, Tel. 089 81 12 60.

ÜBERNACHTEN

Casa Cuccaro. Gemütliches, stilles B&B in Traumlage. Via Cappella 28, 84017 Nocelle, Tel. 089 87 54 58, www.casacuccaro.it

La Locanda del Fiordo. Hübsche Frühstückspension über dem Meer, der Fjord um die Ecke. Via Trasita 9 (km 23 der S.S. 163), 84010 Fiordo di Furore, Tel. 089 87 48 13, www.lalocandadelfiordo.it

Freiuft-Lounge des Agriturismo Sant'Alfonso

Winzerpaar – Marisa Cuomo und Andrea Ferraioli

Sant'Alfonso. Wunderbar einsam gelegener Agriturismo in ehemaligem Konvent. Beste Küche. Treppenweg zum Sentiero degli Dei hoch. Via Sant'Alfonso 6, 84010 Furore, Tel. 089 83 05 15, www.agriturismosantalfonso.it

EINKAUFEN

Cantine Marisa Cuomo. Die besten (steilsten!) Tropfen der Costiera! Via G.B. Lama 16/18 (S.S. 366), 84010 Furore, Tel. 089 83 03 48, www.marisacuomo.com

VERANSTALTUNGEN

Suoni degli Dei. Konzerte auf dem Götterweg, z.B. im Convento di Santa Maria a Castro oberhalb von Praiano. Mai, Juni, Sept. und Okt. Infos unter www.isuonideglidei.com

INFORMATION

Pro Loco Agerola. Mit Glück Wanderkarten gratis. Piazza P. Capasso 7, 80051 Bomerano, Tel. 08 18 79 10 64, www.proagerola.it, www.cartotrekking.com

Oben: Amalfi, Hauptstadt der ersten Seerepublik Italiens
Unten: Duomo di Amalfi – Showtreppe für Hochzeitsgesellschaften

37 Amalfi

Seerepublik mit Orientflair

Der Hauptstadt der ehemaligen Seerepublik nähert man sich standesgemäß mit dem Schiff. Von steilen Gebirgskämmen eingefasst, drängen die hellen Häuser Amalfis aus dem engen Talgrund ans Meer. Über die ziegelroten Dächer ragen die goldglänzende Domfassade und der majolikaverzierte Campanile hinaus. Amalfi ist ein Massenreiseziel, das sich trotz alledem viel von seinem Charme bewahrt hat.

Die Idealperspektive auf Stadt und Küste ergibt sich auch, wenn man auf die Mole hinaustritt. In der Fantasie verwandeln sich der Lärm der Busse und die Scharen von Touristen in das Hämmern auf den Werften und geschäftige Treiben im Hafen der mittelalterlichen Stadt.

Frühere Handelsstadt

Als erste Seerepublik Italiens unterhielt Amalfi eine große Kriegs- und Handelsflotte und beherrschte

MAL EHRLICH

TOURISTEN HABEN KEINE ZEIT

Wenn Kreuzfahrtschiffe auf Reede liegen und der Busparkplatz belegt ist, dann ist das nicht nur bei Amerikanern beliebte »Ämälfai« manchmal zum Bersten voll. Das Beste ist, die meisten müssen sich beeilen, das Programm ruft. Also einfach abwarten – und bald ist z. B. der Chiostro del Paradiso wieder menschenleer oder ein paar Schritte weg vom Trubel das Amalfi der stillen Treppengassen suchen oder antizyklisch am frühen Vormittag oder späten Nachmittag auf Sightseeingtour gehen.

vom zehnten bis zwölften Jahrhundert den Landstrich, der noch heute als Amalfitana bezeichnet wird. Unter einer Seerepublik kann man sich ein international agierendes, weitverzweigtes Handelsunternehmen vorstellen, mit einem gewählten Dogen als »Vorstandsvorsitzenden« an der Spitze. Amalfis Galeeren importierten gewinnbringend Seide, Gewürze und Zucker aus dem östlichen Mittelmeerraum, Techniktransfer war das Tüpfelchen auf dem i. Aus dem Orient übernahm Amalfi die Kunst der Papierherstellung, von arabischen Seefahrern den Gebrauch des Magnetkompasses. Die maurische Architektur der Küstenstädte, aber auch die Kultur der Zitronen, die bis heute die Terrassenlandschaft prägt, sind ebenfalls Früchte dieses intensiven Kontakts mit dem Morgenland.

Die Konkurrenz der Seerepublik Pisa, vor allem aber das verheerende Beben von 1343, dem der Hafen mit den Werftanlagen und große Teile der Bevölkerung zum Opfer fielen, bedeuteten das vorläufige Aus für Amalfi. Erst im 19. Jahrhundert erweckten romantische Reisende aus Deutschland und England den Küstenstrich aus seinem Dornröschenschlaf. Umgebaute Paläste und Klöster wurden zu den ersten Grand Hotels.

Duomo di Almafi

Die bekannten Sehenswürdigkeiten Amalfis konzentrieren sich auf einem Fleck. Die ganze Stadt nimmt eine Fläche von nur knapp sechs Quadratkilometern ein, und es leben hier etwa 5000 Menschen – zehnmal weniger als zu Glanzzeiten der Seerepublik. Vom zentralen Domplatz führt eine imposante Freitreppe zur Cattedrale di Sant'Andrea, zur steingewordenen Chronik der selbstbewussten Stadt. Die farbenprächtige Fassade aus dem 19. Jahrhundert, mit Schmuckelementen im byzantinisch-maurischen Stil, ist eine ebenso ein-

AUTORENTIPP!

INDUSTRIELLE REVOLUTION

Amalfis Hauptstraße setzt sich als Via delle Cartiere im Mühlental fort. Der Name erinnert daran, dass Amalfi vermutlich die erste Stadt in Italien war, in der im Mittelalter Papier geschöpft wurde. Der kanalisierte Fiume Canneto trieb zeitweise über ein Dutzend Papiermühlen an, übrig geblieben sind noch zwei, die kleine Werkstatt von Rita Cavaliere und die Cartiera Armatruda. Im Museo della Carta, eingerichtet in den Räumen einer mittelalterlichen Papiermühle, sind alle Arbeitsschritte der Papierherstellung zu sehen.

Die Wasserkraft trieb außer Papiermühlen auch Eisenhammerwerke, Getreidemühlen und Nudelknetmaschinen an. All das bereits im Mittelalter!

Museo della Carta. März–Okt. tägl. 10–18.30 Uhr, Nov.–Feb. Di–So 10–15.30 Uhr. Via delle Cartiere 23, 84011 Amalfi, Tel. 08 98 30 45 61, www.museodellacarta.it

Oben: Amalfi hat einen kleinen, feinen Kiesbadestrand.
Mitte: Die besten *limoni d'Amalfi* reifen zwischen März und Juli heran.
Unten: Chiostro del Paradiso – tausendundeine Nacht in Amalfi

drucksvolle wie umstrittene Rekonstruktion des mittelalterlichen Originals. Der frei stehende Campanile, dessen Markenzeichen ineinander verschränkte arabische Spitzbögen sind, wurde 1267 vollendet.

Aus der Dom-Loggia gelangt man nach links in den Chiostro del Paradiso. Der winzige Kreuzgang diente ab dem 13. Jahrhundert den Adeligen Amalfis als Begräbnisstätte. In Erde aus dem Heiligen Land gebettet erwarteten sie das Paradies. Wenige Orte strahlen einen solchen Zauber aus. Weiß gekalkte, ineinander verwobene spitzbogige Arkaden ruhen auf zierlichen Doppelsäulen, in der Mitte ein exotisches Gärtlein. Aus dem Kreuzgang gelangt man in die Basilica del Crocifisso aus dem achten Jahrhundert, heute das Diözesanmuseum. Von hier führen Treppen hinab in die Krypta mit den Gebeinen des Heiligen Apostels Andreas, 1208 vom weitsichtigen Kardinal Pietro Capuano aus Konstantinopel hierher überführt (entführt?), und ein zweiter Treppenaufgang hoch in den barock ausgeschmückten Dom. Kunstwerke aller Epochen zeigen den Apostel, dessen Verehrung am Eingangsportal aus Bronze noch einmal augenfällig wird.

Bazar im Tal

Gesäumt von Läden, Bars und Ristoranti zieht sich die Via Lorenzo d'Amalfi durch den Talgrund, abschnittsweise von der gedeckten Rua Nova Mercatorum begleitet. Verkaufsschlager neben dem obligaten Limoncello ist Viagra naturale – Zöpfe roter Chili-Schoten. Amalfis Altstadt erinnert an eine arabische Medina. Leicht sich vorzustellen, wie hier im Mittelalter Händler aller Völker und Religionen Waren feilboten. Seitlich locken schmale Treppengassen, die zwischen weiß gekalkten Häusern aufsteigen. Schnell wird man sich verlaufen, doch ebenso leicht auch wieder zum Corso zurückfinden.

Infos und Adressen

SEHENSWÜRDIGKEITEN

Museo Arsenale. Ausstellung zur Geschichte der Seerepublik in den alten Werfthallen. März–Sept. 10–20 Uhr, Okt.–Feb. Di–So 10–13.30 und 15.30–19 Uhr. Largo Cesareo Console 3, 84011 Amalfi, Tel. 089 87 11 70.

Chiostro del Paradiso. Mai–Sept. tägl. 9–21 Uhr, Okt.–April tägl. 10–17 Uhr. Piazza del Duomo, 84011 Amalfi, Tel. 089 87 13 24, www.parrocchiaamalfi.com

ESSEN UND TRINKEN

Da Rispoli. Urige Familientrattoria, aus dem Mühlental in ca. 1 Std. auch zu Fuß zu erreichen – sonst Linienbus ab Amalfi. Mi geschl. Via Riulo 3, 84011 Pogerola, Tel. 089 83 00 80.

L'Abside. Prima Fisch und Gemüse in ehemaliger Kirche am alten Gemüsemarkt, lecker. Auch Faire Preise. So geschl. Piazza dei Dogi, 84011 Amalfi, Tel. 089 87 35 86, www.ristorantelabside.it

Taverna Buonvicino. Fantasievolle Territorialküche an ruhiger Piazza. Largo Santa Maria Maggiore 1, 84011 Amalfi, Tel. 08 98 73 63 85, www.tavernabuonvicino.com

Kandierte Zitrusschalen von der Pasticceria Pansa

»L'Apside« – Küche in der Kirchenapsis

ÜBERNACHTEN

Centrale. Nette Pension mit Domblick. Largo Piccolomini 1, 84011 Amalfi, Tel. 089 87 26 08, www.amalfihotelcentrale.it

Residenza Luce. Blitzsaubere, moderne Frühstückspension. Tolle Dachterrasse! Ideal auch für Familien. Via Frà Gerardo Sasso 4, 84011 Amalfi, Tel. 089 87 15 37 oder 33 81 55 47 47, www.residenzaluce.it

AKTIVITÄTEN

Wandern. Zahlreiche alte Wirtschaftswege, als Wanderwege ausgewiesen, verbinden Amalfi mit seinen Nachbarorten. Sehr lohnend ist die Exkursion ins Valle delle Ferriere. Infos unter: www.valledelleferriere.it

INFORMATION

AAST. Corso delle Repubbliche Marinare 27, 84011 Amalfi, Tel. 089 87 11 07, www.amalfitouristoffice.it

38 Atrani

Die kleinste Kommune Italiens

Die sich dicht an dicht drängenden, weißen Häuserkuben von Atrani, das Labyrinth der Treppengassen und überdachten Passagen inspirierten den Grafikkünstler M. C. Escher (1898–1972) zu einigen seiner berühmten »unmöglichen« Architekturbilder. Nur einen kurzen Spaziergang von Amalfi entfernt tun sich auch heute noch neue Perspektiven auf. Kenner halten das kleine Atrani für den schönsten Ort an der Costiera.

Oben: Der Verkehr rauscht an Atrani vorbei.
Unten: Ein kurzer Fußweg verbindet Amalfi mit Atrani.

Nur ein Felsvorsprung trennt Amalfi von Atrani. Der kurze Spaziergang, der im Rücken von Amalfis vornehmstem Logis vorbeiführt, bietet fotogene Einblicke in die ortstypische Bauweise. Die Karriere vom Kloster (in anderen Fällen Palazzo) des Mittelalters zum Grand Hotel des 19. Jahrhunderts teilt das Luna Convento mit anderen Edel-Herbergen der Amalfitana. Auch die friedliche Fortnutzung der trutzigen Küstenwachtürme, einst zur Abwehr der Piraten errichtet, als Atelier, Loft oder Risto-

MAL EHRLICH

BESSER MIT CHAUFFEUR

Wer mit dem eigenen Auto auf der S.S. 163 Amalfitana unterwegs ist, hat es oft nicht leicht – dichter Verkehr und kaum Parkplätze unterwegs. Da ist es komfortabler, sich den Kurvenkünsten der SITA-Busfahrer anzuvertrauen. Amalfi ist die Drehscheibe im lokalen Busverkehr (www.sitasudtrasporti.it, www.amalfimobilita.com). Zusätzlich verkehren in der Saison Linienschiffe. Zwischen Amalfi und Atrani liegt das öffentliche Parkhaus Luna Rossa.

rante ist kein Einzelfall. Der Spitzbogen im Fassadenschmuck, als Tür- und Fensteröffnung sowie in der Wölbetechnik spricht die Sprache des Orients. Maurischen Einfluss und eine Anpassung an Topografie und Klima zeigt auch das Würfelspiel der weiß gekalkten Hauskuben, die sich übereinandergestapelt an die Hänge schmiegen. Das Labyrinth enger, oft überdachter Treppengassen dient(e) ebenso dem Schutz vor Wind und Sommerhitze wie auch der leichteren Verteidigung der Städte im Fall eines Angriffs.

UNESCO-Weltkulturerbe

Die Terrassierung der landwirtschaftlich genutzten Hänge geht ebenfalls auf die Zeit der Seerepublik zurück. Seither verbindet ein dichtes Netz aufwendig angelegter Wirtschaftswege die Orte untereinander. Die Küstenstraße, als Vorläuferin der heutigen S.S. 163 Amalfitana, wurde erst Mitte des 19. Jahrhunderts gebaut. Diese in Generationen gestaltete Kulturlandschaft war für die UNESCO Anlass, die Costiera Amalfitana in die Liste des Welterbes aufzunehmen.

Wie andere Küstenorte liegt auch Atrani an der Mündung eines Flusses. Chance und Gefahr lagen oft nah beieinander. Die gebändigte Wasserkraft wurde bereits im Mittelalter genutzt, die rohe

AUTORENTIPP!

AUF DEM WASSER WANDERN

Die Amalfi-Küste als Wanderparadies, das hat sich längst herumgesprochen. Sogar die Eskimos haben schon vom Götterweg gehört. Da ist es umso verwunderlicher, dass die Costa Divina erst jetzt für das Wasserwandern erschlossen wird. Peter Hoogstaden kennt sich zu Lande und zu Wasser bestens aus. Mit Hotels in Amalfi bzw. Cetara als Ausgangsbasis bietet er mehrtägige Kajaktouren entlang der Küste an, die vielleicht erst aus dieser Perspektive wahrhaft göttlich erscheint. Das Reisegepäck wird von Hotel zu Hotel transportiert, das Tagesgepäck lässt sich auf den professionellen See-Kajaks prima verstauen. Badepausen an einsamen Kiesbuchten und Mittagspausen in nur von Meer zu erreichenden Lokalen runden das Vergnügen ab. Auch für Anfänger geeignet.

Italy Kayak Tours. Via Rotondo 8, 84127 Salerno, Tel. 089 79 18 96, www.italykayaktours.com

Oben: Aussichtsreicher Vorplatz der Colleggiata di Santa Maria Maddalena
Mitte: Enge Gassen und viele Treppen
Unten: In der Kirche San Salvatore de' Birecto wurden die Dogen gewählt.

Kraft der nach Starkregen über die Ufer schießenden Flüsse konnte aber auch Tod und Verwüstung bringen – zuletzt am 25. Oktober 1954 in Maiori und in Atrani am 8. September 2010.

Kirche San Salvatore de' Birecto

Auf der Piazza Umberto I. schlägt das Herz des Bilderbuch-Städtchens. Nette Bars, ein Ostello und feine Restaurants finden Platz unter den Arkaden, Tische stehen auf der Brunnen-Piazza. Treppenstufen führen zur Kirche San Salvatore de' Birecto, in der zur Zeit der Seerepublik die Dogen gewählt, gekrönt (sie bekamen die rote Dogenmütze, den *berretto*, aufgesetzt) und bestattet wurden. Damals war Atrani ein bevorzugtes Wohnquartier des Adels. Von den Pisanern 1135 verwüstet, erblühte das Städtchen erst wieder unter König Manfred (1232–1266), Sohn Kaiser Friedrichs II. Aus dieser Zeit stammt die Kollegiatskirche S. Maria Maddalena. Der später barockisierte Bau beherrscht mit seinem schönen Campanile und grünen Majolikakuppeln das Stadtbild.

Mit nur 0,12 Quadratkilometer Grundfläche ist Atrani die kleinste Kommune Italiens, mit einer Einwohnerzahl von etwa 850 Menschen paradoxerweise eine der am dichtesten besiedelten Städte des Landes. Nicht nur Kindern macht es Spaß, sich im Gewirr der schmalen Gassen und Treppenwege (*scalinatelle*) zu verirren. Für Autos ist kein Durchkommen. Unter der S.S. 163 gelangt man von der Piazza an den kleinen Strand. Hoch über Atrani schweben auf steil aufragendem Felsplateau die Gärten der Villa Cimbrone in Ravello (S. 230).

Besonders stolz ist Atrani auf den neapolitanischen Volkshelden Masianello, der 1647 einen Aufstand gegen die Spanier anführte. Er soll hier geboren sein und wird oft mit einer roten Fischermütze abgebildet.

Infos und Adressen

SEHENSWÜRDIGKEITEN

Chiesa di San Salvatore de' Birecto. Mai–Okt. tgl. 10.30–13 und 15–18 Uhr. Piazza Umberto I., 84010 Atrani, Tel. 33 95 86 83 42, www.chiesasansalvatoredebirecto.it

ESSEN UND TRINKEN

'A Paranza. Ausgezeichnetes, alteingesessenes Fisch-Ristorante, lohnt den Spaziergang selbst aus Amalfi! Di geschl. Traversa Dragone 2, 84010 Atrani, Tel. 089 87 18 40, www.ristoranteparanza.com

Le Arcate. Romantisch am Meer. Gute Pizza und Pasta. Mo geschl. Largo O. Buonocuore, 84010 Atrani, Tel. 089 87 13 67, www.learcate.net

ÜBERNACHTEN

La Scalinatella. Sympathische Low-Budget-Bleibe mitten im Ort. Kleine Schlafsäle und Doppelzimmer. Kochmöglichkeiten. Piazza Umberto I. 5–6, 84010 Atrani, Tel. 089 87 14 92, www.hotelscalinatella.com

Palazzo Ferraioli. Boutiquehotel in modern restauriertem Palazzo oberhalb der Piazza, reiches Frühstück. April–Okt. Via Campo 16, 84010 Atrani, Tel. 89 87 26 52, www.palazzoferraioli.it

Fisch-Pasta im »'A Paranza«

Torre dello Zirro. Edles B&B an der Straße von Atrani nach Ravello, die beiden Orte kann man auch zu Fuß erreichen. Frühstück mit Aussicht, top Betten. April–Mitte Okt. Via delle Cartiere 6, 84010 Ravello, Tel. 089 87 35 03 oder 34 74 99 09 64, www.torredelloziro.com

AKTIVITÄTEN

Wandern. Von Atrani führen steile Treppenwege nach Ravello bzw. hoch zur Torre dello Zirro, einem Aussichtsturm oberhalb von Amalfi.

»'A Paranza« im modernen Outfit

39 Ravello

Abgehobene Künstlergärten

Seine Lage adelt Ravello. Was den Handelsaristokraten des Mittelalters recht war, war den Romantikern des 19. Jahrhunderts billig – das über der Küste beinahe schwebende Hochplateau war, ist und bleibt an der Amalfitana *the place to be*. Verzauberte Gartenparadiese, ein Wagner-Festival, dass längst ein Ohr für Jazz hat – und das futuristische Alterswerk des Architekten Oscar Niemeyer (1907–2012) laden ein.

Oben: Publikumsmagnet Villa Rufolo
Unten: Jonas und der Wal im Dom

Eine Serie flotter Kurven als Fluchtweg vom Trubel der Küste. Ravello lässt sich von Amalfi, Atrani oder Minori aus auf schönen alten Treppenwegen auch zu Fuß erreichen, die sportliche Alternative zur Auto- oder Busfahrt durch das Dragone-Tal. Den besten Blick auf das Städtchen genießt man aus dem Nachbarort Scala.

Die sichere Lage 365 Meter hoch über dem Meer, mit Blicken bis weit in den Cilento, zog römische Siedler in den Wirren der Völkerwanderungszeit an. Antike Architekturreste fanden spätere Verwendung in den mittelalterlichen Bauten der Stadt. Sein »Coming-out« erlebte Ravello zur Zeit der Seerepublik. Dabei war das Verhältnis zu Amalfi nicht ungetrübt, der Ortsname soll sich von »Rebello« herleiten. Das Selbstbewusstsein der nach Autonomie strebenden Ravellesen stieg, als Papst Viktor III. 1086 die Stadt zum Bistum erhob. Damals lebten in Ravello 25 000 Menschen, zehnmal mehr als heute. Zu den märchenhaft reichen Kaufleuten und Mäzenen ihrer Zeit zählten Mitglieder der Familie Rufolo. Giovanni Boccaccio (1313–1375) berichtet in seinem *Decameron* von ihren eigenwilligen Handelspraktiken. 1851 kaufte Sir Francis Neville Reid die Ruinen der Villa Rufolo und ließ sie im orientalisch-romantischen Fantasiestil wieder aufbauen. Reids Villa und die prachtvollen Gärten wurden schnell zum Anziehungspunkt für Reisende aus aller Welt. Ferdinand Gregorovius nannte sie eine »kleine Alhambra«. Spätestens mit Richard Wagners begeistertem Ausruf »Klingsors Zaubergarten ist gefunden!« begann die Karriere Ravellos als mondäner Luftkurort.

Ausgangspunkt Piazza del Duomo

Entree der Stadt ist die weitläufige Piazza del Duomo. Die schlichte Fassade verrät wenig von der Bedeutung der ehemaligen Kathedrale. Im Inneren geschützt, sind die 1179 gegossenen Bronzepforten ausgestellt, eine weitere Augenweide die beiden mittelalterlichen Kanzeln. Den niedrigeren Ambo (1130) schmückt eine fantasievolle Darstellung des Jonaswunders. Die auf Löwensäulen stehende Predigtkanzel gegenüber wurde 1272 im Auftrag des Nicola Rufolo geschaffen.

Von der Piazza del Duomo gelangt man in die Villa Rufolo, einem Potpourri antik-mittelalterlicher Architekturfragmente und Neuschöpfungen des 19. Jahrhunderts. Spätestens auf dem Terrassengarten entfahren einem unwillkürlich Ausrufe des Entzückens. Der Blick auf die Küste von Minori bis Cetara ist famos! In memoriam Wagner finden vor dieser Kulisse Freiluftkonzerte statt.

Toro-Viertel

Zurück an der Piazza del Duomo kann man ins Toro-Viertel aufsteigen. Auf diesem Höhenrücken reihten sich im Mittelalter die Adelspaläste, hinter deren ehrwürdigen Mauern sich heute einige der luxuriösesten Hotels der Costiera verbergen. Auch

AUTORENTIPP!

WEIN ZWISCHEN BERGEN
Manchmal wird einem die Costiera Amalfitana einfach zu eng. Wer das Weite suchen will, ist in Tramonti genau richtig. Im bäuerlichen Hinterland von Ravello und Maiori liegt im weiten Talkessel des Torrente Maiori die Streusiedlung Tramonti, größtes DOC-Weinanbaugebiet der Amalfitana und generell ein kulinarisches Paradies. In der Nachkriegszeit hatten Pizzabäcker aus Tramonti den runden Teigfladen weltweit populär gemacht. Eine neue Generation von Restaurateuren kocht nah am Territorium, darin der Slow-Food-Philosophie folgend. Die unten empfohlenen Trattorien haben auch nette Gästezimmer.

Antichi Sapori. Via Chiunzi 72, 84010 Campinola, Tel. 089 87 64 91, www.cucinaantichisapori.it
Osteria Reale. Via Cardamone, 84010 Gete, Tel. 089 85 61 44, www.osteriareale.it

Oben: Zaubergarten Villa Rufolo
Mitte: Terrazza dell'Infinito in der Villa Cimbrone
Unten: Still geht es im Toro-Viertel zu.

wenn die Reisekasse vor den Übernachtungspreisen eines Caruso, Palazzo Alvino oder Palumbo kapituliert, könnte man Geld für den Besuch in einem der edlen Hotel-Ristoranti locker machen. Gratis gibt es den Millionärs-Blick vom Belvedere Principessa di Piemonte.

Villa Cimbrone

Am südlichen Ortsende breiten sich die Gärten der Villa Cimbrone aus. Dem Reiz der Amalfitana verfallen, erwarb der schwermütige Ernest William Beckett 1904 das ausgedehnte Grundstück mit den Ruinenresten. Die Villa Cimbrone und der ausgedehnte Landschaftsgarten gerieten ihm zum schönsten Antidepressivum der Medizingeschichte. Die Gebäude der Villa dienen heute als luxuriöses Hotel, während der Park tagsüber zahlenden Besuchern offen steht. Man sollte Zeit und Muße mitbringen. Unter einer lang gezogenen Glyzinien-Pergola zieht sich der Viale dell'Immenso zu dem wohl spektakulärsten und schwindelerregendsten Aussichtspunkt der mit großartigen Belvedere reich gesegneten Costa Divina. Die Terrazza dell'Infinito (»Terrasse der Unendlichkeit«) macht ihrem Namen alle Ehre!

Infos und Adressen

SEHENSWÜRDIGKEITEN

Duomo-Museo. 9–18/19 Uhr. Piazza del Duomo, 84010 Ravello, www.chiesaravello.com

Villa Cimbrone. Tgl. 9 Uhr bis Sonnenuntergang. Via Santa Chiara 26, 84010 Ravello, Tel. 089 85 74 59, www.villacimbrone.com

Villa Rufolo. Tgl. 9–17 Uhr. Piazza del Duomo, 84010 Ravello, Tel. 089 85 76 21, www.villarufolo.it

ESSEN UND TRINKEN

Caffè di Luigi Torre. Fast ein Geheimtipp. April–Okt. Via San Giovanni Torre 10, 84010 Ravello, Tel. 089 85 70 92.

Cumpà Cosimo. Bodenständige Küche, (manchmal) kreative Rechnungsstellung. Via Roma 44, 84010 Ravello, Tel. 089 85 71 56.

ÜBERNACHTEN

Marmorata. Befindet sich direkt über dem Meer in einer alten Papiermühle. Località Marmorata (km 32,500 S.S. 163), 84010 Ravello, Tel. 089 87 77 77, www.marmorata.it

Bronzeportal des Barisano da Trani

Caffé Calce, nette Bar und B&B nahe des Doms

Monte Brusara. Landidyll, beste Bauernküche. Via Monte Brusara 32, 84010 Ravello, Tel. 089 85 74 67, www.montebrusara.com

Parsifal. Aufmerksame Führung, stupender Ausblick und gutes Restaurant. Gutes Preis-Leistungs-Verhältnis. Viale Goacchino d'Anna 5, 84010 Ravello, Tel. 089 85 71 44, www.hotelparsifal.com

Villa Maria. Einladendes Hotel. Feines Restaurant mit Zutaten aus dem Bio-Garten. Via S. Chiara 2, 84010 Ravello, Tel. 089 85 72 55, www.villamaria.it

EINKAUFEN

Monastero S. Chiara. Klosterbier und Limoncello. Via S. Chiara 9, 84010 Ravello, Tel. 089 85 71 45, www.sorelleclarisseravello.it

VERANSTALTUNGEN

Ravello Festival. Reichhaltiges Programm von April–Okt., www.ravellofestival.com

INFORMATION

AAST. Via Roma 18bis, 84010 Ravello, Tel. 089 85 70 96, www.ravellotime.it

40 Cetara

Frische Fische und ein Strand für Surfer

Der große Italienreisende Ferdinand Gregorovius beschrieb Cetara im Jahr 1853 als »unbeschreiblich reizenden Ort«. Das trifft heute noch zu. Der organisierte Bustourismus rauscht hier förmlich vorbei, und niemand macht Anstalten, ihn anzuhalten. Lebendige Fischfangtraditionen, feine Lokale, nette Bars und ein bei Surfern und Hochzeitspaaren beliebter Strand sorgen für perfekte Urlaubsstimmung.

Oben: Das kleine Amalfitana-Städtchen hat eine große Fischfangflotte.
Unten: Cetara ist auch bei Surfern beliebt.

Das hübsche Hafenstädtchen zwischen dem windumtosten Capo d'Orso und dem Keramik-Mekka Vietri sul Mare (S. 234) kann selbst Costiera-Kenner noch begeistern. In der Talmitte läuft, fast frei vom Autoverkehr, der Corso Garibaldi, gesäumt von urigen *alimentari*-Läden, obligaten *gelaterie*, Feinkostgeschäften, die lokale Fischkonserven und die berühmte Colatura verkaufen, ein paar netten Lokalen und, davon leicht zurückversetzt, die beiden Kirchen: San Francesco mit ihrem Vorplatz, auf dem *ragazzi* Fußball kicken, und gegenüber San Pietro mit schöner Majolikakuppel. Am 29. Juni wird das Fest des Stadtpatrons gefeiert und über dem Meer ein Riesenfeuerwerk entzündet. Am unteren Ende des Corso öffnet sich eine weite Piazza über dem Strand und Hafen, an Wochenenden beliebtes Revier der Hochzeitsfotografen. Mit den kleinen Fischerbooten, die dem Strand einen pittoresken Anstrich verleihen, werden die geschätzten *alici* (»Sardellen«) gefangen. Der trutzige Küstenwachturm am nördlichen Ende der Bucht wurde Ende des 16. Jahrhunderts zum Schutz vor Piraten errichtet. Windsurfer schätzen Cetara und die

Nachbarbucht von Erchie als die besten Spots an der Costiera. Starker thermischer Wind lässt die Herzen der Freerider schneller schlagen.

Garum, das Maggi der Antike

Cetara blickt auf eine uralte Fischfangtradition zurück. Der Name des Ortes leitet sich vom lateinischen *cetaria* ab, der Bezeichnung für die Gebäude, in denen Thunfisch verarbeitet wird, auf Italienisch heißen sie *tonnata*. Jene von Erchie war noch bis vor hundert Jahren in Betrieb. Heute besitzt Cetara die einzige große Fischfangflotte der Amalfitana. Die größeren Boote sind bis zu mehrere Monate auf hoher See und machen Jagd auf Thunfisch. Im Ort gibt es Manufakturen, die den geschätzten Speisefisch nach alter Tradition in Olivenöl konservieren – kein Vergleich mit den geschmacksneutralen Dosenprodukten aus dem Supermarkt! Die küstennah gefangenen Sardellen werden eingesalzen oder zur *colatura di alici* verarbeitet. Die Römer der Antike schätzten die fermentierte, salzige Fischsauce unter den Namen Garum oder Liquamen, kein anständiges Rezept kam ohne ein paar Tropfen des bernsteinfarbenen Öls aus. Pompeji war übrigens eine der Hauptproduktionsstätten. Ähnliche Saucen verwendet heute noch die südostasiatische Küche. In Cetara stellt jede Hausfrau, die auf sich hält, einmal die Woche *spaghetti con la colatura di alici* auf den Tisch. Franco Tammaro, Padrone des San Pietro, führte 1981 die *colatura* in die hohe Küche ein. Seinem Beispiel sind inzwischen viele gefolgt.

Höhenluft

Die Berge im Rücken von Cetara sind für appetitanregende Wanderungen wie geschaffen. Ein steiler Aufstieg führt, vorbei am Friedhof, zur aussichtsreichen Cappella Vecchia.

Infos und Adressen

ESSEN UND TRINKEN

Al Convento. Kulinarischer Pfeiler. Piazza San Francesco 16, 84010 Cetara, Tel. 089 26 10 39, www.alconvento.net

Aquapazza. Das »verrückte Wasser« (eine Art der Fischzubereitung) ist top! Corso Garibaldi 38, 84010 Cetara, Tel. 089 26 16 06, www.aquapazza.it

La Cuopperia del Convento. Frittierter Fisch auf die Hand. Apr.–Okt. Piazza Grotta, 84010 Cetara, Tel. 089 26 12 75.

San Pietro. Slow-Food-Ristorante. Di geschl. Piazza San Francesco 2, 84010 Cetara, Tel. 089 26 10 91, www.sanpietroristorante.it

ÜBERNACHTEN

Cetus. Edles (Hochzeits-)Hotel über der Steilküste. Peter Hoogstaden wählt die edle Bleibe als Basis für seine Kayak-Touren (S. 225). April–Okt. Corso Umberto I., 84010 Cetara, Tel. 089 26 13 88, www.hotelcetus.com

Il Glicine. Nettes B&B, etwas außerhalb. Località Fuenti, 84010 Cetara, Tel. 32 75 84 68 19 oder 33 37 52 09 18, www.ilglicinebb.it

EINKAUFEN

Cetarii. Delikate Fischkonserven. Via Largo Marina 48/50, 84010 Cetara, Tel. 089 26 18 63, www.cetarii.it

41 Vietri sul Mare

Wo die bunten Keramikteller herkommen

Es gab Zeiten, da fuhren Deutsche nicht zum Urlaub machen an die Amalfiküste, sondern zum Arbeiten. Deutsche Künstler fanden in den 1920er-Jahren günstige Lebensbedingungen und Arbeit in den Keramikfabriken von Vietri. Bis heute prägen die Bildideen des *periodo tedesco* den Stil der Vietri-Keramik. Der hübsche Ort ist ein begehbares Bilderbuch, Kitsch und Kunst liegen in den Läden nah beieinander.

Vietri liegt in Pole-Position am Beginn der Strada Amalfitana – zumindest wenn man aus Salerno kommt – und wird trotzdem von vielen Urlaubern übersehen. Zu stark ist wohl der Sog der berühmteren Amalfitana-Orte Positano, Ravello und Amalfi selbst. Dabei trifft man überall auf seine farbenfrohe Keramik. Teller und Tassen mit fröhlichen Tiermotiven liegen zum Verkauf aus, schmücken Tische in Trattorien und zieren Fußböden in Pensionen und Fünfsternehotels.

Traditionelles Handwerk

Die Handwerkstradition reicht in die Antike zurück, Etrusker waren die ersten »Industriellen«. Als Vietri Freihafen der mächtigen Benediktinerabtei von Cava de' Tirreni war, wurde Keramik in den gesamten Mittelmeerraum exportiert. Einen neuen Aufschwung nahm das Handwerk im Barock. Die glänzenden Majolikakuppeln entlang der Küste sind seither so etwas wie das Markenzeichen der Amalfitana. Das 19. Jahrhundert war die Zeit der *piastrelle*, der reich verzierten Bodenfließen, die in Kirchen, Palazzi und älteren Hotels verlegt sind.

Oben: Am Corso findet man zahlreiche nette Geschäfte.
Unten: Traditionelle Keramik aus Vietri bewundern

Deutsche Künstler in Vietri

Deutsche Künstler wie Richard Dölker, Irene Kowalski-Wegner oder Barbara Margarete Thewalt-Hannasch kamen ab den 1920er-Jahren an die Amalfitana und fanden hier Anregung, Arbeit und günstige Lebensbedingungen. Mit offenen Sinnen reagierten sie auf Sonne, Meer, Zitronen, die Arbeitswelt der Fischer und Bauern und die alten Mythen. Dabei entwickelten sie eine fröhlich naive Bilderwelt, die bis heute die Keramik Vietris prägt. Was vor mehr als drei Generationen aus Italienbegeisterung entstanden ist, gefällt auch heute. Es war übrigens Richard Dölker (1896–1955), bekannt als »Riccardo u' Germanese«, der 1923 die Ur-Ikone des heute so beliebten Vietri-Esels schuf. Der Ciuciariello zählt seither zum unverzichtbaren Bildinventar der *ceramica vietrese*.

Von welcher Seite man Vietri auch erreicht, überall begegnen einem die bunten Auslagen der Keramik-Geschäfte. Traditionalisten und Avantgardisten arbeiten mit dem uralten Werkstoff Ton. Sympathisch sind auch die altmodischen Lebensmittel- und Eisenwarenläden, die *pasticcerie* und Brotbäckereien, die Lottoannahmestellen und Bars am Corso. Marina di Vietri mit seinen breiten Sandstränden ist bei italienischen Badegästen beliebt, intimer ist die Spiaggia della Crestarella zu Füßen des gleichnamigen Küstenwachturms.

Museo della Ceramica in Raito

Das Auge für Qualität und den Sinn für die Historie schult der Besuch der Villa Guariglia in Raito, einem entzückenden Bergort oberhalb von Vietri. Das hier untergebrachte Museo della Ceramica zeigt barocke Keramikkunst und schöne Arbeiten von Dölker & Co. Im Sommer finden im stimmungsvollen Garten Konzerte statt.

Infos und Adressen

SEHENSWÜRDIGKEITEN

Museo della Ceramica. In der Villa Guariglia, Di–So 9–15 Uhr. Via Nuova Raito, 84019 Raito, Tel. 089 21 18 35.

ESSEN UND TRINKEN

Evù. Farbenfroh und vorzüglich. Beachtliche Weinauswahl. Mi geschl. Via D. Traiani 1, 84019 Vietri, Tel. 089 21 02 37.

ÜBERNACHTEN

Il Melograno. B&B im Grünen, der Strand eine Treppenwanderung entfernt. Via Guariglia 38, 84019 Raito, Tel. 089 21 06 90 oder 33 81 10 64 69, www.beb-ilmelograno.it

Palazzo Curiano. Foudales B&B mit Traumblick. Via Madonna dell'Arco 30, 84019 Vietri, Tel. 08 98 42 33 34, www.palazzosuriano.it

EINKAUFEN

Pasquale Liguori. Traditionskeramik mit Witz. Corso Umberto I. 80, 84019 Vietri, Tel. 089 21 17 08.

AKTIVITÄTEN

Le Vigne di Raito. Besuch im Bio-Weinberg. Via San Vito 9, 84019 Raito, Tel. 089 23 34 28, www.levignediraito.com

INFORMATION

CTA. Piazza Matteotti, 84019 Raito, Tel. 089 21 12 85, www.ctavietri.it

SALERNO UND PAESTUM

Seite 236/237: Der Poseidontempel in Paestum steht auch nach 2500 Jahren wie eine Eins.
Oben: Über die Hafenstadt Salerno wacht das Castello di Arechi.
Unten: Via dei Mercanti – Shoppingmeile seit dem Mittelalter

42 Salerno

Provinzhauptstadt im Aufwind

Die alte Hafenmetropole spielte touristisch lange in der B-Liga. Allenfalls Kunstkenner verirrten sich hierher, um die mittelalterlichen Kanzeln im Dom zu bewundern, andere waren nur auf Durchreise: Die Costiera Amalfitana ist nur einen Bootssprung entfernt. Mutige Stadtsanierung und kreative Kulturpolitik machen die zweitgrößte Stadt Kampaniens zum lebendigsten Pflaster südlich von Neapel.

Pfeilschnelle Fernzüge erreichen Salerno aus dem Norden, der Flughafen ist provinziell, dafür sind die Schiffsverbindungen Richtung Costiera Amalfitana und Capri prima. An Salerno führte auch früher schon kein Weg vorbei. Etrusker erkannten die günstige Lage am Golf, trieben einträglichen Handel mit der südlich gelegenen Griechenmetropole Poseidonia (Paestum) und nutzten die reichen Tonvorkommen. Das römische Salernum entwickelte sich zum Kultur- und Wirtschaftszentrum, eine Blüte erlebte Salerno auch im Mittelalter unter Langobarden und Normannen. Der Ruhm ihrer Medizinschule verbreitete sich damals in ganz Europa.

MAL EHRLICH

MEHR KOMMERZ ALS KUNST

Die Idee war gut und begeisterte anfänglich viele Besucher: Von Künstlern entworfene Lichtgebilde illuminier(t)en zur Weihnachtszeit die Stadt. Die Luci d'Artista genannte Veranstaltung wurde zwischenzeitlich Opfer ihres eigenen Erfolgs und verkam zum Verkaufsrummel. Hoffentlich bekommt wieder die Kunst die Oberhand!

Die gezielte Instandsetzung einzelner Altstadtpalazzi oder das Aufwerten einer Piazza löste eine Kettenreaktion privater Initiativen aus. Der Plan der Stadtsanierer scheint aufzugehen. Seit Mitte der 1990er-Jahre kehrt Leben in die alte Stadtmitte zurück. Es machen Läden, Galerien, Bars, *birrerie* und *ristoranti* neu auf, und bis spätnachts herrscht ein lebhaftes Treiben auf Plätzen und Straßen.

Blick vom Monte Bonadies

Für Langobarden, Normannen, Staufer, Anjous und Aragonesen zählte vor allem eines: die strategische Lage auf dem 263 Meter hohen Monte Bonadies. In heute friedlicheren Zeiten genießt man unbehelligt den fantastischen Belvedere: Salernos Altstadtdächer, der Golf, Capri, Cilento- und Amalfiküste breiten sich im weiten Bogen aus. Ein kleines Museum erzählt die Stadtgeschichte anhand jüngster Ausgrabungsfunde, ein schickes Café bietet Erfrischungen, und kulturelle Veranstaltungen erfüllen die Burg mit neuem Leben.

An der Piazza Portanova und Piazza Flavio Gioia treffen sich Alt- und Neustadt. Auf der ursprünglich zusammenhängenden Platzanlage wurde im Mittelalter die Fiera di San Matteo abgehalten, die Händler aus dem gesamten Mittelmeerraum anzog. Von der Piazza Portanova zieht sich der von Modegeschäften gesäumte Corso Vittorio

AUTORENTIPP!

EIN GARTEN MACHT SCHULE

Die Scuola Medica Salernitana war im Mittelalter anderen Universitäten weit voraus: Männer wie Frauen, Christen, Juden oder Muslime konnten gleichberechtigt Lehrer oder Schüler sein. Erkenntnisse der Antike wurden fortgeschrieben, während Wissenstraditionen Europas und des Orients in fruchtbaren Austausch traten. Einen alten Lehrgarten hat privates Engagement zu neuem Leben erweckt. Der am westlichen Altstadtrand gelegene Giardino della Minerva empfängt einen erneut als Hort medizinischer und botanischer Gelehrsamkeit, aber auch als zauberhafte Gartenoase mit Traumblick über Stadt und Meer. Es sprudeln die arabischen Brunnen und sprießen heilkräftige Pflanzen. Die Tisaneria Nemus serviert Kräutertees und handwerklich gebraute Klosterbiere.

Giardino della Minerva. April–Sept. Di–So 10–13 und 17–20 Uhr, Okt.–März Di–So 9–13.30 Uhr. Via Ferrante S. Severino 1, 84121 Salerno, Tel. 089 25 24 23, www.giardinodellaminerva.it

Oben: Maurisch wirkender Säulenvorhof des Duomo di San Matteo
Mitte: An der Piazza Flavio Gioia gibt es feine Fisch-Ristoranti.
Unten: Kunst und Kneipe in einem Cibarti

Emanuele als Fußgängerzone in Richtung Bahnhof, eine moderne Fortsetzung der pittoresken Via dei Mercanti, die auf der anderen Seite ins Herz des Centro storico dringt.

Dom San Matteo

Entlang der Via dei Mercanti und in den verwinkelten Nebengassen stehen zahlreiche Kirchen meist mittelalterlichen Ursprungs. Der Dom San Matteo wurde Ende des elften Jahrhunderts auf Geheiß Robert Guiscards errichtet und von Papst Gregor VII. geweiht. Der Campanile erhebt sich mit seinen arabisch inspirierten Mustern über die Dächer der umliegenden Gebäude. Acht Glocken hängen in dem 52 Meter hohen Turm, jede aus einer anderen Epoche, jede von einem anderen Klang. Die antiken Säulen im Vorhof stammen aus Paestum. Das gewaltige Kircheninnere zeigt Spuren des im 18. Jahrhundert erfolgten barocken Umbaus. Restaurierungen haben mittelalterliche Elemente wieder ins rechte Licht gerückt, so die beiden prachtvoll mit Mosaiken verzierten Kanzeln im Mittelschiff. Die in barocker Opulenz ausgeschmückte Krypta birgt die Gebeine des Apostels Matthäus, seit dem zehnten Jahrhundert Schutzpatron der Stadt. Das oberhalb des Doms gelegene Diözesanmuseum birgt einen kleinen-großen Schatz: 67 Elfenbeinreliefs, die detailverliebt Szenen in Miniatur des Alten und Neuen Testaments zeigen. Beim weiteren Altstadtbummel erweisen sich die engen Gassen des Centro storico als natürliche Verkehrsberuhigung. Vom Dom führt ein lauschiger Spaziergang über die Via Trotula di Ruggiero zum wunderbaren Giardino della Minerva.

Zu Füßen der Altstadt befindet sich, gesäumt von zahlreichen Lokalen, die Via Roma mit dem hübschen Stadtpark und dem Opernhaus. Meerseitig schließt sich der großzügig angelegte Lungomare an.

Infos und Adressen

SEHENSWÜRDIGKEITEN

Castello di Arechi. Di–So 9–16.30 (18.30) Uhr. Bus 19 ab Via Ligea/Hafen. Località Croce, 84125 Salerno, Tel. 089 28 54 33, www.ilcastellodiarechi.it

Duomo di San Matteo. Mo–Sa 9.30–18 Uhr, So 16–18 Uhr. Piazza Alfano 1, 84121 Salerno, Tel. 089 23 13 87, www.cattedraledisalerno.it

Museo Diocesano. Do–Di 8.30–19 Uhr. Largo Plebiscito 12, 84121 Salerno, Tel. 089 23 91 26.

ESSEN UND TRINKEN

Cibarti. Drinks, leckere Kleinigkeiten und Kunst. Via dei Mercanti 68, 84121 Salerno, Tel. 32 82 82 70 55.

Il Brigante. Preiswerte Territorialküche. Mo geschl. Aug. geschl. Via Fratelli Linguiti 4, 84121 Salerno, Tel. 36 69 31 57 33.

Il Cotto e il Crudo. Edles Fischristorante, günstige Mittagskarte. Mo geschl. Piazza Flavio Gioia 8, 84122 Salerno, Tel. 08 95 64 81 67, www.cottoecrudosalerno.com

Salerno wird von Schnellzügen erreicht.

Hutmacher in der Via Duomo

ÜBERNACHTEN

Ave Gratia Plena. Jugendherberge im barocken Konvent, für jede Altersklasse ein Tipp! Via Canali, 84121 Salerno, Tel. 089 23 47 76, www.ostellodisalerno.it

Villa Avenia. Feines B&B neben dem Giardino della Minerva. Via T. Tasso 83, 84121 Salerno, Tel. 089 25 22 81, Mobil 34 03 61 18 13, www.villaavenia.com

EINKAUFEN

Antica Cappeleria. Hutmacher Russo Giosuè stattet Männer von Welt aus. Via Duomo 41, 84121 Salerno, Tel. 32 90 69 11 13.

VERANSTALTUNGEN

San Matteo. Am 21. Sept. wird der Stadtpatron mit Prunk und Gloria gefeiert.

INFORMATION

Infopoint Turistico. Mo–Fr 9–13 und 17–20 Uhr. Corso V. Emanuele 191–195, 84122 Salerno, Tel. 089 55 29 51, www.comune.salerno.it

Oben: Giungano, Erbin des antiken Paestum
Unten: Frische Bio-Produkte in der Bottega del Gusto

43 Paestum

Griechentempel, das sportlichste Grabfresko und Büffel-Mozzarella

Kaum vorstellbar: Die Tempel von Paestum, eine der größten Attraktionen der Grand Tour und Impulsgeber des Klassizismus, wurden 1752 zufällig bei Straßenbauarbeiten entdeckt. Das Museo Archeologico wartet mit antiken Kunstsensationen auf, und der Hera-Kult lebt heute in neuem Gewand fort. Feinschmecker lockt Mozzarella di Bufala. Büffelmilch kann aber auch in Gestalt köstlichen Gelatos gekostet werden.

Annäherung an Paestum, antike Griechenstadt und UNESCO-Weltkulturerbe: Durch die landwirtschaftlich intensiv genutzte Sele-Ebene zieht sich die S.S. 18 von Salerno vorbei an Outlet-Centern und tristen Zweckbauten in Richtung Süden. In Foliengewächshäusern reift Frühgemüse heran, auf Äckern gedeihen Artischocken. Zahllose Käsereien säumen die Straße, in denen Büffelmilch zur echten Mozzarella di Bufala Campana DOC verar-

MAL EHRLICH

TIMING IST ALLES

Wenn möglich sollte man die Tempel am frühen Vor- oder späten Nachmittag besuchen. Das Licht fällt am schönsten, die Reisebusse sind noch nicht da oder schon wieder weg, und fast fühlt man sich wie einer jener romantischen Reisenden des 18. Jahrhunderts auf der Grand Tour. Stimmungsvoll ist auch der abendliche Besuch der außerhalb der nördlichen Stadtmauer gelegenen Via Tavernelle mit ihren lässigen Bars und Restaurants.

beitet wird. In einem der Öko-Betriebe, wie sie inzwischen immer zahlreicher aus dem Boden schießen, kann man mit Glück die sanftmütigen, schwarzen Wasserbüffel aus nächster Nähe betrachten und morgens zusehen, wie der Casaro mit flinken Händen faustgroße Mozzarella-Stücke von einem Laib warmer Frischkäsemasse abreißt. Daher der Name der fetten Käsekugeln, *mozzare* bedeutet nämlich »abzupfen«. Ein Tipp am Rand: Mozzarella niemals im Kühlschrank aufbewahren, sonst schmeckt er schnell wie Gummi!

Museo del Grand Tour in Capaccio

Geschichte verdichtet sich in Paestum wie an nur wenigen Orten. Nicht nur erlaubt das bestens bestückte Archäologische Museum Rückblicke bis in die Stein- und Bronzezeit, auch war Paestum im 18. Jahrhundert eine der Geburtsstätten des modernen Tourismus, woran im nahen Capaccio das Museo del Grand Tour erinnert. Die Entdeckung der drei hervorragend erhaltenen griechisch-dorischen Tempel Mitte des 18. Jahrhunderts war eine Sensation. Goethe & Co. machten sich in Scharen auf nach Paestum, und bald kursierten begeisterte Reisebeschreibungen und Stiche in Europa. Die architektonischen Studien der Tempel lieferten die Vorlage vieler klassizistischer Bauten.

Poseidon-Tempel

Im siebten Jahrhundert v. Chr. begegneten sich Griechen und Etrusker in der Sele-Ebene als Wirtschaftspartner. Aus einer griechischen Handelsniederlassung, deren Keimzelle ein Hera-Heiligtum an der Mündung des Sele war, entwickelte sich die wohlhabende Hafenstadt Poseidonia. Aus ihrer Blüteperiode im sechsten/fünften Jahrhundert v. Chr. stammen drei große Kultbauten. Die um

AUTORENTIPP!

BÜFFELWEIN

Die Azienda Agricola San Salvatore 19•88 des Paestum-Hoteliers Giuseppe Pagano verbindet Avantgarde mit Werterhalt. Die akkurat gezogenen Weinberge liegen in den Gemarkungen von Giungano und Stio. Die Bodenpflege folgt biodynamischen Richtlinien, den Dünger liefert die eigene Büffelherde, die ultramoderne Kellerei in Giungano erhält ihren Strom aus Solarzellen. Hier werden ausschließlich die autochthonen Rebsorten Greco, Fiano, Falanghina und Aglianico gekeltert, dabei entsteht auch ein perlender Rosé nach der Methode Champanoise. Als Önologe liefert Riccardo Cotarella, einer der wichtigsten Weindesigner Italiens, seine gefragte Expertise.

Azienda Agricola San Salvatore 19•88. Verkauf und Verkostung (nach Voranmeldung) Mo–Sa ab Kellerei. Via Dionisio, 84050 Giungano, Tel. 082 81 99 09 00, www.sansalvatore1988.it

Mozzarella, frisch gezupft

Oben: Zur Zeit der römischen Antike war Paestum für seine Rosen berühmt.
Mitte: Grabfresko eines lukanischen Ritters (4. Jh. v. Chr.)
Unten: In der Regel duschen Wasserbüffel in modernen Ställen.

550 v. Chr. errichtete sogenannte Basilika ist der älteste der Tempel. Die Entdeckung zahlreicher Votivgaben bewies zweifelsfrei, dass auch dieses Heiligtum der Hera geweiht war. In direktem Kontrast zum klassischen Tempel nebenan treten seine archaischen Baumerkmale deutlich hervor. Um 470 v. Chr. errichtet, gilt der sogenannte Poseidontempel als das am besten erhaltene Zeugnis klassisch-griechischer Baukunst. Ursprünglich war auch er mit weiß glänzendem Marmorstuck überzogen, während Fries und Giebel in Gelb-, Blau-, Rot- und Schwarztönen bemalt waren.

Ende des fünften Jahrhunderts v. Chr. geriet die Stadt unter Einfluss der Lukaner, eines italischen Stammes. Die ehemaligen Söldner hatten wohl schlicht die Kontrolle übernommen. Während die Stadtanlage ihren griechischen Charakter behielt, deuten Grabfunde auf eine intensive Verschmelzung griechischer und italischer Kulturformen hin. Davon zeugen die prachtvoll ausgemalten Kriegergräber im Archäologischen Museum. Tief greifendere Folgen hatte die Inbesitznahme durch die Römer im Jahr 273 v. Chr. Im Zentrum der nun Paestum genannten Stadt blieben aus Pietätsgründen die griechischen Tempel stehen, alle öffentlichen Einrichtungen einer typisch römischen Stadt wie Forum, Kapitol, Curia, Thermen oder Amphitheater aber wurden neu errichtet.

Rundgang in Paestum

Bei einem Spaziergang zwischen den Tempeln von Paestum wird Ruinenromantik auch noch im 21. Jahrhundert lebendig. Und auch die berühmten Rosen blühen wieder.

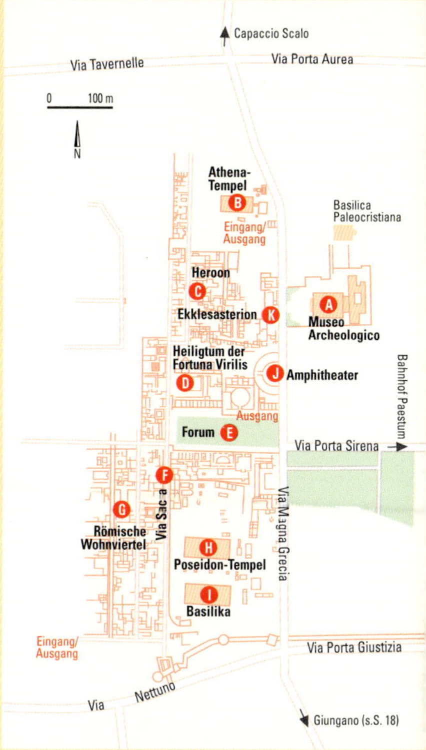

A Museo Archeologico – Unermüdliche steigen auch in den 1. Stock und sehen sich die gut sortierte römische Abteilung an. Tägl. 9–18.45 Uhr, jeden 1. und 3. Mo des Monats geschl. Auch 3 Tage gültiges Ticket inkl. Velia. Via Magna Grecia, 84047 Paestum, Tel. 08 28 72 26 54, www.museopaestum.beniculturali.it

B Athena-Tempel – Der zierliche dorische Tempel, errichtet um 500 v. Chr., besaß ungewöhnlicherweise in der Vorhalle ionische Säulen.

C Heroon – Die Römer ließen das symbolische Grab des griechischen Städtegründers unversehrt, überbauten es allerdings. Die Archäologen fanden im Inneren acht mit Honig gefüllte Bronzegefäße, die nun im Museum ausgestellt sind.

D Heiligtum der Fortuna Virilis – (Früher) Zutritt nur für Frauen. Das große Wasserbecken diente einem Fruchtbarkeitskult.

E Forum – Der zentrale Platz entstand mit Einrichtung der römischen Colonia im 3. Jh. v. Chr. Auf der nördlichen Seite erhebt sich auf einem Podium der Kapitolstempel, auf der gegenüberliegenden Seite standen als Gerichtshalle die Basilika und Macellum, ein Marktgebäude.

F Via Sacra – Die in römischer Zeit neu gepflasterte Straße führt an Tempeln und am Forum vorbei durchs Zentrum.

G Römische Wohnviertel – Auf der westlichen Seite der Via Sacra sind die eindrucksvollen Grundmauern römischer Stadthäuser zu sehen.

H Poseidon-Tempel – Besterhaltenes Zeugnis klassischer griechischer Baukunst. Um 470 v. Chr. errichtet, handelte es sich mutmaßlich um einen Apollontempel.

I Basilika – Der älteste, um 550 v. Chr. errichtete dorische Tempel Paestums war der Hera geweiht. Nach seiner Wiederentdeckung im 18. Jh. diente er vielen klassizistischen Bauten zum Vorbild.

J Amphitheater – Um 50 v. Chr. errichtet, ist es eine der ältesten Arenen Italiens. Anders als in den jüngeren Arenen von Pozzuoli oder Capua gab es hier noch keine unterirdischen Gewölbe mit Löwenkäfigen.

K Ekklesiasterion – Der kreisrunde Bau stammt aus griechischer Zeit. Hier versammelte sich die *ekklesia*, die gesetzgebende Volksversammlung.

AUTORENTIPP!

GÖTTIN IM GETREIDESILO

In einem umfunktionierten Gutshaus acht Kilometer nördlich von Paestum rekonstruiert das multimediale Museo Narrante das archaische Hera-Heiligtum an der früheren Sele-Mündung. Genial ist die Einbindung der beiden Futtersilos in den Ausstellungsparcours: Während man eine der Wendeltreppen aufsteigt, begleiten einen an den Wänden Reproduktionen antiker Votivgaben und aus Lautsprechern die Anrufungen der in erster Linie von Frauen verehrten granatapfeltragenden Göttin in griechischer und lateinischer Sprache. Im zweiten Silo geht es wieder hinunter, hier wird das Fortleben des antiken Kults in der Verehrung der katholischen Madonna del Granato sinnfällig, deren Heiligtum sich wenige Kilometer nordöstlich erhebt und am 15. August Ziel zahlreicher Pilger ist. Wie einst der antiken Hera werden heute der Madonna aus Wachs geformte Schiffe als Weihgabe dargebracht.

Museo Narrante del Santuario di Hera Argiva alla Foce del Sele. Via Ponte Barizzo 29, 84047 Capaccio-Paestum, Tel. 08 28 86 14 40, www.archeosa.beniculturali.it

Museo Archeologico

Das Museo Archeologico erlaubt faszinierende Einblicke in Kult und Alltag der Antike. Im Eingangsbereich sind die berühmten Metopen zweier Heiligtümer aus dem Heraion an der Sele-Mündung ausgestellt. Die zwischen 570 und 560 v. Chr. geschaffenen Reliefbilder zeigen mythologische Szenen, auf denen Herakles prominent vertreten ist. Den besten Blick genießt man aus dem Zwischengeschoss, das neben Ausgrabungsfunden der Stein- und Bronzezeit Filmaufnahmen von der Landung der Alliierten im Jahr 1943 zeigt.

Die freskengeschmückten Kammergräber aus lukanischer Zeit (4.–3. Jh. v. Chr.) sind ein Höhepunkt antiker Malkunst. Die farbkräftigen detaillierten Darstellungen verraten viel über Leben und Totenkult dieses kriegerischen Volkes. Eine Sensation ist auch das 1968 entdeckte Grab des Tauchers (um 480 v. Chr.), das einzige bislang bekannte Beispiel griechischer Freskomalerei aus der Zeit der Klassik. Die Seitenwände zeigen Szenen eines Gastmahls. Den Grabdeckel schmückt ein Bild größter Ausdruckskraft: Ein athletischer Jüngling springt von einem Turm ins Leere, unter ihm ein schmaler Streifen Wasser. Die Deutung bleibt dem Betrachter überlassen.

Capaccio, Giungano und Trentinara

Malaria und Sarazenen bedeuteten im zehnten Jahrhundert das Aus für das längst christianisierte Paestum. Die Bewohner flüchteten in die nahen Hügel und gründeten die heute noch bestehenden Orte Capaccio, Giungano und Trentinara. Die alten Palazzi in den Orten sind aus antiken Tuffquadern aus Paestum errichtet, und in der Anbetung der Madonna del Granato in Capaccio Vecchio lebt bis auf den heutigen Tag der griechische Hera-Kult fort.

Infos und Adressen

SEHENSWÜRDIGKEITEN

Area Archeologica – Templi. Tägl. 9 Uhr bis 1 Std. vor Sonnenuntergang. Via Magna Graecia, 84047 Paestum.

Museo del Grand Tour. Di–So 10–13 Uhr, Di–Sa auch 16–19 Uhr. Piazza V. Veneto 10, 84047 Capaccio, Tel. 082 81 96 22 02, www.museincampania.it

ESSEN UND TRINKEN

Casa Rubini. Alternative Weinbar in der alten Tavernenstraße, Gästezimmer. Via Tavernelle 5, 84047 Paestum, Tel. 082 81 99 22 55, www.casarubini.it

La Bottega del Gusto. Allerbeste lokale Produkte traditionell zubereitet. Tgl. 9–20 Uhr. Via Magna Graecia, 84047 Paestum, Tel. 33 34 08 48 98.

ÜBERNACHTEN

Azienda Bellelli. Rustikale, kinderfreundliche Bio-Bleibe zwei Kilometer nördlich von Paestum. Via Seliano, 84047 Capaccio Scalo, Tel. 082 81 99 03 46 oder 32 88 32 40 32, www.aziendabellelli.it

Aschenbecher am naturgeschützten Dünenstrand

Strandverkäufer

Hotel dei Templi. Junges Hotel in altem Palazzo. Via Tavernelle 64, 84047 Paestum, Tel. 08 28 81 17 47, www.hoteldeitempli.it

Il Cannito. Für Grandtouristen des 21. Jh.: luxuriöses Mini-Resort. Vorzügliche Küche. Via Cannito, 84047 Capaccio, Tel. 082 81 96 22 77 oder 33 33 65 23 24, www.ilcannito.com

EINKAUFEN

Masseria Lupata. Prämierte Bio-Mozzarella, mittags auch Imbiss mit Bio-Bier. Via Porta Marina 29, 84047 Paestum, Tel. 08 28 72 20 02, www.masserialupatabarlotti.it

AKTIVITÄTEN

Fahrradverleih Ciclidea. Pino (spricht Deutsch) verleiht Profi-Räder und gibt gute Tourentipps. S.S. 18 km 90, 84047 Capaccio Scalo, Tel. 08 28 72 35 64 oder 34 97 28 75 15, www.ciclidea.eu

INFORMATION

AAST. Juli–Mitte Sept. Mo–Sa 8–20 Uhr, sonst Mo–Sa 8.30–13 und 13.30–15.30 Uhr. Via Magna Graecia 889, 84047 Paestum, Tel. 08 28 81 10 16, www.infopaestum.it

CILENTO UND VALLO DI DIANO

Seite 248/249: Strandpiazza in Santa Maria di Castellabate
Oben: Fischerboote im Hafen von San Marco di Castellabate
Unten: Santa Maria di Castellabate, fast wie im Film

44 Castellabate
Filmstar am Meer

Castellabate gibt es dreimal – in Gestalt des mittelalterlichen Bergorts Castellabate, dazu am Meer die beiden hübschen Hafen- und Badestädtchen San Marco di Castellabate und Santa Maria di Castellabate. Seit den 1970er-Jahren einer der bekannteren »Geheimtipps« im Cilento, avancierte Castellabate spätestens nach seiner Hauptrolle in der italienischen Filmkomödie *Willkommen im Süden* zum Star.

Santa Maria di Castellabate ist ein Fischer-Borgo mit viel Flair. Zu beiden Seiten ziehen sich kilometerlange Sandstrände hin und wie durch ein Wunder sind dem Ort Bettenburgen erspart geblieben. Das Herz des Städtchens schlägt an der Marina Piccola, einer Sandbucht, umstanden von Ristoranti, Eisdielen und stolzen Uferpalazzi. Im Sommer werden hier Beachvolleyball-Turniere ausgetragen. Auf den Ufermauern sitzen Fischer und Touristen, bewacht vom trutzigen Küstenturm und einer Madonnenstatue, die nach allzu heftigen

MAL EHRLICH

IM AUGUST IST MAN NICHT ALLEIN

Der August gehört den Italienern. Die Parkplätze sind zum Bersten voll, und die langen *spiagge* sind mit Sonnenschirmen und Liegestühlen vollgepflastert. In den kostenpflichtigen Lidi stehen sie ordentlich in Reih und Glied und bunt durcheinander auf den freien Strandabschnitten. Die Nächte sind heiß und bis in die frühen Morgenstunden gibt es am Lungomare Party. Kenner kommen im September.

Winterstürmen gelegentlich gegen eine neue ausgetauscht werden muss. Von der Kirche der Stadtpatronin Santa Maria a Mare zieht sich der Corso Matarazzo durch den Ort. Die belebte Flanier- und Einkaufsmeile ist seit ein paar Jahren Fußgängerzone – im autoverliebten Süditalien immer noch ein fast revolutionärer Akt.

Berühmter Drehort

Fast ist im 289 Meter hoch gelegenen Castellabate die Zeit stehen geblieben. Costabile Gentilcore, Abt der Benediktinerabtei Cava de' Tirreni, ließ 1123 das Kastell errichten. Es sollte die Landbevölkerung vor Sarazenenüberfällen schützen und erlaubte die Kontrolle der ausgedehnten Handelsaktivitäten, welche das mächtige Kloster auch im Cilento wahrnahm. In den Häfen Santa Maria und San Marco wurden Getreide, Öl und Wein für den Fernhandel geladen. Im Schutze der Burg entwickelte sich das mittelalterliche Städtchen. Der Ende des 19. Jahrunderts heiliggesprochene Costabile wird seither als Patron verehrt. Viele Männer im Ort tragen seinen Namen.

Wie so oft beglückt eine früher strategische Position heutige Besucher mit Belvedere. Zum Sonnenuntergang finden sich Schaulustige an den Balustraden ein. Durch den intakten historischen Kern zieht sich ein Labyrinth enger Gassen. Früher oder später landen alle Wege auf der entzückenden Piazzetta. Hier treffen sich die Einheimischen zum Plausch, Kinder spielen Fußball, und italienische Touristen suchen die Post. Wo heute die freundliche Bar La Piazzetta als inoffizielles Touristenbüro fungiert und früher eine Metzgerei ihre Würste auslegte, stand im Film *Benvenuti al Sud* (»Willkommen im Süden«) eine Postfiliale. Seit im Sommer 2010 der Film die Kinokassen Italiens und infolge bald auch die Kassen der hiesigen Hoteliers

AUTORENTIPP!

WIE ZU HAUSE IM CILENTO
Birte Kokocinski hat einen idealen Rastplatz geschaffen. Das ehemals bescheidene Naturstein-Bauernhaus zu Füßen von Castellabate bietet komfortable Apartments und den Blick aufs Meer. Aus dem großen Obst- und Gemüsegarten dürfen sich Gäste nach Herzenslust bedienen. Ida Budetta und Mario Corrado vermieten nur ein einziges Ferienhäuschen, aber in welch einer Lage! Nach etwas holperiger Anfahrt erreicht man das hübsche Domizil inmitten eines Weinbergs – die beiden produzieren von Slow Food hochgelobte Weine. Ansonsten nur Macchia, Meer und Stille.

Residenz San Leo. Contrada San Leo, Castellabate,
Tel. +49(0)175/536 23 36 oder
33 96 90 19 63, www.cilentissimo.de
Vignazzurra. Punta Tresino, Santa Maria di Castellabate,
Tel. 09 74 96 51 36 oder
33 41 15 37 84,
www.agricolasangiovanni.it

Oben: Santa Maria di Castellabate, ein Strandstädtchen mit Charme
Mitte: Stolz zeigt Gianluca eine frisch gefangene Languste.
Unten: Vignazzurra, Ferienglück im Weinberg

und Restaurantbesitzer klingeln ließ, gibt sich in der Saison halb Mailand das Stelldichein. Das Remake der französischen Filmkomödie *Willkommen bei den Sch'tis* war so erfolgreich, das dem italienischen Remake sogleich ein zweites folgte – *Benvenuti al Nord*. Ein Postbeamter wird vom Norden in den Süden strafversetzt, dann das Ganze retour – eine Steilvorlage, die wechselseitigen Vorurteile der Nord- wie Süditaliener liebevoll auf die Schippe zu nehmen. Castellabate ist stolz wie Oskar, Drehort der beiden Erfolgsfilme gewesen zu sein.

San Marco und Isola della Licosa

Das freundliche San Marco bleibt seinen maritimen Traditionen treu. In der Antike lagen römische Kriegsschiffe hier vor Anker. Noch bis vor wenigen Jahren konnte man zusehen, wie *maestri d'ascia* (»Axtmeister«) traditionelle Holzboote von bis zu 20 Metern Länge auf Kiel legten. San Marco besitzt eine aktive Fischfangflotte, im Sommer liegen in der Marina schicke Jachten, und es werden Bootsausflüge zum Sirenen-Eiland Licosa angeboten. Ein findiger Hotelier hat über dem Hafen ein cooles Spa eröffnet. Körpergenuss pur, sich auf einem warmen Salzbett zu aalen oder aus der Therme den Sonnenuntergang zu genießen – Capriblick inklusive. Ein schöner Badestrand erstreckt sich bis Santa Maria. Auf der südlichen Seite der Halbinsel liegt Ogliastro Marina. Auch hier locken eine Sandbucht und gute Fischlokale.

Infos und Adressen

ESSEN UND TRINKEN

Belvedere. Prima Fisch, abends auch Holzofenpizza. Mo geschl. Via De Vivo, 84048 Castellabate, Tel. 09 74 96 70 30, www.cantinabelvedere.it

Duca? Dica! Familiäre Trattoria-Pizzeria. Hier speisen sogar die einheimischen Fischer. Via Lungomare Pepi 62, 84048 Santa Maria di Castellabate, Tel. 39 20 66 52 71.

Il Chiostro Vineria. Uriges Sommerlokal, bester Wein und Käse. Via Duomo, 84048 Castellabate, Tel. 33 94 72 67 90, www.ilchiostrovineria.it

K. Sardellen in allen Varianten – *dal crudo al cotto.* Mo und Nov. geschl. Piazza G. Comunale, 84048 San Marco di Castellabate, Tel. 09 74 96 63 94.

PerBacco. Raffinierte Fischküche, überzeugendes Weinangebot. Der Vater betreibt nebenan eine leckere Eisdiele. März–Nov. Mi geschl. Via Guglielmini 19, 84048 Santa Maria di Castellabate, Tel. 09 74 96 18 32.

Fisch-Carpaccio im »PerBacco«

ÜBERNACHTEN

1861 – Residenza d'Epoca. Mini-Hotel *a due passi* vom Badestrand. Dazu edle Apartments und die coole Osteria del 1861. April–Okt. Lungomare Perotti, 84048 Santa Maria di Castellabate, Tel. 09 74 96 14 54 oder 33 88 25 96 80, www.residenzadepoca1861.it

Baia di Trentova. Moderne B&B-Villa hoch über der Baia di Trentova. Auf Wunsch wird gekocht – vorzüglich! Badestrand und Wanderwege vor dem Haus. Via E. De Filippo 13, 84043 Agropoli, Tel. 09 74 82 94 44, www.baiaditrentova.com

Villa Sirio. Charmante Patriziervilla über dem Meer. April–Okt. Via Lungomare De Simone 15, 84048 Santa Maria di Castellabate, Tel. 09 74 96 10 99, www.villasirio.it

EINKAUFEN

Bufalina. Feinkostgeschäft mit Cilento-Spezialitäten. Corso Matarazzo 155, 84048 Santa Maria di Castellabate.

Enoteca Casaburi. Feine Weine, Feigen und Reisetipps auf Deutsch. Corso Matarazzo 52, 84048 Santa Maria di Castellabate.

AKTIVITÄTEN

Approdo Thalasso Spa. Wellnesstempel. Via Porto 49, 84048 San Marco di Castellabate, Tel. 09 74 96 60 02, www.approdothalassospa.com

Sea Rent and Rescue. Bootsausflüge zur Isola della Licosa. Porto, 84048 San Marco di Castellabate, Tel. 33 43 87 68 88, www.maredelcilento.com

INFORMATION

Cilentomania. Via G. Matteotti 16 (oberhalb der Piazzetta), 84048 Castellabate, Tel. 09 74 96 73 47, www.cilentomania.it

Oben: Perdifumo liegt an den Hängen des Monte della Stella.
Unten: Im Herbst reifen Esskastanien heran.

45 Monte della Stella
Aussichtsberg im Kreise uriger Bergorte

Der Monte della Stella ist einer DER Orientierungspunkte im Cilento. Seit Urzeiten Pilgerziel, hatte der »Sternberg« in der Antike auch praktische Bedeutung als Signalstation zwischen Poseidonia/Paestum und Elea/Velia. Heute sorgt eine moderne Radaranlage für sicheren Flugverkehr. Der 1131 Meter hohe Gipfel bietet himmelweiten Belvedere, die umliegenden Orte versprechen kulinarische Hochgenüsse.

Eine Fahrt um den Monte della Stella ist zugleich eine Reise ins Herz des historischen Cilento, einem Gebiet, dass aus der Perspektive des antiken Roms diesseits des Flusses Alento, in anderen Worten *cis Alentum*, lag. Sportliche schwingen sich in den Fahrradsattel, sollten allerdings mit etlichen Höhenmetern und einer Zwischenübernachtung rechnen. Von Tälern getrennt, legt sich ein Kranz mittelalterlicher Orte um den kegelförmigen Berg, den immergrüne Macchia und Kastanienwälder überziehen. Von Perdifumo, Mercato Cilento, San Mauro Cilento oder Galdo aus lässt sich auf markierten Wanderwegen der großartige Aussichtsgipfel erklimmen.

Perdifumo

Ein guter Auftakt für einen *giro del Cilento* ist Perdifumo, von Castellabate aus auf aussichtsreicher Straße schnell zu erreichen. Das Mini-Städtchen hat viel von seinem mittelalterlichen Charme bewahrt. Ehrwürdige Palazzi säumen den Corso und ein monumentaler Brunnen aus dem Jahr 1500 erfrischt mit klarem Quellwasser. Die Antica Caffetteria ist auch schon seit 1823 am Platz.

Informationen zur Wanderung

Die unkomplizierte Panorama-Wanderung lässt sich ideal mit einem Picknick verknüpfen.

An- und Abfahrt: Am nördlichen Ortsrand von Mercato Cilento Richtung Serramezzana, San Mauro Cilento abbiegen und nach ca. 2,5 km an der Passhöhe parken.

Start: An der Passhöhe beginnt die mit Alta Via del Monte Stella bezeichnete breite Wegspur, in südöstlicher Richtung anzusteigen. Der Weg folgt bis zum Gipfel der Gratlinie.

Länge und Dauer: 8 km, 3 Std., 450 Höhenmeter (einfach)

Karten: Cilento e Vallo di Diano, 1:50 000 (Matonti Editore). Tipps auf www.cilento-aktiv.info

Weg: deutlicher, markierter Weg ohne technische Schwierigkeiten

Ausrüstung: feste Schuhe, Sonnenschutz

Verpflegung: Getränke und evtl. Picknick

A Passhöhe – Es gibt zwei Einstiege, den einen direkt von der Passhöhe, der andere einige Meter zurück in Richtung Mercato Cilento. Die beiden Varianten treffen bald aufeinander.

Blicke über Land und Meer vom Monte della Stella.

B Castelluccio – Der 1025 Meter hohe Zwischengipfel ist ein Rastplatz mit perfektem Rundumblick. Im Abstieg in Richtung Monte Stella sind Mauerreste einer langobardischen Festung zu erkennen.

C Pietra della Mulacchia – Auffällige Sandsteinformation direkt am Weg, eine urgeschichtliche Kultstätte.

D Picknickplatz – Picknickzone unterhalb der Radarstation. Ein schöneres Plätzchen ist eventuell der Castelluccio auf dem Rückweg.

E Madonna della Stella – Die Pilgerkirche stammt vom Beginn des 11 Jh. und wurde 1993 restauriert. Aus dem Tal führen Wege von San Mauro Cilento, Galdo bzw. Celso heran. Auf bekanntem Weg via Castelluccio wandert man gemütlich zur Passhöhe zurück.

AUTORENTIPP!

WELTVERGESSENE HAUPTSTADT

Heute im Abseits und fast aus der Zeit gefallen, war Rocca Cilento mit seinem namensgebenden imposanten Kastell vom zwölften bis ins 16. Jahrhundert die Hauptstadt eines Feudalreichs im Besitz der Sanseverino. Kein schlechter Platz, um über Vergänglichkeit nachzudenken sowie die Stille und weite Aussicht zu genießen. Ein geschmackvoll restaurierter ehemaliger Konvent im Ort bietet Übernachtungsgästen und hungrigen Passanten gastliche Aufnahme. Das Restaurant folgt der Slow-Food-Philosophie. Von der Dachterrasse lässt sich bei einem Gläschen Wein der Monte della Stella in aller Ruhe bewundern. Tipp für Aktivurlauber: Direkt vor der Haustür beginnt ein toller Wanderweg durch das Mühlental des Torrente Sorrentino.

Antico Convento. März–Okt. Via Garibaldi 21, 84050 Rocca Cilento, Tel. 09 74 83 22 88 oder 33 12 45 77 72, www.anticoconvento.it

(Meist) gut markierte Wanderwege führen von allen Seiten auf den »Sternberg«.

Von Mercato Cilento bis Agnone

Heute ein verschlafenes Nest, war Mercato Cilento, am Kreuzungspunkt alter Handelsstraßen gelegen, früher ein wichtiger Markt. Über dem Ort thront der verlassene Karmeliterkonvent. Zur Kommune Perdifumo gehört auch Vatolla. Das hübsche Städtchen beherbergte im 17. Jahrthundert einen humanistischen Fürstenhof. Von 1685 bis 1696 war der neapolitanische Philosoph Giambattista Vico im Palazzo de Vargas als Hauslehrer beschäftigt. Eine Stiftung hält sein geistiges Erbe wach und engagiert sich für Kultur und Natur des Cilento. Die Chiesa Santa Maria delle Grazie wurde über den Resten eines antiken Bacchus-Tempels errichtet. In der Fassade sind Reste römischer Sarkophage vermauert.

In San Mauro Cilento produziert seit vielen Jahren die Cooperativa Agricola Nuovo Cilento, ein beispielhafter Zusammenschluss 200 engagierter Mitglieder, Olivenöle und Feigen in bester Bio-Qualität. Abnehmer ist u. a. die britische Kosmetikkette Body Shop. Das angeschlossene Restaurant versteht sich als Botschaft des guten Geschmacks und wird von Slow Food heiß empfohlen. Auf der gegenüberliegenden Talseite liegt Serramezzana, mit knapp 350 Einwohnern nicht eben eine der Metropolen des Cilento. Dessen ungeachtet bietet der hübsche Ort jeden Sommer einem ambitionierten Kulturfestival die Bühne. Literatur, Legalität und Wissenschaft sind die Themen. Der Palazzo Materazzi, seit dem 17. Jahrhundert in Privatbesitz, öffnet gelegentlich seine Tore für intime Kunstausstellungen.

Im Tal des Torrente Rio Lapis, der bei Agnone ins Meer mündet, befanden sich noch bis Anfang des 20. Jahrhunderts zahlreiche Wassermühlen in Betrieb. Eine solche Getreidemühle und der dazugehörige Mühlenteich wurden durch privates Engagement wieder in Betrieb gesetzt und können besichtigt werden.

Infos und Adressen

SEHENSWÜRDIGKEITEN

Palazzo de Vargas. Tgl. 9–13 und 15–19 Uhr. Eintritt frei. Piazza Giambatttista Vico, 84060 Vatolla, Tel. 09 74 84 55 49, www.fondazionegbvico.org

ESSEN UND TRINKEN

Al Frantoio. Juni–Sept. tgl. mittags und abends, Okt.–Mai nur Sa/So. Der Beiname »Laboratorio di Ricerca della Cucina del Cilento Antico« ist Programm. Località Ortale – 84070 San Mauro Cilento, Tel. 09 74 90 37 00, www.cilentoverde.com

Antica Caffeteria. Auch Livemusik. Via Alto Mare 2, 84060 Perdifumo, Tel. 09 74 84 57 55.

La Valle del Mulino. Beste Lokalküche in Getreidemühle. Auch edel-rustikaler Campingplatz. April–Mitte Sept. Fr–So mittags, im Sommer tgl. Località Magazeni, 84060 Montecorice, Tel. 32 89 24 44 15 oder 33 89 21 28 01, www.lavalledelmulino.com

Locanda La Corte. Feine *cucina cilentana*, nette Gästezimmer. April–Nov. tgl. mittags und abends, sonst nur Fr–So. Via Sant'Antonio – Località Capograssi, 84070 Serramezzana, Tel. 09 74 82 21 43, www.locandalacorte.net

Agriturismo-Ristorante La Valle del Mulino

Paisà. Authentische Fischküche. März–Okt. Fr–So mittags und abends, im Sommer tgl. Via Marina Nuova 72, 84040 Agnone Cilento, Tel. 32 99 12 12 04.

ÜBERNACHTEN

Il Vecchio Casale. Hübsches Gutshaus, prima Landküche. Contrada Vigna, Vatolla, Tel. 09 74 82 12 96, www.ilvecchiocasale.it

EINKAUFEN

Cooperativa Agricola Nuovo Cilento. Olivenöl-Verkauf (siehe Ristorante Al Frantoio). Tel. 09 74 90 32 39.

Romantisches Hafen-Plätzchen in Santa Maria di Castellabate (S. 250)

46 Acciaroli, Pioppi und Póllica

Geburtsort(e) der »mediterranen Diät«

In Pioppi ist Essen Kultur. Seit 2010 ist das amtlich. Da hat die UNESCO die *dieta mediterranea* zum Weltkulturerbe erklärt. Von Pioppi aus hatte der Ernährungswissenschaftler Ancel Keys jahrzehntelang seine Forschungen betrieben und hier die Grundlagen der mediterranen Diät gelegt, einer Ernährungsweise, die nicht nur mundet, sondern lebensverlängernd wirkt. Das wusste man im Cilento schon längst.

Oben: Stolze Bergstadt Póllica
Unten: Mächtiger Küstenwachturm in Acciaroli

Die Küstenstädtchen Acciaroli und Pioppi sind nicht nur bei italienischen Badegästen beliebt. Acciaroli ist ein lebendiger Hafenort mit einer aktiven Fischfangflotte und Pioppi ein Mekka der (Fisch-)Feinschmecker. Die Blaue Flagge über den Stränden kündet von exzellenter Wasserqualität, und die italienische Umweltorganisation Legambiente erteilt seit Jahren Bestnoten. Das ist dem Einsatz des am 5. September 2010 mutmaßlich von der Camorra ermordeten Bürgermeisters Angelo Vassallo zu verdanken, der seiner Kommune Póllica, zu der die Strandorte Acciaroli und Pioppi gehören, auch den Titel »Città Slow« verschafft und sich dafür eingesetzt hatte, dass die *dieta mediterranea* zum UNESCO-Weltkulturerbe erklärt wurde.

Hemingway in Acciaroli

Auf dem Ortsschild von Acciaroli empfängt einen das Porträt von Hemingway. Ob der Autor von *The Old Man and the Sea* und Literaturnobelpreisträger von 1954 im lokalen Fischer Antonio Masarone wirklich sein Vorbild für den alten Mann gefunden hat, ist Gegenstand offener Debatten. Seine Aufenthalte in den 1950er-Jahren in Acciaroli werden auf jeden Fall werbewirksam vermarktet. Im Buch steht auch der Satz »Ein Mann kann vernichtet werden, aber nicht besiegt.« Hemingway könnte Angelo Vassallo damit gemeint haben.

Póllica – Berge und Meer

Das stolze Bergstädtchen Póllica, Sitz der Gemeindeverwaltung, ist ein Aussichtsbalkon 366 Meter hoch über dem Meer. Mit imposantem Taubenturm dominiert der Palazzo dei Principi Capano das vom Durchgangsverkehr frei gehaltene mittelalterliche Zentrum. Am östlichen Ortsrand liegt friedlich das Franziskanerkloster Santa Maria delle Grazie. Von hier führt ein Fußweg mit Blick auf Velia, den Monte Gelbison und Palinuro in den hoch gelegenen Weiler Celso. Linienbusse verbinden die einzelnen Ortsteile von Póllica, ein idealer Anlass, weitere Wanderungen zu kombinieren: zum Beispiel den Abstieg von Póllica über das reizvoll gelegene Cannicchio nach Acciaroli.

Museo del Mare in Pioppi

Pioppi ist außerhalb des Sommers ein sympathisch verschlafener Küstenort. Hauptattraktion ist das Museo del Mare, untergebracht im Palazzo Vinciprova aus dem 17. Jahrhundert, dessen imposante Schaufassade zum Meer weist. Aquarien führen die Meeresökosysteme des Cilento in Miniatur vor. Eine Abteilung illustriert traditionelle Methoden des Fischfangs. Der Palazzo bewahrt auch den Nachlass von Ancel Keys (1904–2004), der 28 Jahre lang bis zu seinem Tod in Pioppi lebte. Der US-amerikanische Ernährungswissenschaftler gilt als Vater der mediterranen Diät, einer Lebens- und Ernährungsweise, die er in seinem Hauptwerk *Eat well and stay well, the Mediterranean way* beschrieben hat.

Infos und Adressen

SEHENSWÜRDIGKEITEN

Museo del Mare. Mi–Mo 9.30–12.30 und 15–19 Uhr. Eintritt 2 €. Via Caracciolo 146, 84068 Pioppi, Tel. 09 74 90 50 59, www.museovivodelmare.it

ESSEN UND TRINKEN

La Caupona. Prima Cilento-Küche am Lungomare. Nette Zimmer. Juni–Sept. tgl. mittags und abends, sonst nur Sa/So. Via Caracciolo, 84068 Pioppi, Tel. 09 74 90 52 51.

Suscettibile – Food, Rooms, Art. Zeitgemäß, stylish und super gut. Tolle Gästezimmer. Juli/Aug. tgl. mittags und abends, sonst Mo geschl. und So nur mittags. Via G. Ungaretti 27, 84068 Pioppi, Tel. 09 74 27 18 07 oder 32 93 13 64 78, www.suscettibile.it

ÜBERNACHTEN

Il Pescatore. Ferienwohnungen im alten Fischerviertel. Via Caracciolo 71, 84068 Pioppi, Tel. 32 80 53 69 15 oder 34 04 76 53 51, www.casavacanzepioppi.it

VERANSTALTUNGEN

FestAmbiente. Mitte Juli drei Tage im Zeichen der Legalität, guter Musik und guten Essens. www.festambientelegalita.it

Sagra del Pesce. Drei Tage Fischschmaus Anfang September.

INFORMATION

Verde Blu. Engagiertes Reisebüro in Hafennähe. Via Porto, 84068 Acciaroli, Tel. 09 74 90 46 36, www.cilento-vacanze.com

Oben: Theater auf der Akropolis von Velia
Unten: Römische Porträtbüste des Philosophen Parmenides

47 Velia

Ein Ort zum Nachdenken

In Elea wurden um 500 v. Chr. Gedanken gedacht, so grundlegend, so revolutionär, dass sie sogar moderne Erkenntnisse der Chemie und Teilchenphysik vorwegnahmen. Der UNESCO war das eine Auszeichnung zum Weltkulturerbe wert. Die Reste der antiken Griechenstadt liegen bukolisch über dem Meer, und nur selten verirren sich Touristenbusse hierher. Lohnend sind auch Fahrten ins bäuerliche Hinterland.

Der Bau der Eisenbahnlinie Neapel–Reggio di Calabria führte 1888 zur Entdeckung des antiken Elea/Velia. Als ein Tunnel durch die Anhöhe getrieben wurde, auf der sich heute noch der imposante Wehrturm erhebt, notierte der Ingenieur und Amateurarchäologe Wilhelm Schleuning zahlreiche antike Fundstücke. Systematische Ausgrabungen begannen 1921 und dauern bis heute an.

Stadtgeschichte

Die spannende Vorgeschichte des antiken Elea steht bei Herodot. Der Stadtgründung um 540 v. Chr. ging eine fünfjährige Odyssee voraus. Kleinasiatische Griechen hatten auf der Flucht vor den Persern ihre Heimatstadt Phokäa verlassen. Nach Irrfahrten, Seeschlachten und einem Orakelspruch aus Delphi fanden sie an der Alento-Mündung einen idealen Siedlungsplatz. Ihre neue Stadt nannten sie nach einer Quellnymphe Hyele, später Elea. Als Handelsstadt gelangte Elea zu Reichtum, ihren gerechten Gesetzen und der von Parmenides begründeten Philosophen- und Ärzteschule verdankte sie ihren Ruhm. Als Velia wurde die Stadt 88 v. Chr. römisches Municipium, ohne dabei ihre Selbstständigkeit und die griechische Sprache aufgeben zu müssen. Erst die Verlagerung der Handelsströme im zweiten Jahrhundert n. Chr. weg vom Meer auf die durchs Vallo di Diano führende Via Popilia und die Versandung des Hafens leiteten den Niedergang ein. Die Erkenntnisse der eleatischen Schule überlebten den Verfall der Stadt und gingen in der mittelalterlichen Medizinschule von Salerno auf. Im 13. Jahrhundert wurde auf dem ehemaligen Akropolishügel ein Wachturm zur Piratenabwehr errichtet.

Zwei Spaziergänge

Beim Rundgang durch die archäologische Zone durchquert man zunächst in Hafennähe ein Wohnviertel aus römischer Zeit. Vom Thermenkomplex führt eine steingepflasterte Straße im Taleinschnitt bergauf, vorbei an dem in Hangstufen angelegten Äskulap-Heiligtum, einer Art antiken Kuranstalt. Die ursprüngliche Siedlung der Phokäer lag auf der Anhöhe. Im Zuge der Stadterweiterung im fünften Jahrhundert v. Chr. komplett abgerissen, wurden auf dem Akropolishügel ausschließlich öffentliche Gebäude und Tempel errichtet. Vom großen Tempel aus dem fünften Jahrhundert v. Chr. hat sich lediglich das Fundament erhalten. Auf ihm erhebt sich das mittelalterliche Kastell mit dem Wachturm, weitgehend aus antikem Baumaterial errichtet. Ein weiterer ruinenromantischer Spaziergang führt von der Akropolis auf dem Höhenzug mit dem Verlauf der alten Stadtmauer nach Osten.

Die *Geschichte der griechischen Philosophie* von Luciano De Crescenzos ist eine ebenso heitere wie anregende Lektüre für unterwegs und vielleicht der beste Zugang zum radikalen Gedankengut des Parmenides. In Verteidigung seiner Lehren dachten sich dessen Schüler das Paradox, die Atome und Elemente aus.

Infos und Adressen

SEHENSWÜRDIGKEITEN

Scavi di Velia. Info im Bookshop. Tgl. 9 Uhr bis 1 Std. vor Sonnenuntergang. Auch 3 Tage gültiges Ticket inkl. Paestum. Contrada Piana di Velia, 84046 Ascea Marina, Tel. 09 74 97 23 96, www.archeosa.beniculturali.it

ESSEN UND TRINKEN

Le Macine. Edelristorante in Ölmühle. Tgl. mittags und abends. Via Grisi 14, 84046 Ascea Marina, Tel. 09 74 97 21 42.

ÜBERNACHTEN

Le Favate. Rustikales Hideaway mit vorzüglichem Restaurant. April–Ende Okt. Contrada Favate, 84046 Terradura di Ascea, Tel. 09 74 97 73 10, www.favate.it

I Moresani. Ferienbauernhof mit Slow-Food-Küche, Reitausflüge. Località Moresani, 84040 Casal Velino, Tel. 09 74 90 20 86, www.agriturismoimoresani.com

Zio Cristoforo. Sympathischer Familienbetrieb, beste Bauernküche. Località Chiuse, 84040 Casal Velino, Tel. 09 74 90 75 52, www.agriturismoziocristoforo.com

VERANSTALTUNGEN

Festival della Filosofia in Magna Graecia. Denk-Festival im Oktober. www.filosofiafestival.it

Velia Teatro. Griechische Dramen und römische Komödien im antiken Theater; im August. www.veliateatro.it

Oben: Badegumpen in der Calore-Schlucht bei Felitto
Unten: »La Piazzetta« – Einheimischen-Bar und Gourmet-Tempel

48 Monte Cervati

Kulinarisches und topografisches Gipfelglück

Ins Landesinnere des Cilento vorzustoßen ist Slow Travel vom Feinsten. Auf den kurvenreichen, manchmal von Erdrutschen beschädigten Straßen fährt es sich nicht schnell. Umso mehr Zeit bleibt, Landschaftseindrücke zu sammeln und unterwegs eine Pause einzulegen, etwa bei Felitto zur Erkundung der Calore-Schlucht oder in Battaglia di Casaletto Spartano, um dort in einem Palazzo zu residieren.

Im Cervati-Massiv schlägt das wilde Herz des Cilento-Nationalparks, wo sich noch Wolf und Otter Gute Nacht sagen. Mit 1898 Metern ist der verkarstete Monte Cervati der höchste Gipfel des Cilento. An seinen Nordhängen entspringt der Fluss Calore, der nach abenteuerlichem Lauf erst in den Sele und dann nördlich von Paestum ins Tyrrhenische Meer mündet.

Roscigno Vecchia

Eine Annäherung an Valle dell'Angelo führt durchs Calore-Tal an Felitto vorbei. Zu Füßen des für seine Fusilli-Pasta berühmten Städtchens liegt die spektakulärste der fünf Calore-Schluchten, durch einen Rundwanderweg gut erschlossen. Die Ufer des blitzsauberen Flusses sind das Revier der naturgeschützten, nachtaktiven Flussotter. Reizvoll ist auch ein Abstecher nach Roscigno Vecchia, einem auf behördliche Anordnung Anfang des 20. Jahrhunderts evakuierten Ortes – eine Zeitreise in ein bäuerliches Cilento der Vergangenheit. Heute kümmert sich eine Initiative um den Erhalt des einzigartigen Freiluftmuseums.

Valle dell'Angelo

Noch bis Ende der 1990er-Jahre verirrte sich kaum ein Reisender nach Valle dell'Angelo. Im winzigen Bergstädtchen am Fuße des Monte Cervati leben nur etwas mehr als 250 Einwohner. Gegen alle Widerstände und ohne Subventionen (in Süditalien fast unvorstellbar) ist es drei Freunden gelungen, hier ein beispielhaftes Tourismusprojekt auf den Weg zu bringen. *Confusi ma felici* ist das Motto von Carmela, Alì und Peppino. Dabei sind sie alles andere als verwirrt. 1999 haben sie begonnen, liebevoll hergerichtete Unterkünfte in Altstadthäusern zu offerieren, und 2003 haben sie die Bar an der Dorfpiazza übernommen und dort zusätzlich ein kleines Restaurant eröffnet, das Ristorante La Piazzetta. Es dauerte nicht lange, bis auch Slow Food von der Sache Wind bekam. Die Zutaten der einfallsreichen Küche sind lokal, größtenteils Bio und stammen z.T. sogar aus eigenem Anbau. In der Küche ist Carmela ein Naturtalent, und längst kommen selbst europäische Spitzenköche zu Besuch – kulinarische Gipfeltreffen im Schatten des Monte Cervati. *A proposito Cervati*: Alì und Peppino sind ausgewiesene Kenner der schönsten Wanderwege, sie haben die Berghütte Rifugio Cervati wieder instand gesetzt und organisieren von Ende Januar bis April im Rahmen der von ihnen veranstalteten *Festa della Neve* Schneeschuhtouren.

Cascata Capelli di Venere

Wie der Calore im Norden, schlägt auch der Fluss Bussento im Süden des Cervati Karst-Kapriolen. Ebenso spektakulär wie das Schluckloch bei Caselle in Pittari ist sein Wiederauftauchen bei Morigerati. Doch auch der Seitenfluss Rio Casaletto ist eine Schau. Von Casaletto Spartano führt ein Weg zur Cascata Capelli di Venere, einem zauberhaften Wasserfall mit Venusfarn.

Infos und Adressen

SEHENSWÜRDIGKEITEN

Grotte del Bussento. Vom WWF betreutes Naturschutzgebiet. Piazza Piano della Porta 17, 84030 Morigerati, Tel. 09 74 98 23 27, www.wwf.it/oasi/campania/grotte_del_bussento/

ESSEN UND TRINKEN

La Piazzetta. Das Tourismusprojekt von Carmela, Alì und Peppino lohnt den Weg. Tgl. mittags und abends (auf Vorbestellung). Piazza Jannuzzi 2–3, 84070 Valle dell'Angelo, Tel. 09 74 94 20 08 oder 33 92 82 30 21, www.confusimafelici.it

Remolino. Frische Pasta am Eingang zur Calore-Schlucht. Di–So mittags und abends. Nov. geschl. Località Remolino, 84055 Felitto, Tel. 08 28 94 53 60.

ÜBERNACHTEN

Palazzo Gallotti. Tolles B&B, deutsch-italienische Gastgeber. Mai–Ende Okt. Via Nazionale 19, Battaglia di Casaletto Spartano, Tel. +49(0)171/798 12 89 oder 33 15 84 87 25, www.palazzogallotti.it

Rio Casaletto. Nettes B&B. Ganzjährig geöffnet. Via Nazionale 180, Casaletto Spartano, Tel. 09 73 37 45 59, www.bbriocasaletto.it

EINKAUFEN

Cantina Rizzo. Schon mal Aglianicone getrunken? Viale San Martino 16, 84055 Felitto, Tel. 08 28 94 50 29, www.cantinarizzo.com

Pro Loco di Roscigno Vecchia. Piazza di Roscigno Vecchia, 84020 Roscigno, Tel. 08 28 96 33 77, www.roscignovecchia.it

Oben: Stille Gasse im Bergort Camerota (S. 266)
Unten: Blaue Grotte am Capo Palinuro

49 Pisciotta und Camerota

Olivenwälder, wilde Küsten

Im Südwesten läuft die Cilento-Küste zur Hochform auf. Kilometerlange Dünenstrände wechseln sich mit steilen Klippen ab. Machtvoll schiebt sich das Kap von Palinuro vor. Den grünen Kontrast zum türkisblauen Meer liefern die hohen Olivenhaine um Pisciotta. In Marina di Pisciotta und Marina di Camerota leben uralte Fischertraditionen fort, und das Paradies ist oft nur eine Bootsfahrt entfernt.

Dicht scharen sich die Häuser von Pisciotta um den Palazzo Marchesale, und vom 170 Meter hohen Stadthügel fällt der Blick aufs Meer. Die Fahrstraße und ein alter Treppenweg verbinden Pisciotta mit seiner Marina. Es gibt tollere Strände im Cilento, so hält sich der Badebetrieb in den Sommermonaten in Grenzen. In der ruhigen Hafensiedlung lebt eine uralte Fischfangtradition fort. Im Frühsommer legen die Fischer grob geknüpfte *menaica*-Netze aus, in denen sich nur große Sardellen verfangen. Sie werden noch auf dem Meer ausgenommen und in Salz eingelegt. In Holzfässchen reifen sie zu zartem Genuss heran. Zehntausende, uralte und auffällig hoch gewachsene Olivenbäume umgeben das hübsche Städtchen. Die heute als Pisciottana bekannte Sorte war im sechsten Jahrhundert v. Chr. von Griechen aus Kleinasien eingeführt worden.

Capo Palinuro

Die ältesten Menschheitsspuren im Cilento findet man am Kap von Palinuro. Einige der in der Steinzeit besiedelten Grotten liegen heute unter Wasser.

Informationen zur Wanderung

Der Porto degli Infreschi lässt sich von der Marina di Camerota aus zu Fuß erreichen. Kurze, lohnende Abstecher führen unterwegs in die Pozzallo-Bucht und an die Cala Bianca. Die tolle Tour lässt sich ideal mit einer Bootsfahrt kombinieren.

An- und Abfahrt: Von Marina di Camerota geht oder fährt man das kurze Stück bis zur östlich gelegenen Spiaggia Lentiscelle. Parkplatz am Friedhof.

Tipp: Am Hafen in Marina di Camerota eventuell die Abholung am Porto degli Infreschi organisieren (die Wanderung lässt sich auch in umgekehrter Richtung machen, in dem Fall erst die Bootsfahrt).

Start: Spiaggia Lentiscelle

Länge und Dauer: 5 km, 2,5 Std., 250 Höhenmeter (einfach)

Karten: Cilento e Vallo di Diano, 1:50 000 (Matonti Editore). Tipps auf www.cilento-aktiv.info

Weg: deutlich markierter Weg ohne größere technische Schwierigkeiten

Ausrüstung: feste Schuhe, Sonnenschutz, Badesachen

Verpflegung: Getränke und eventuell Picknick

Ⓐ **Spiaggia Lentiscelle –** Nicht nur ein perfekter Badestrand, links von der Grotta di Lentiscelle liegt im Taleinschnitt auch der Einstieg zur Wanderung. Nach kurzem Anstieg auf der querenden Schotterpiste ca. 20 m nach links.

Ⓑ **Asphaltstraße –** Hier bergauf nach rechts.

Ⓒ **T-Kreuzung –** Von der Asphaltstraße rechts weiter auf eine Schotterpiste. Der Weg führt ab jetzt im Wesentlichen in östlicher Richtung.

Ⓓ **Vallone Valamonte –** Aus dem Bachbett geht es wieder zurück auf die Höhe.

Ⓔ **Vallone Cerza i Lazzo –** Aus diesem Bachbett führt der markierte Pfad im Waldschatten erneut bergauf.

Ⓕ **Schotterpiste –** Im Freien auf der ebenen Schotterpiste knapp 100 m nach links. Grandioser Blick in den Golfo di Policastro. Nach rechts steigt der bezeichnete Pfad ab.

Ⓖ **Seefahrerkirche San Lazzaro –** Jetzt sind es nur noch wenige Minuten Abstieg über gut angelegte Stufen bis zum Paradies.

Ⓗ **Porto degli Infreschi –** Badebucht, Bootsanleger und im Sommer eine Fischtrattoria. Von hier aus wandert man auf bekanntem Weg zu Fuß zurück oder fährt per Boot die Küste entlang.

AUTORENTIPP!

BOOTSFAHRT VON MARINA DI CAMEROTA

Die Umweltorganisation Legambiente kürte den Porto degli Infreschi 2014 zum schönsten Naturstrand Italiens, ein Jahr zuvor ging der Titel an die benachbarte Cala Bianca. Das natürliche Hafenrund am Golfo di Policastro ist der Glanzpunkt einer Bootsfahrt von Marina di Camerota aus (div. Anbieter am Hafen). Kühlen Süßwasserquellen am Meeresgrund verdankt er den Namen. Früher lagerten Thunfisch-Fischer ihren Fang in den temperierten Meeresgrotten. Frischen Fisch serviert im Sommer heute ein uriges Strandlokal.

Cooperativa Cilento Mare. Via Sirene 2, 84059 Marina di Camerota, Tel. 33 98 87 79 90, www.coopcilentomare.com

Bootsfahrten um das Kap mit seinen Meeresgrotten sind heute die Attraktion. Die Blaue Grotte z.B. macht ihrer berühmteren Namensschwester auf Capri Konkurrenz und das (fast) ohne Touristenrummel. Perspektivenwechsel bietet ein Wanderweg, der vom Hafen entlang der Steilküste zum Wachturm Torre della Quaglia aufsteigt. Mit Glück ist zwischen verkarsteten Felsen die rare Palinuro-Primel zu entdecken, Tertiär-Relikt und Wahrzeichen des Parco del Cilento. Sie blüht leuchtend gelb im Februar und März.

Marina di Camerota

Der Fischerhafen mit südamerikanischer Note ist ein freundliches und lebhaftes Hafenstädtchen. Im 19. und 20. Jahrhundert suchten viele Emigranten ihr Glück in Venezuela, Uruguay oder Bolivien. In den 1960er-Jahren setzte die Rückwanderung ein. Das wohlverdiente Geld wurde in Immobilien investiert und dem südamerikanischen Freiheitskämpfer Simón Bolívar (1783–1830) eine Statue errichtet. Auch die Fischer von Camerota sind längst ins einträglichere Tourismusgeschäft eingestiegen. Ihr größtes Kapital und Ziel der vom Hafen aus startenden Bootsfahrten ist die Costa degli Infreschi. Schroffe Kalkfelswände steigen fast senkrecht aus dem türkisblauen Meer, immer wieder öffnen sich Grotten, und verschwiegene Buchten locken zum Bad. Wie auch andernorts im Cilento kommen die meisten Badegäste im Juli und August. Im Herbst, wenn das blitzsaubere Meer immer noch beste Badetemperaturen aufweist, sind die wunderschönen Strände fast menschenleer.

Das im Hinterland malerisch auf einer Bergkuppe gelegene Camerota lädt zu Streifzügen durch mittelalterlich verwinkelte Gassen ein. Von der Anhöhe des Kastells genießt man einen weiten Blick. Am Ortseingang betreiben einige Töpfer ihr Geschäft.

Infos und Adressen

ESSEN UND TRINKEN

Angiolina. Spitzentrattoria, in der Gemüse und Fisch regieren. April–Okt. Via Passariello 2, 84066 Marina di Pisciotta, Tel. 09 74 97 31 88, www.ristoranteangiolina.it

Amore e mare. Der Schwerpunkt liegt auf Fisch und Meeresfrüchten. Es werden auch Apartments angeboten. April–Okt. Via Ciro Coppola 29, 84059 Marina di Camerota, Tel. 09 74 93 29 59, www.ammoremare.it

Il Paguro. Fabiana und Rosetta kochen cilentanisch-peruanisch. Fisch! April–Okt. Via Lungomare Trieste 39/41, 84059 Marina di Camerota, Tel. 33 49 97 41 39.

Osteria del Borgo. Freundliche Terrassen-Trattoria. April–Nov. Via Roma 17, 84066 Pisciotta, Tel. 09 74 97 01 13.

Perbacco. Historische Slow-Food-Adresse im Olivenhain. Zum Übernachten ein Country House nebenan. Mitte Juni–Mitte Okt. tgl., April–Mai nur Sa/So. Contrada Marina Campagna 5, 84066 Pisciotta, Tel. 09 74 97 38 89, www.perbacco.it

Gute Pizza gibt es nicht nur in Neapel.

Piazza-Idylle in Pisciotta (S. 264)

ÜBERNACHTEN

Buondormire. Entspanntes B&B mit tollem Blick. Obst und Gemüse aus dem Garten. Via Buondormire, 84051 Palinuro, Tel. 09 74 93 15 73, www.palinurobuondormire.it

La Conchiglia. Aufmerksam geführtes Hotel mit feinem Ristorante. Via Indipendenza 52, 84051 Palinuro, Tel. 09 74 93 10 18, www.hotellaconchiglia.it

Marulivo. Ein Traum von einem Hotel. März–Anfang Nov. Via Castello, 84066 Pisciotta, Tel. 09 74 97 37 92, www.marulivohotel.it

EINKAUFEN

Alici di Menaica. Fischkonserven in Slow-Food-Qualität, Degustationen. Lungomare C. Colombo 31, 84066 Marina di Pisciotta, Tel. 34 74 43 91 02, www.alicidimenaica.it

Libreria del Mare. Buchhandlung und Kulturinitiative. Die Besitzer vermieten nette Apartments. Località Gabella, 84066 Caprioli di Pisciotta, Tel. 09 74 97 63 65.

Oben: Kreuzgang des Ex-Convento della SS. Pietà
Unten: Reich verzierter Altar der Certosa di San Lorenzo

50 Teggiano und Padula

Kunststadt und Kartäuserkloster

Das lang gestreckte, fruchtbare Hochtal des Vallo di Diano trennt die Berge des Cilento vom Hauptkamm des Apennin. Dem Verlauf der römisch-antiken Via Popilia-Annia folgt heute die A 3. An dieser uralten Transitroute liegen auch Padula mit der größten Klosteranlage Italiens, Weltkulturerbe der UNESCO, und gegenüber auf luftiger Anhöhe das alte Teggiano, Erbin des antiken Dianum.

Die alte Festungsstadt Teggiano ist ein zu Unrecht wenig bekanntes Juwel. Lukaner nutzten als Erste die strategische Lage auf dem isolierten Hügel. Die regelmäßige Anlage des römischen Tegianum lässt sich noch im heutigen Stadtplan ablesen. In vielen Gebäuden findet man antike Grabsteine, Statuen oder Säulenfragmente vermauert. Vom Mittelalter bis zur Mitte des 16. Jahrhunderts gehörte Teggiano zum Feudalbesitz der Sanseverino, einem der mächtigsten Fürstengeschlechter Süditaliens. Während ihrer Herrschaft bereicherten sie die Stadt mit bedeutenden Kunstschätzen.

Teggianos Kirchen

Bei all seinen Sehenswürdigkeiten ist Teggiano jedoch keineswegs eine tote Museumsstadt, sondern ein lebendiger Ort, der seine Besucher freundlich empfängt. Die Initiative »Teggiano Chiese aperte« mit Sitz im Museo Diocesano hält die wichtigsten Kirchen des Ortes geöffnet. Die Kathedrale Santa Maria Maggiore z.B. birgt eine schöne mittelalterliche Kanzel und bedeutende Grabmäler. Die Krypta der Chiesa San Angelo wurde auf den Fundamenten des römischen Odeions errichtet, die frühromanischen Kapitelle sind ein Augenschmaus. Der hohe Obelisk auf der zentralen Piazza, von Emigranten aus Brooklyn gestiftet, ist dem Stadtpatron San Cono geweiht. Sein wichtigstes Fest fällt auf den 3. Juni und wird ebenso rauschend in Buenos Aires und New York gefeiert.

Valle delle Orchidee

Sassano, südlich Teggiano am nördlichen Hangfuß des Monte Cervati gelegen, ist im Mai ein Mekka der Orchideenliebhaber. Im sogenannten Valle delle Orchidee, einem verkarsteten Hochtal in 1000 Metern Höhe, kann man über 180 wild blühende Arten erleben.

Certosa di San Lorenzo

Bis zu ihrer Aufhebung im 19. Jahrhundert blieb die Kartause von Padula bestimmender Wirtschaftsfaktor im Vallo di Diano. 1866 fiel der Riesenbau an den jungen italienischen Staat. In beiden Weltkriegen wurden hier Kriegsgefangene interniert, davon zeugen Wandzeichnungen am Fuße der beeindruckenden barocken Freitreppe. Seit 1998 steht die Certosa San Lorenzo als eines der herausragendsten kirchlichen Baudenkmäler Italiens auf der UNESCO-Liste des Weltkulturerbes. Das dem hl. Laurentius geweihte Kloster weist einen gitterförmigen Grundriss auf – Laurentius erlitt seinen Märtyrertod auf einem Grillrost, zeitweise war er der Schutzheilige der Köche.

Der Ursprung des Klosters geht aufs Jahr 1306 zurück. Über vier Jahrhunderte lang wurde der Komplex erweitert und ausgeschmückt. Mit einer Grundfläche von 12 000 Quadratmetern besitzt die Kartause den größten Kreuzgang der Welt. Mit einem Auge fürs Detail sind auf dem barocken Kirchenaltar Spatzen und Rotkehlchen zu entde-

AUTORENTIPP!

FABELHAFTE WELT DER TROPFSTEINGROTTEN

Die Natur hat sich 35 Millionen Jahre Zeit gelassen, dieses Naturwunder unter Tage zu erschaffen. Die dolomitischen Monti Alburni sind reich an Karstphänomenen, die Grotta di Pertosa zählt sicher zu den faszinierendsten. In riesigen Kavernen, freigespült von einem unterirdischen Fluss, formt sich in Zeitlupe eine märchenhafte Welt aus Stalaktiten und Stalagmiten. Bereits in der Steinzeit bewohnt, wurde der vordere Teil der Höhle in der Antike als Heiligtum und Orakel besucht. Archäologische Funde deuten auf Fruchtbarkeitsriten hin. Das Christentum exorzierte das »Böse« und weihte die Grotte dem Erzengel Michael. Der Höhlenkomplex ist touristisch bestens erschlossen (Temperatur 16 °C), ein modernes naturhistorisches Museum bietet Einblicke in die bewegte Erdgeschichte des Cilento. Auf dem nahen Fluss Tanagro werden Raftingtouren organisiert.

Grotta di Pertosa. I.d.R. Führungen ab 10 Uhr, Eintritt: abhängig von Dauer 13 €. Località Muraglione 18/20, 84030 Pertosa, Tel. 09 75 39 70 37, www.grottedipertosa-auletta.it

Oben: Der größte Kreuzgang der Welt, darüber das Städtchen Padula
Mitte: Blick auf Padula und das weite Vallo di Diano
Unten: Die Wendeltreppe führt(e) zur Bibliothek der Kartause

cken, filigrane Intarsien aus Marmor und Perlmutt. Der Rundgang führt durch die mit Vietri-Kacheln verzierte Küche, in der vielleicht jenes legendäre 1000-Eier-Omelett zubereitet wurde, das Kaiser Karl V. und seinem Gefolge 1535 serviert wurde. Das in der Kartause untergebrachte Museo Archeologico della Lucania Occidentale präsentiert sehenswerte antike Funde der Umgebung, während in einigen der ehemaligen Mönchszellen zeitgenössische Kunst eingezogen ist.

Padula

Oberhalb der Kartause erhebt sich auf den Hängen der Monti della Maddalena, eines Gebirgszugs, der Kampanien von der Basilikata trennt, das Städtchen Padula mit schönem mittelalterlichen Kern. Im Centro storico steht in Nähe der pittoresken Chiesa di San Martino das Geburtshaus von Joe Petrosino (1860–1909), der mit seinen Eltern 1873 nach Amerika emigrierte und dort als hochdekorierter Polizist des NYPD die US-amerikanische Mafia bekämpfte und bis zu ihren Ursprüngen nach Sizilien zurückverfolgte. Durch das Casa-Museo di Joe Petrosino führt ein anschaulicher Parcours, bei dem man das große Vorbild des palermitanischen Untersuchungsrichters Giovanni Falcone (1939–1992) kennenlernt.

Infos und Adressen

SEHENSWÜRDIGKEITEN

Casa-Museo di Joe Petrosino. Tgl. 10–13 und 15–18 Uhr. Eintritt: 2,50 €.Via Giuseppe Petrosino 6, 84034 Padula, Tel. 09 75 08 10 09, www.joepetrosino.org

Certosa di San Lorenzo. Museo Archeologico della Lucania Occidentale. Mi–Mo 9–19 Uhr. Eintritt: 4 €. Viale Certosa, 84034 Padula, Tel. 097 57 77 45.

ESSEN UND TRINKEN

Caffè Nazionale. Prima Fisch auf dem Berg. Enzo spricht Deutsch. Piazza San Cono 11, 84039 Teggiano, Tel. 34 63 80 73 68.

Tre Santi. Rustikale Küche in Nähe der Certosa, auch Zimmer und Camping. Via San Biagio, 84034 Padula, Tel. 097 57 71 22, www.agriturismotresanti.it

ÜBERNACHTEN

Antichi Feudi. Edellogis im Baronalspalast, feines Restaurant. Via San Francesco 2, 84039 Teggiano, Tel. 09 75 58 73 29, 84039 Teggiano, www.antichifeudi.com

Küchenzauber in der Locanda di Ercole

Hartweizenmehl, Wasser, Ei – *pasta fatta a mano*

La Congiura dei Baroni. Familiäre Pension, dazu ein nettes Ristorante. Via Castello 4, 84039 Teggiano, Tel. 097 57 90 44, www.lacongiuradeibaroni.it

Villa Cosilinum. Altstadtpalazzo auf römischen Grundmauern, feines Ristorante La Locanda di Ercole. Corso Garibaldi 77, 84034 Padula, Tel. 09 75 77 86 15, www.villacosilinum.it

AKTIVITÄTEN

Campo Base. Rafting- und Kanutouren auf dem Tanagro. Contrada Muraglione 20, 84030 Pertosa, Tel. 33 88 66 68 75, www.campobase.org

Gruppo Escursionistico Trekking. Der GET organisiert Tageswanderungen und mehrtägige Trekkingtouren. Via Provinciale, 84038 Silla di Sassano, Tel. 097 57 25 86, www.getvallodidiano.it

INFORMATION

Centro Turistico c/o Museo Diocesano. Piazza V. Vignone, 84039 Teggiano, Tel. 097 57 99 30, www.teggianocentroturistico.com

REISEINFOS

Seite 272/273: Wenn die rote Sonne bei Capri im Meer versinkt. Blick von Giungano aus.
Oben: Hafenmole in Positano
Mitte: Fiat 500 wirbt für Edel-Trattoria in Montepertuso.
Unten: Stazione Centrale in Neapel, der Zug wirbt für das Museo MADRE.

Golf von Neapel von A bis Z

Anreise mit dem Flugzeug

Der Flughafen Neapel (NAP) ist international gut vernetzt (www.gesac.it). Vom Flughafen kommt man mit Taxis und dem Alibus (www.anm.it) in die nahe Stadt, Linienbusse fahren auch nach Salerno und Sorrent (www.curreriviaggi.it).

Der Flughafen Salerno – Costa d'Amalfi (QSR) wird u. a. von der Altitalia und dem Lufthansa-Partner Air Dolomiti angeflogen: www.aeroportosalerno.it

Anreise mit dem Auto

Die Distanz München–Neapel z. B. beträgt 1125 Kilometer. In der Großstadt Neapel ist ein eigenes Fahrzeug genauso hinderlich wie beim Besuch der Inseln oder an der Amalfiküste. Hier ist der öffentliche Nahverkehr zu Lande und zu Wasser gut ausgebaut. Mobilitätsvorteile bringt ein eigenes Fahrzeug auf jeden Fall beim Besuch des Cilento.

Anreise mit der Bahn

Neapel ist mit der Bahn gut zu erreichen. Der zentrumsnahe Bahnhof Napoli Centrale wurde modernisiert, der Bahnhof für Hochgeschwindigkeitszüge Napoli Afragola im Norden der Stadt ist noch im Bau. Schnelle und komfortable Eurocity-Züge verkehren aus Deutschland, Österreich und der Schweiz. Die Hochgeschwindigkeitszüge der italienischen Staatsbahn Trenitalia treten auf der wichtigsten Nord-Süd-Strecke Bologna–Rom–Neapel in Konkurrenz zum privatwirtschaftlichen Italo. www.bahn.de, www.italotreno.it, www.oebb.at, www.sbb.ch, www.trenitalia.com

Autofahren und Mietwagen

Ein eigenes Fahrzeug macht nur wenig Sinn in der Großstadt Neapel, am Golf und auf den Inseln. In vielen Städten sind darüber hinaus sogenannte *zona traffico limitato* (ZTL, »Zonen eingeschränkten Verkehrs«) eingerichtet worden. Mobilitätsvorteile bringt ein Auto sicher im Cilento und bei Fahrten durchs Landesinnere. Am Flughafen Neapel, in allen größeren Städten und den wichtigsten Touristenorten sind Mietwagenagenturen gut vertreten.

Badestrände

Die besten Strände befinden sich im Süden im Cilento, hier wehen auch die meisten Blauen Flaggen als Auszeichnung für gute Wasserqualität (www.bandierablu.org, www.blueflag.org). Der italienische Umweltverband Legambiente (www.legambiente.it) zeichnet ebenfalls Strände aus, zeigt aber auch Missstände an – für beides findet man in Kampanien Beispiele. In der Saison öffnen an den meisten Stränden Badeanstalten, die Liegen und Sonnenschirme vermieten. Sind die Strände kurz, bleibt meist auch nur wenig Platz für frei zugängliche Strandabschnitte. In den dazugehörigen Strandbars gibt es dafür auch etwas zum Essen und zu trinken. Die Lidi öffnen i. d. R. von Juni bis Ende September.

Neapel. Das früher stark verschmutzte Meer vor der Stadt ist erst seit ein paar Jahren offiziell für den Badebetrieb freigegeben, die Einheimischen haben sich allerdings noch nie von einem (Sonnen-)Bad abhalten lassen. Am beliebtesten sind die Stadtstrände am Posillipo zu Füßen des romantisch verwitterten Palazzo Donn'Anna. Schon im 18. Jahrhundert fand sich Admiral Nelson hier zu Seepferdchenstündchen mit Lady Hamilton ein.

Capri. Die weiße Insel im blauen Meer rühmt sich einiger der teuersten Badeanstalten im Golf. Die

Oben: Bushaltestelle in Positano, in der Hochsaison kann es manchmal eng werden.
Mitte: Flotter Flughafen-Shuttle in Neapel
Unten: Strandspiele in Santa Maria di Castellabate

Oben: Pioppi, Fischer- und Badeort im Cilento – und Welthauptstadt der mediterranen Diät
Unten: Nostalgische Taxi-Ape auf Ischia. Fahrten mit Linienbussen sind deutlich preiswerter.

guten Plätzchen sind rar. Entlang der Steilküste öffnen sich nur wenige Kiesbuchten. Der im Sommer überlaufene Lido del Faro an der wilden Südwestspitze bietet die schönsten Sonnenuntergänge, der Lido di Gradola nahe der Blauen Grotte ist zwar kein Geheimtipp mehr, aber immer noch ein Tipp!
Ischia. Ischia ist v. a. wegen seiner Thermalbäder berühmt, und es gibt sogar Strände, an denen sich das Meer natürlich erwärmt. Dazu gehören der Maronti-Strand im Süden, die Sorgeto-Bucht im Südwesten, die Strände von Forio und die Cartaromana-Bucht mit Castello-Blick. Zwei Tipps (v.a. für die Nachsaison): Baia di San Montano bei Lacco Ameno und Spiaggia degli Inglesi zwischen Casamicciola und Ischia Porto.
Procida. Die Sandstrände an der Westküste sind an Sommerwochenenden das Sehnsuchtsziel vieler Neapolitaner. Entsprechend voll sind dann auch die Fähren. Die Spiagggia del Pozzo Vecchio hat Filmkarriere gemacht. Wer Glück hat, findet hier eine Metapher. Viele baden auch von den Booten aus. Besonders schön ist das Meer zwischen Vivara und der Chiaiolella.
Phlegräische Felder. Die Wasserqualität lässt trotz Meeresschutzgebiet noch zu wünschen übrig, in puncto Panorama ist der Lido di Miliscola in Miseno jedoch schwer zu toppen.
Sorrentiner Halbinsel. Die Badestege in Sorrent sind allenfalls ein Notbehelf, zum Sehen und Gesehenwerden gibt es kaum bessere Alternativen. Badefreuden kommen dafür an der Marina del Cantone oder (am Ende einer kleinen Wanderung oder Bootsfahrt) in der Baia di Ieranto auf.
Amalfi-Küste. An der Steilküste öffnen sich nur wenige Kiesbuchten, das Wasser kann je nach Strömung blitzsauber sein. Zu den umweltprämierten Stränden zählen Positano und Praiano, italienische Sommerbadegäste zieht es an den einzigen langen Sandstrand nach Maiori. Surfen und Baden lässt sich in Cetara verbinden.

Golf von Salerno. Von Salerno ziehen sich kilometerlange Dünenstrände über Paestum bis Agropoli. Die Wasserqualität nimmt in Richtung Süden sichtbar zu. Der Umweltverband Legambiente versucht die Badegäste für den Schutz der Dünenvegetation zu sensibilisieren.
Cilento. Der Cilento lockt mit 100 abwechslungsreichen Küstenkilometern. Hier ist eigentlich für jeden etwas dabei, sympathische Stadtstrände wie in Santa Maria di Castellabate, blitzsaubere Sand- und Kiesstrände in Pioppi und Acciaroli, kilometerlange Dünenstrände südlich von Palinuro oder verschwiegene Piratenbuchten an der Costa degli Infreschi bei Marina di Camerota.

Diplomatische Vertretungen

Honorarkonsulat Deutschland. Mo–Fr 8.30–12 Uhr. Via Medina 40, 80133 Neapel, Tel. 00 12 48 85 11, neapel@hk-diplo.de, www.rom.diplo.de
Österreichische Botschaft. Viale Bruono Bozzi 111, 00198 Rom, Tel. 068 41 82 12, rom-ka@bmeia.at, www.bmeia.gv.at
Schweizer Konsulat. Via Consalvo Carelli 7, 80128 Neapel, Tel. 33 58 31 52 57, napoli@honrep.ch, www.eda.admin.ch

Eintrittsgelder

Die Regelung, die EU-Bürgern ab dem 65. Lebensjahr freie Eintritte in staatlichen Museen und Ausgrabungen gewährte, wurde 2014 abgeschafft. Dafür ist jetzt der erste Sonntag im Monat für alle frei, und Freitag gibt es verlängerte Abendöffnungen. Gratistickets gibt es für Kinder und Jugendliche bis 18 Jahren, Besucher bis 25 Jahren erhalten eine Ermäßigung. Für Neapel und Umgebung bzw. für ganz Kampanien gibt es das Sammelticket Artecard, das auch den öffentlichen Nahverkehr mit einschließt.

Oben: Die altehrwürdigen Hotelpaläste der Amalfitana versprühen viel Charme.
Mitte: Löwenkanzel im Dom von Ravello
Unten: Hutladen in Salerno

Oben: Madonnen-Prozession in Cetara
Mitte: Fischer und Bootsfahrer in Marina di Camerota
Unten: Rast am Monte Cervati

Feiertage und Feste

An den gesetzlichen Feiertagen sind alle öffentlichen Einrichtungen, z. T. auch Museen und archäologische Zonen geschlossen. Die Feiertage:
1. Januar: Capodanno/Neujahr
6. Januar: Epifania/Hl. drei Könige
Ostermontag: Pasquetta
25. April: La Resistenza/Tag der Befreiung
1. Mai: Festa del Lavoro/Tag der Arbeit
2. Juni: Festa della Repubblica/Nationalfeiertag
15. August: Ferragosto/Mariä Himmelfahrt
1. November: Ognissanti/Allerheiligen
8. Dezember: L'Immacolata/Unbefleckte Empfängnis
25. Dezember: Natale/Weihnachten
26. Dezember: Santo Stefano/Fest des Hl. Stefan

Geld

Die Bargeld erhält man an Geldautomaten mit Maestro- oder Kreditkarte i. d. R. problemlos. In vielen Fällen ist die Abhebung gebührenfrei, Auskünfte erteilen die eigenen Bankinstitute. Bei Verlust oder Diebstahl die Geldkarte sofort sperren lassen! Der Kartensperrnotruf ist rund um die Uhr zu erreichen: +49 11 61 16, www.sperr-notruf.de

Gesundheit

Kostenlose, meist freundliche Erstversorgung im *Pronto Soccorso* (»Unfallstation«) jeden Krankenhauses und bei der Guardia Medica Turistica in Urlaubsgebieten. Von den gesetzlichen Krankenkassen in Deutschland, Österreich und der Schweiz wird eine Behandlung im akuten Krankheitsfall auch in Italien garantiert. Als Anspruchsnachweis benötigt man die Europäische Krankenversicherungskarte EHIC. Eine Liste deutschsprachiger Ärzte am Urlaubsort halten Krankenkassen und Automobilclubs bereit. Der zusätzliche Abschluss einer privaten Auslandkrankenversicherung ist zu empfehlen.

Information

AAST Napoli. Das Tourismusamt der Stadt Neapel gibt das nützliche Info-Heft *Qui Napoli* mit Stadtplan, Fahrplänen, aktuellen Öffnungszeiten, Veranstaltungskalender und Unterkunftsverzeichnis heraus – auch als Gratisdownload. Die Infobüros an der Piazza del Gesù 7 und in der Via San Carlo 9 (Galleria Umberto I.) öffnen Mo–Sa 8.30–13.30 Uhr, 14.30–18.30 und So 8.30–13.30 Uhr. Weitere Infos unter www.inaples.it
Assessorato al Turismo e ai Beni Culturali. Die Tourismusbehörde der Region Kampanien betreibt eine umfangreiche Website. www.incampania.com
ENIT. Außerhalb Italiens erteilt das Staatliche Italienische Fremdenverkehrsamt ENIT touristische Auskünfte. www.enit.it, www.italia.it
EPT. Erste Anlaufstelle für Bahnreisende ist das Infobüro auf Höhe von Gleis 23. Hier gibt es auch die praktische Artecard (S. 277). Tgl. 9–18 Uhr. Tel. 081 26 87 79, www.eptnapoli.it

Internet

Deutscher Onlinereiseführer mit vielen Hintergrundinformationen, Bildern und praktischen Tipps: www.cilento-aktiv.info
Giovanni Visetti liefert die besten Wanderbeschreibungen für die Sorrentiner Halbinsel, die Costiera Amalfitana und Capri, dazu Karten im Gratisdownload: www.giovis.com
Tipps und Kontakte rund um das Thema Aktiv-Urlaub in Süditalien, dazu umfangreiche Literaturempfehlungen: www.italien-aktiv.info
Umfangreiches Portal aller Museen in Kampanien: www.museincampania.it
Touristische Infos zu Neapel und Umgebung, Restauranttipps und Veranstaltungskalender, auf Italienisch: www.napolinapoli.com
Englischsprachiger Travel-Blog aus Neapel, Frisch, frech und aktuell: www.napoliunplugged.com

Oben: Zeitungskioske sind eine italienische Institution.
Mitte: Zimmer in der Azienda Bellelli bei Paestum (S. 247)
Unten: Festa di San Cono in Teggiano

Oben: Der Esel ist das Markenzeichen der Vietri-Keramik.
Mitte: In den Tabacchi-Läden gibt es oft auch Fahrkarten und Briefmarken.
Unten: Postamt im Philosophen-Städtchen Vatolla

Fotos, die Lust aufs Reisen machen: www.peteramann.zenfolio.com/campania
Tolle Infos auf der Seite des praktischen Sammeltickets: www.campaniartecard.it
Slow Food – Ideen und Adressen rund ums gute, gesunde und politisch korrekte Essen und Trinken in Kampanien: www.slowfoodcampania.it

Klima und Reisezeit

Die Monate März bis Mitte Juli und erneut von Ende September bis Anfang November sind ideal für Besichtigungstouren und zum Wandern.

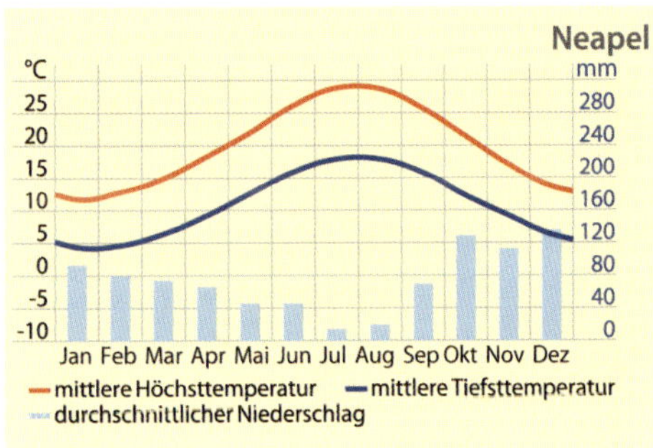

Die Küsten sind im August häufig überlaufen, und die Preise schnellen nach oben, während der August in Neapel Nebensaison ist. Der Winter ist in Küstennähe mild, nach Regen kann die Sicht bezaubernd sein. In Neapel, um Sorrent und auf Ischia bleiben viele Hotels geöffnet.

Notrufnummern

Die Notrufrufnummer in Italien ist 112. Der italienische Automobilclub ACI leistet kostenpflichtige Pannenhilfe rund um die Uhr: Tel. 80 31 16 oder 80 08 00 16. Der deutschsprachige Hilfsdienst des ADAC ist unter Tel. 03 92 10 41 zu erreichen.

Öffentliche Verkehrsmittel

Die meisten Sehenswürdigkeiten in Neapel sind problemlos zu Fuß zu erreichen. Sollte es notwendig sein, kann man auf den gut organisierten öffentlichen Nahverkehr umsteigen. In der Stadt selbst gibt es das Ticket UNICO-Napoli, mit dem man beliebig umsteigen kann. Über die Stadtgrenzen Neapels hinaus gilt für Busse, die Vorortbahn Circumvesuviana (Haltestellen Pompeji und Herculaneum) und die Schiffslinien der Metro del Mare das nach Zeit- und Tarifzonen gestaffelte Ticket UNICO-Campania. Die Städte am Golf von Neapel und die Inseln sind ganzjährig durch ein dichtes Netz an Fährverbindungen verbunden. Auch das Netz der privaten und halbstaatlichen Buslinien in Kampanien ist dicht geknüpft. Neapel lässt sich ideal mit der Bahn erreichen, das gilt auch für Caserta oder Salerno. Besitzer der Artecard reisen gratis im öffentlichen Verkehr.
www.muoversincampania.it,
www.unicocampania.it

Öffnungszeiten

Museen z.B. bleiben montags meist geschlossen – die Ausnahme ist das Archäologische Museum Neapel, es schließt am Dienstag. Staatliche Museen haben am Freitag verlängerte Abendöffnungszeiten. Flexibel sind die Öffnungszeiten von Geschäften, abends bleiben sie meist lange geöffnet, kennen aber auch lange Mittagspausen.

Zeitungen

Ausländische Zeitungen erhält man meist problemlos in Neapel, Sorrent, an der Amalfiküste auf Ischia und Capri. Auch ohne Italienischkenntnisse können die Tageszeitungen *Il Mattino* oder *La Repubblica* nützlich sein. Hier sind Öffnungszeiten, Veranstaltungen und Fahrpläne abgedruckt.

Oben: Römischer Meilenstein und Vespa, die Antike ist in Kampanien sehr präsent.
Mitte: Pasta, Tomaten und Mozzarella in allen Variationen
Unten: Lebenskünstler im Museumsdorf Roscigno Vecchia

Golf von Neapel für Kinder und Jugendliche

PIZZA, PASTA UND GELATO

Im Pizza- und Pastaparadies Golf von Neapel sollte ein Urlaub mit Kindern gut gelingen. Und gutes Gelato gibt es auch an fast jeder Ecke. In Sorrent kann man sogar lernen, selber welches zu machen:

Gelateria Bougainvillea. Corso Italia 16, 80067 Sorrent, Tel. 08 18 78 13 64, www.bougainvillea.it

Zebrastreifen-Legionär in Pompeji

In den Pizzerien kann man fast immer zusehen, wie der *pizzaiolo* mit flinken Fingern aus einem Teigball eine flache Scheibe wirbelt, mit flottem Kellenschwung Tomatensugo darauf verstreicht, Käse, Salami oder Sardellen verteilt und ab geht's in den Holzofen. Nach wenigen Minuten dampft die Pizza heiß auf dem Teller. Manche Agriturismi weihen ihre kleinen Gäste in das Geheimnis des Pizzabackens ein. Da können sich die Eltern entspannt zurücklehnen (und müssen auch nach dem Urlaub immer Pizza essen). Studiosus (www.studiosus.com) bietet Familien-Studienreisen an den Golf von Neapel und in den Cilento an, den auch der Veranstalter Vamos (www.vamos-reisen.de) längst entdeckt hat.

NEAPELS UNTERWELT

Schön gruselig kann es im Untergrund von Neapel zugehen. Aus Nischen grinsen Totenschädel, und manchmal muss man sich durch enge Gänge zwängen. Tatsächlich sind die Ausflüge unter dem heutigen Pflaster eine spannende Zeitreise in die Antike. Griechische Zisternen, römische Marktstraßen und sogar ein Theater haben sich erhalten (S. 36).

CITTÀ DELLA SCIENZA

Die »Wissenschaftsstadt« im Ortsteil Bagnoli von Neapel ist ein interaktives Museum mit dem Motto »Anfassen ausdrücklich erwünscht!«. Die Uni Neapel macht sich jede Menge kluger Gedanken, wie Kindern und Jugendlichen und natürlich auch Erwachsenen die Welt der Geologie und des Vulkanismus, die Ökologie der Meere oder das Wetter näherzubringen ist. 2013 fiel das Vorzeigemuseum einem Brandanschlag zum Opfer. Die Macher haben sich nicht entmutigen lassen und vieles ist schon wieder in Betrieb (S. 68).

DELFINSAFARI

Bootfahren macht den meisten Spaß. Im Cilento lassen sich auf diesem (Wasser-)Weg schöne Meeresgrotten erkunden, darunter eine blaue Grotte, die der berühmteren Schwester auf Capri Konkurrenz machen kann. Und das (fast) ohne Touristenrummel. Toll ist es auch an der Costa degli Infreschi entlangzuschippern, Badestopps und Schnorchelausflüge inklusive. Vor Ischia kann man in »Neptuns Reich« Wale und Delfine beobachten. So heißt das Meeresschutzgebiet, das 2008 um Ischia und der Nachbarinsel Procida eingerichtet wurde. Mit dem Segelschiff Jean Gab kann man in Begleitung des Delphis-Teams interessante Tagestörn unternehmen, oder auch eine ganze Woche zur See fahren und den Forschern dabei zur Hand gehen (S. 119). Kinder willkommen! Die deutsche Reiseveranstalterin Barbara Focke (www.lamar-reisen.de) organisiert in Zusammenarbeit mit Delphis Familienreisen auf dem Schiff.

VON VULKANEN UND SOLFATAREN (S. 152)

Erdkräfte üben auf alle eine große Faszination aus. Die Vorstellung, der Vesuv könnte wieder ausbrechen, wie damals im Jahr 79, und erneut ganze Städte verschütten, ist auf unheimliche Art faszinierend und vielleicht aktueller als man denkt. Er wird es tun, nur weiß niemand wann. Die letzten Eruptionen ereigneten sich 1943–44. Vulkanausbrüche lassen sich genauso wenig wie Erdbeben auf den Tag genau vorhersagen, an besseren Methoden wird geforscht. In Neapel laufen alle Daten im großen Rechenzentrum des Osservatorio Vesuviano zusammen. Evakuierungspläne sollen die Bevölkerung auf den Tag X vorbereiten. Die BBC-Produktion *Pompeji – Der letzte Tag* versucht mithilfe von Computeranimationen und Filmaufnahmen anderer Vulkanausbrüche ein Bild der Katastrophe zu zeigen. Mit solchen Bildern im Kopf ist der Spaziergang auf dem Kraterrand des Vesuvs gleich doppelt spannend.

Gelato-Paradies Golf von Neapel

Ausschau nach Delfinen auf der Jean Gab

Der Solfatara-Krater bei Pozzuoli lässt vulkanische Urkräfte noch viel unmittelbarer erleben. Aus Spalten faucht und dampft es, die Luft stinkt nach Schwefel und der Boden klingt hohl unter den Füßen. Keine Angst, es handelt sich um eine akustische Täuschung: Nicht ein großer Hohlraum, sondern Abermillionen mikroskopisch kleiner Hohlräume im Boden verstärken den Schall.

POMPEJI UND HERCULANEUM

Das weiß nun wirklich jedes Kind, Pompeji (S. 180) und Herculaneum (S. 172) sind zwei römische Städte, die 79 bei einem Vesuvausbruch verschüttet wurden und viele Hundert Jahre später wieder ausgegraben wurden. Nicht alles, aber vieles hat sich so erhalten wie am Tag der Katastrophe. Schade, dass es vor Ort kaum Erklärungen gibt, schon gar nicht für Kinder. Das macht aber nichts, denn es gibt ja zu dem Thema jede Menge toller Kinder- und Jugendbücher, YouTube-Filme und vieles mehr. Und dann steht einem Rollentausch nichts mehr im Wege: Eltern hören ihren Kindern zu, wie sie den Besuch in den Thermen

Kleiner Sprachführer

ALLGEMEINES

Guten Tag buongiorno
Hallo ciao
Auf Wiedersehen arrivederci
Wie geht es Ihnen/Dir? Come sta/stai?
Danke, gut. Bene, grazie.
ja sì
nein no
okay va bene
Bitte. Per favore.
Danke. Grazie.
Gerne. Con piacere.
Gut. Buono.
Ich verstehe nicht. Non capisco.
Ich heiße ... Mi chiamo ...
Ich spreche kein Italienisch. Non parlo l'italiano.
Sprechen Sie ...? Parla ...?
Wie viel Uhr ist es? Che ore sono?

UNTERWEGS

links a sinistra
rechts a destra
geradeaus dritto
nah vicino
fern lontano
Gibt es in der Nähe ...? C'è ... qui vicino?
Entschuldigung, wo ist ...? Scusi, dov'è ...?
geöffnet aperto
geschlossen chiuso
die Touristeninformation l'ufficio di turismo
der Stadtbummel la passegiata
der Bahnhof la stazione
die Bushaltestelle la fermata dell'autobus
der Flughafen l'aeroporto
der Zug il treno
das Museum il museo
die Kirche la chiesa
das Rathaus il municipio
der Bauernhof il agriturismo
der Dom il duomo
der (Haupt-)Platz la piazza
das Hotel l'albergo
Hilfe! Aiuto!
die Polizei la polizia
der Arzt il medico
die Mittagsruhe la siesta
der Strand la spiaggia
der Streik lo sciopero
der Südostwind lo scirocco

ÜBERNACHTEN

Ich habe ein Zimmer reserviert. Ho prenotato una camera.
Haben Sie ein freies Zimmer? C'è una camera libera?
Ich suche ein Zimmer für ... Personen. Cerco una camera per ... persone.
das Einzelzimmer la camera singola
das Doppelzimmer la camera doppia
das Ehebett il letto matrimoniale
das Betttuch il lenzuolo
mit Bad con bagno
mit Frühstück con prima colazione
mit Halbpension con mezza pensione
für eine Nacht per una notte
für eine Woche per una settimana
das Gepäck la valigia

ESSEN UND TRINKEN

Haben Sie einen Tisch für ... Personen? Avete un tavolo per ... persone?
Herr Ober! Cameriere!
Fräulein! Cameriera!
Die Speisekarte, bitte! Il menù, per favore!
Ich bin Vegetarier. Sono vegeteriano.

Ich möchte ... Desidero ...
Guten Appetit! Buon appetito!
Die Rechnung bitte. Il conto, per favore.
das Tagesmenü il menu fisso
das Mittagessen il pranzo
das Abendessen la cena
die Vorspeise l'antipasto
der erste Gang il primo
die Hauptspeise il secondo
die Beilage il contorno
die Nachspeise il dolce
das Gedeck il coperto
die Quittung lo scontrino
die Weinkarte la lista dei vini
das Glas il bicchiere
die Flasche la bottiglia
das Messer il coltello
die Gabel la forchetta
der Löffel il cucchiaio
der Teller il piatto
das Mineralwasser mit/ohne Kohlensäure
l'aqua minerale gassata/naturale
der Orangensaft il succo d'arancia
der frisch gepresste Orangensaft
la spremuta
der Espresso il caffè
der (deutsche) Kaffee il caffè americano
der Tee il tè
das Bier la birra
der Weißwein il vino bianco
der Rotwein il vino rosso
der Aperitiv il aperitivo

EINKAUFEN

das Geschäft il negozio
Tante-Emma-Laden alimentari
der Markt il mercato
der Supermarkt il supermercato
die Bäckerei il panificio
die Apotheke la farmacia
Ich hätte gerne ... Vorrei ...
Wie viel kostet das? Quanto costa?
Das gefällt mir (nicht). (Non) mi piace.
Ich nehme es. Lo prendo.
teuer caro
billig economico
die Größe la taglia
bezahlen pagare
das Geld i soldi
die Kreditkarte la carta di credito
der Geldautomat il bancomat

ZAHLEN

0 zero
1 uno
2 due
3 tre
4 quattro
5 cinque
6 sei
7 sette
8 otto
9 nove
10 dieci
100 cento
1000 mille
¼ un quarto
½ un mezzo

Verantwortlich: Ulrich Jahn
Redaktion: Stephanie Barette
Layout: Géraldine Barette
Repro: Repro Ludwig
Kartografie: Huber Kartographie, Heike Block
Herstellung: Bettina Schippel
Printed in Slovenia by Florjancic

★★★★★

Sind Sie mit diesem Titel zufrieden? Dann würden wir uns über Ihre Weiterempfehlung freuen.

Erzählen Sie es im Freundeskreis, berichten Sie Ihrem Buchhändler, oder bewerten Sie bei Onlinekauf.

Und wenn Sie Kritik, Korrekturen, Aktualisierungen haben, freuen wir uns über Ihre Nachricht an
Bruckmann Verlag
Postfach 40 02 09
D-80702 München
oder per E-Mail an
lektorat@verlagshaus.de.

Unser komplettes Programm finden Sie unter

www.bruckmann.de

Bildnachweis: Alle Bilder im Innenteil stammen von Peter Amann, außer: age fotostock/LOOK-foto: 61 u.

Umschlagvorderseite:
Oben: Haut eines Pfirsich (Tim UR/shutterstock.com)
Porträt: Frau in Neapel (Giovanni G/shutterstock.com)
Streifen: Blick nach Ischia Porto und zum Vesuv (huber-images.de / Greco Giuseppe)

Hauptmotiv: Blick auf Positano an der Amalfiküste (Bildagentur Look)

Umschlagrückseite:
Links: Anmutiges Fundstück der Ausgrabungen in Herculaneum
Rechts: Wasserschlösschen in Fusaro

Die Deutsche Nationalbibliothek verzeichnet diese Publikation in der Deutschen Nationalbibliografie; detaillierte bibliografische Daten sind im Internet über http://dnb.d-nb.de abrufbar.

ISBN 978-3-7654-6190-3